JN098250

経済学叢書 Introductory

国際経済学入門

古沢泰治

新世社

はしがき

　21 世紀に入り，情報通信（Information and Communication Technology, ICT）革命が加速し，グローバリゼーションが進展しました。人，モノ，サービスが世界中を自由に動き回る時代の到来です。新型コロナウイルス感染症があっという間に世界に広がるのを目の当たりにし，グローバリゼーションを実感するとともに，その負の側面を意識した人も多いのではないでしょうか。

　私たちはグローバリゼーションの恩恵を日々受けています。イギリスで作られたミューズリーとニュージーランド産のキウイを朝食とし，仕事や私生活では海外企業が提供するネット検索を利用し，音楽を聴き，動画を鑑賞します。また，日本にいながら，本場のシェフが提供するインドカレーやイタリア料理に舌鼓を打ったりもします。グローバリゼーション賛成派は，グローバリゼーションが進み，生活が豊かになったと主張します。

　他方で，グローバリゼーションへの批判も多く聞かれます。2011 年にはアメリカで Occupy Wall Street 運動が起こり，多くの若者が「たった 1％の人が富を占有している」と訴えました。富が集中する原因の一つはグローバリゼーションだとしたのです。2017 年から 4 年間のアメリカ・トランプ政権は，自国が貿易赤字を抱える状態を「アメリカがお人好しだから，他国から搾取されている」と人々に訴え，鉄鋼やアルミに対する関税を引き上げ，大幅な対米黒字を持つ中国に対して関税戦争を仕掛けました。海外からの輸入により，アメリカ人の職が奪われたとしたのです。こうした主張に多くのアメリカ人が共感したのはご存知の通りです。貿易から受ける恩恵を重視する日本では，そこまでではありませんが，それでも農産品に高い関税を課し，農業をグローバリゼーションの波から守ろうとしています。また，「日本企業が海外に生産を移すと，産業が空洞化する」と心配もするのです。

　グローバリゼーションの賛成派と反対派，果たしてどちらが正しいのでしょうか？　きっとどちらも正しいのでしょう。伝統的な国際貿易理論は，モノや

i

サービスの国際貿易により，国全体は豊かになると教えます。同時に，国際貿易は一国内に勝者と敗者を生むとも教えます。グローバリゼーションに対する考えは人それぞれです。もちろんそれでよいのですが，表面的な事実認証に基づいた，ともすれば感情的な意見を持つのは好ましいことではありません。客観的事実を集め，理論的裏付けを持ち，多面的視野から考えをまとめていく必要があります。

　本書は，国際経済学に関するこれまで積み上げられてきた知見を紹介し，皆さんの理論武装をお手伝いします。主に想定している読者は，大学で経済学を学んでいる学生です。「これまで経済学を学んできたけれども，国際経済についてははじめて学ぶ」という国際経済学の初学者が主な対象者です。ただ，「国際経済学入門」としては，やや掘り下げ過ぎたかもしれません。実際，入門書としては，数学的記述が多くなっています。しかし，それは理解を助けるため，理解を深めるためのものです。より正確な知識を身につけるためには，厳密な論理展開を追うのが近道です。また，ミクロ経済学やマクロ経済学のように経済学全般の基礎となる分野とは異なり，国際経済学のような応用経済学では，入門書に続き中級の教科書に進む人はそれほどいないのが現状です。「国際経済学はこの本でしか学んでいない」という人にも，国際経済に関する十分な知識を持ってもらうために，本書は初級の域を少しだけ超える設定としました。

　「経済は大事」と皆が言います。しかし，その仕組みをきちんと理解している人はそこまで多くありません。経済の中でも，国際経済はその傾向が強いと感じています。前述のトランプ氏は，

- アメリカの貿易赤字は長年続き，他国から食い物にされている
- 中国は大幅な対アメリカ貿易黒字を抱えており，これはアメリカにとって問題だ
- 輸入に関税を課すことで貿易赤字を解消する

などの主張を繰り返しました。日本でも，

- 円安は日本経済にとって有益だ

とする根強い考えがあります。また，世界中で

- グローバリゼーションは，国内での所得格差を生み，国家間の経済格差も

助長した

という主張が見受けられます。これらの主張はどこまで正しいのでしょうか？本書を読んだ後で，これらの問いに立ち返ってみてください。果たして，皆さんの考えに変化は生まれるでしょうか？

　本書は4つのパートから成っています。第1部「国際貿易理論のエッセンス」では，伝統的な国際貿易理論を紹介します。これらの理論は，時を経ても色褪せることなく，国際経済の仕組みを理解する上で重要な視点を与えてくれます。ここで国際貿易の発生要因やその影響についての基礎的理論を学んだ上で，次のパートで貿易に対する国の政策について考えます。第2部「貿易政策」では，貿易政策の効果や，政策優先順位，貿易相手国との政策協調などについて学びます。ここまで読み進めれば，「国際貿易は，国家間の技術や生産要素（労働や資本）賦存の差異から自然に発生し，各国に利益をもたらす」という重要な命題を深く理解できるようになるでしょう。そして第3部「不完全競争と産業内貿易」では，国際貿易を企業レベルで分析し，企業行動に影響を与える貿易政策や，貿易自由化のマクロ経済への影響を考えます。第3部は比較的新しい理論に基づいています。そこでは，先進国同士の主な貿易形態である産業内貿易が，個々の企業の国際戦略の結果として出現することを学びます。最後に第4部「国際収支と為替レート」では，主に国際貿易との相互作用に注目し，国際金融についての知見を深めます。経済の貨幣的側面を明示的に取り扱い，経済政策の国際収支への影響や，為替レートの変動が各国経済に与える影響などを分析します。

　本書の執筆には長い年月をかけました。自分でもいつから書き始めたのかわからなくなっていたので確認したところ，執筆のお話をいただいたのは，2006年12月とのことでした。少し書いては筆を止め，しばらくしてまた書き始めるということを，なんと15年も繰り返したことになります。執筆を終えるにあたり，15年前に自らが書いた文章を読み返すという貴重な経験もすることになりました。株式会社新世社の御園生晴彦氏には多大な迷惑をかけましたが，15年かけてよかったこともあります。まず，15年前に一気に書き上げていた

ならば，比較的最近の理論を紹介した第3部第10章「多様な企業による国際貿易・海外直接投資」は，本書の一章とはならなかったでしょう。国際金融を扱った第4部もずいぶん違ったものになっていたと思います。私自身，これまで情熱を傾け国際経済学を研究してきました。この15年間の私自身の成長がこの本に凝縮されています。

執筆にあたり，多くの方にお世話になりました。本書は，多くの研究者たちによって生み出されてきた理論を紹介したに過ぎません。まさに，"Stand on the shoulders of giants" です。こうした偉大な先人たちとともに，私の研究・教育活動を支えてくれた同僚や学生たち，そして家族に感謝いたします。本書の執筆にあたり，参考にした教科書もあります。全般的には，学部ゼミの教科書として長年使用してきた Krugman, Paul, Maurice Obstfeld, Marc Melitz, *International Economics: Theory and Policy*, Pearson であり，第4部に関しては齊藤誠，岩本康志，太田聰一，柴田章久著『マクロ経済学 新版』有斐閣です。これらの著者に感謝いたします。また，15年間の長きにわたり辛抱強く私の執筆を見守ってくれた新世社編集部の御園生晴彦氏，編集作業を担当された菅野翔太氏にも感謝いたします。編集担当が御園生さんでなければ，きっととっくの昔に私は見放されていたでしょう。

本書は，私の恩師である故池間誠一橋大学名誉教授に捧げます。池間先生が私を学問の道に導いてくれなければ，今の私はなく，この本も世に出ることはありませんでした。温かいご指導をいただき，ありがとうございました。

立春を迎えた東京大学本郷キャンパスの研究室にて

古沢　泰治

*復習問題と発展問題の解答は，株式会社サイエンス社ウェブサイトの本書サポート情報欄に掲載されています。また，同欄では本書をご採用される先生向けに，掲載した図表と主な数式の PDF データについてもご案内しています。

目　次

序　章　国と国との経済的つながり　　1

第1部　国際貿易理論のエッセンス

第1章　これだけは知っておきたい国際貿易の仕組みと利益　　10

1.1　財・サービスを交換する利益：
　　　対比として見た個人間取引 ………………………… 11
1.2　国際間の財・サービスの交換：国際貿易の光と影　13

第2章　生産技術の国際間での差異と貿易パターン　　19

2.1　生産技術の国際間での差異 ………………………… 20
2.2　リカード・モデル ………………………………… 20
2.3　機会費用と比較優位 ……………………………… 25
2.4　生産可能性集合と生産可能性フロンティア ……… 27
2.5　各国の生産点 ……………………………………… 30
2.6　二国間貿易 ………………………………………… 36
2.7　特化の利益 ………………………………………… 38

第3章　自由貿易均衡と貿易利益　　42

3.1　消費サイドから見た貿易利益 …………………… 42
3.2　閉鎖経済均衡 ……………………………………… 47
3.3　国際貿易における大国と小国 …………………… 49
3.4　貿易均衡と貿易利益：小国のケース …………… 50

3.5 貿易均衡と貿易利益：大国のケース ‥‥‥‥‥ 54

3.6 国の経済規模と交易条件 ‥‥‥‥‥‥‥‥‥‥ 66

第4章 生産要素賦存の国際的差異と貿易パターン 72

4.1 生産要素賦存の国際的差異 ‥‥‥‥‥‥‥‥‥ 73

4.2 ヘクシャー・オリーン・モデル ‥‥‥‥‥‥‥ 74

4.3 要素賦存と財生産：リプチンスキー定理 ‥‥‥ 88

4.4 要素賦存と比較優位：ヘクシャー・オリーン定理 91

4.5 自由貿易が各国経済に与える影響 ‥‥‥‥‥‥ 98

4.6 要素価格均等化定理 ‥‥‥‥‥‥‥‥‥‥‥‥ 99

4.7 貿易と生産要素移動の代替性 ‥‥‥‥‥‥‥‥ 102

4.8 財価格と要素価格：

ストルパー・サミュエルソン定理 ‥‥‥‥‥ 103

第5章 国際貿易の短期的影響と長期的影響 111

5.1 短期と長期 ‥‥‥‥‥‥‥‥‥‥‥‥‥‥‥‥ 112

5.2 特殊要素モデル ‥‥‥‥‥‥‥‥‥‥‥‥‥‥ 113

5.3 財価格上昇の賃金率への影響 ‥‥‥‥‥‥‥‥ 121

5.4 産業保護政策の所得分配への効果 ‥‥‥‥‥‥ 125

5.5 国際貿易の所得分配への効果 ‥‥‥‥‥‥‥‥ 126

第2部 貿易政策

第6章 輸入関税と非関税障壁 130

6.1 輸入障壁の経済分析 ‥‥‥‥‥‥‥‥‥‥‥‥ 131

6.2 部分均衡分析 ‥‥‥‥‥‥‥‥‥‥‥‥‥‥‥ 131

6.3 閉鎖経済均衡 ‥‥‥‥‥‥‥‥‥‥‥‥‥‥‥ 136

6.4 自由貿易均衡 ‥‥‥‥‥‥‥‥‥‥‥‥‥‥‥ 136

目
次

6.5　輸入関税の効果　……………………………　141

6.6　最適関税理論　………………………………　144

6.7　非関税障壁　…………………………………　147

第7章　外部経済と貿易政策　153

7.1　外 部 経 済　…………………………………　154

7.2　生産（消費）外部性と社会的供給（需要）曲線　155

7.3　正の生産外部性と政策効果　………………　157

7.4　負の消費外部性と政策効果　………………　164

第8章　GATT/WTO の下での貿易自由化と特恵関税協定　171

8.1　GATT/WTO 体制下での協調的関税削減　………　172

8.2　協調的関税設定：関税ゲーム　……………　173

8.3　特恵関税協定　………………………………　181

第3部　不完全競争と産業内貿易

第9章　国際寡占市場と貿易政策　190

9.1　産業内貿易と相互ダンピング　……………　191

9.2　相互ダンピング　……………………………　199

9.3　戦略的貿易政策　……………………………　202

第10章　多様な企業による国際貿易・海外直接投資　210

10.1　多様な企業による多様な国際戦略　………　211

10.2　メリッツ・モデル　…………………………　212

10.3　海外直接投資（FDI）　………………………　220

第4部 国際収支と為替レート

第11章 **貿易収支はなぜ均衡しないのか** 228

11.1 国 際 収 支 ……………………………………… 229

11.2 経常収支：マクロ経済的視点 ……………… 234

11.3 経常収支：異時点間貿易の視点 …………… 237

第12章 **為替レートの決定と国際貿易および国際資本移動** 248

12.1 各国通貨と為替レート ……………………… 249

12.2 為替レートの長期的水準 …………………… 255

12.3 為替レートの短期的水準：外国為替市場の役割 260

12.4 金融取引が為替レートに与える影響 ……… 262

12.5 財・サービス取引が為替レートに与える影響 266

12.6 金融政策が為替レートと国際収支に与える影響 273

12.7 貿易政策が為替レートと国際収支に与える影響 276

索 引 ………………………………………………… 281

著者紹介 ……………………………………………… 287

国と国との経済的つながり

　経済は一国内で完結しているわけではありません。私たちは，中国で生産された服を着て，フィリピンで作られたバナナを食べ，カナダ製の木材で建てられた家に住んでいます。海外の人も同様で，日本で生産された車に乗り，日本製の部品が搭載されたスマートフォンを使っています。私たちは，自然に，世界中の人たちとモノ（財）やサービスの交換を通じてつながっているのです。

　内閣府の統計によると，2018年における日本の国内総生産（GDP）は556兆1,896億円でした。海外とのつながりを示す財・サービスの輸出額は101兆9,465億円，輸入額は101兆8,354億円で，その差である貿易収支（純輸出）は1,111億円の黒字でした。日本は，約556兆円の財やサービスを生産する一方で，その18％にあたる金額の財・サービスを輸出したのです。そしてほぼそれと同額の財・サービスを海外から輸入し消費しています[1]。

1　輸出額がGDPの17％であれば，日本が生産した財・サービスの17％が国内で消費されずに輸出されたと思われるかもしれません。しかし，GDPが付加価値の総額であるのに対し，輸出額は輸出された財・サービスの総額そのものであることに注意が必要です。例えば，500円で輸入した部品に200円の付加価値をつけて700円で輸出した場合，輸出金額は700円ですが，この生産からGDPに計上される付加価値は200円に過ぎません。OECDの付加価値貿易データによると，2018年において，日本はGDPの15％が海外の最終財需要を満たすために発生した付加価値であり，輸出額の対GDP比率である18％より少し低くなっています。世界を見ると，輸出額のGDPに対する比率と海外需要を満たすために発生した付加価値の対GDP比率が，大きく異なる国があるのがわかります。世界銀行（World Bank）の統計によると，シンガポールの場合，2018年の輸出額はGDPの177％もありますが，先のOECDのデータによると海外需要を満たすために発生した付加価値はGDPの53％に過ぎません。もちろん53％は小さな数字ではありません。輸出に関するこれら2つの指標のいずれをとっても，シンガポールの方が日本よりずいぶん大きくなっていることに注意してください。

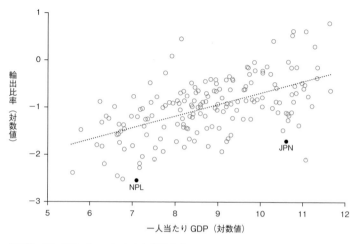

（出所）　World Bank のデータより著者作成

図 0-1　一人当たり GDP と輸出比率（2019 年）

　どうして日本は自国で生産したモノ全てをそのまま消費しないのでしょう
か？ どうしてわざわざその一部を輸出し，ほぼ同額の財・サービスを海外
から手に入れるのでしょうか？ 他の国々も，日本と同様に，総生産額の何
割かの財・サービスを輸出し，ほぼ同額の財・サービスを輸入しているので
しょうか？

　図 0-1 は，世界 176 カ国の GDP に対する輸出比率と一人当たり GDP の
関係をプロットしています。どちらの値もその自然対数値を用いていること
に注意してください。この図から，しばしば貿易立国とも言われてきた日本
（JPN）の GDP に対する輸出比率は，実は世界的には決して高くないのがわ
かります。また，この図からは，一人当たりの GDP が高いほど輸出比率も
高い傾向にあるのがわかります。右上がりの直線は一人当たりの GDP から
予測される輸出比率を示していますが，それは明らかに右上がりとなってい
るのです。一人当たりの GDP が高い国，つまり豊かな国ほど輸出比率が高
いのは，それほど驚くことではないかもしれません。そうした国は技術水準
が高く，そこで作られた財・サービスは世界市場での競争力が高いだろうと

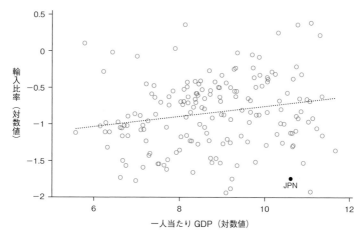

（出所）　World Bank のデータより著者作成

図 0-2　一人当たり GDP と輸入比率（2019 年）

思われるからです。

　むしろ，一人当たりの GDP が低い国でも GDP の一定程度の輸出を行なっ
ている方が驚きでしょうか。例えば，一人当たりの GDP が日本の 3% であ
る 1,195 ドル（自然対数値では 7.09）しかないネパール（NPL）でも，
GDP の 7.8%（自然対数値では −2.55）を輸出しているのです。このことは，
輸出競争力は技術水準のみによって左右されるのではなく，賃金水準などに
も依存していることを示唆しています。

　国際貿易は国の技術水準の差に左右されるだけでないことは，輸出比率の
代わりに輸入比率を見ることによってもわかります。図 0-2 は同様に，世界
176 カ国の GDP に対する輸入比率と一人当たり GDP の関係をプロットした
ものです。ここからは，輸出比率ほどの強い相関はないものの，輸入比率も
また，一人当たり GDP と正の相関があるのがわかります。高い技術水準を
誇る豊かな国は，全ての財・サービスを他国より効率的に生産でき，その結
果，GDP に対する輸入比率は低くなると思うかもしれません。しかし，実
際は，逆なのです。豊かな国ほど輸入比率は高くなる傾向にあるのです。ま

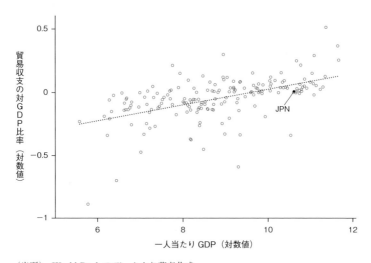

（出所）　World Bank のデータより著者作成

図 0-3　一人当たり GDP と貿易収支比率（2019 年）

た，一人当たりの GDP が低い発展途上国でも，先進国とそれほど変わらない対 GDP 比率で，財やサービスを輸入していることに注意してください。

　輸出額から輸入額を差し引いた貿易収支は，国の豊かさとどういう関係にあるのでしょうか？　図 0-3 は，世界 176 カ国の GDP に対する貿易収支の比率と一人当たり GDP の関係をプロットしたものです。これは国が豊かであるほど貿易収支が黒字になる傾向があることを示しています。本書の第 4 部「国際収支と為替レート」では，貿易収支やそれを含む経常収支がどんな要因に左右されるかについて考えます。

　図 0-1 と図 0-2 は，豊かな国ほど輸出・輸入比率とも高い傾向があるものの，全ての国がそれぞれの GDP に合わせて，一定程度の財・サービスを世界に供給し，そしてまた世界から購入していることを示しています。これは，ニュートンの「万有引力の法則」に対応した，国際貿易の**重力方程式**と呼ばれる重要な考え方につながります。ニュートンの万有引力の法則は，2 つの物質の質量を m_1 と m_2，物質間の距離を r，引き合う力を F としたとき，

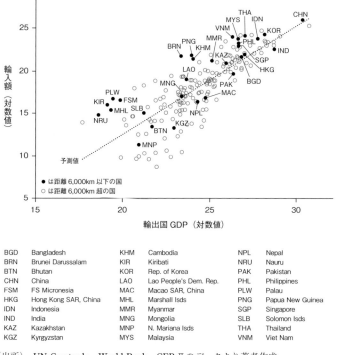

BGD	Bangladesh	KHM	Cambodia	NPL	Nepal
BRN	Brunei Darussalam	KIR	Kiribati	NRU	Nauru
BTN	Bhutan	KOR	Rep. of Korea	PAK	Pakistan
CHN	China	LAO	Lao People's Dem. Rep.	PHL	Philippines
FSM	FS Micronesia	MAC	Macao SAR, China	PLW	Palau
HKG	Hong Kong SAR, China	MHL	Marshall Isds	PNG	Papua New Guinea
IDN	Indonesia	MMR	Myanmar	SGP	Singapore
IND	India	MNG	Mongolia	SLB	Solomon Isds
KAZ	Kazakhstan	MNP	N. Mariana Isds	THA	Thailand
KGZ	Kyrgyzstan	MYS	Malaysia	VNM	Viet Nam

（出所）　UN Comtrade，World Bank，CEP II のデータより著者作成

図 0-4　国際貿易の重力方程式

$F=Gm_1m_2/r^2$ という関係（G はある定数）によって表されます。これに対して，国際貿易の重力方程式は，j 国の i 国からの輸入量を X_{ij}，この両国の GDP をそれぞれ Y_i と Y_j，i 国から j 国への貿易コストを d_{ij} としたとき，世界全体の GDP を Y_w として，

$$X_{ij}=\frac{Y_iY_j}{Y_w}\frac{1}{d_{ij}} \tag{0-1}$$

と表せます。貿易額は，輸入国と輸出国の GDP のそれぞれに比例しているとするのです。

　この重力方程式の両辺の自然対数をとると，

5

$$\ln X_{ij} = \ln Y_i + \ln Y_j - \ln Y_w - \ln d_{ij} \tag{0-2}$$

となります。図0-4は，財・サービスの輸入国であるj国を日本として（j=JPN），2019年における日本の世界各国からの輸入額の対数値$\ln X_{ij}$と輸出国GDPの対数値$\ln Y_i$との関係を示したものです。(0-2) 式が示す関係を，この図はかなり綺麗に示しているのがわかります。$\ln X_{ij}$と$\ln Y_i$の関係は，傾きが1の線形の関係として近似できるのです。

　それでは，どうして (0-1) 式で表される重力方程式が成立するのか考えましょう。まず，貿易コストが存在しないとしましょう。図0-1と図0-2に対する観察から，貿易コストが存在しなければ，各j国は，各i国が生産する財・サービスを，世界所得に対する自らの所得比率Y_j/Y_wに見合った分だけ購入すると考えられます。つまり，$X_{ij}=(Y_j/Y_w) \times Y_i$となります。実際の輸入額は，この予測値に比べ，$j$国の$i$国からの輸入コストが高ければ高いほど低くなるでしょう。この貿易コストの関係を踏まえて，(0-1) 式が得られます。

　(0-2) 式から，i国からj国への貿易コストが低ければ，実際の貿易額はGDPから予測される貿易額を上回るのがわかります。貿易コストを左右する要因の一つは2国間の距離です。距離が近ければ，貿易コストも低く，貿易額は高くなる傾向があるでしょう。図0-4では，日本からの距離が6,000km以下の国を，その国記号とともに表記しています。これらの国の多くが，輸出国GDPによる予測値を上回る金額の輸出を，日本に対して行っているのがわかります。

　図0-4からも，GDPが低い国も，高い国と同様の比率で，日本に対して財・サービスを輸出しているのがわかります。全般的に低い技術水準にあると考えられる発展途上国であっても，国際貿易に参加できるのはどうしてなのでしょうか？　2国間の貿易コストを左右するのは，距離以外でどんなものがあるのでしょうか？　逆に，2国間の貿易を促進する要因とは何でしょうか？　そして，財・サービスを国際間で取引することにより，各国経済はどんな影響を受け，どんな利益を得るのでしょうか？　本書の前半では，国際貿易に関するこうした問いに答えるべく，様々な経済理論を紹介します。

もちろん，国際間で取引されるのは財・サービスだけではありません。外国為替や資本も国際間で盛んに取引されています。そしてこれらの貨幣的取引は，財・サービスの国際取引と密接に関わっています。第4部では，国際金融について，主に財・サービス貿易との関連に注目しながら考えていきます。

第 1 部

国際貿易理論の
エッセンス

第 1 章　これだけは知っておきたい国際貿易の仕組みと
　　　　利益

第 2 章　生産技術の国際間での差異と貿易パターン

第 3 章　自由貿易均衡と貿易利益

第 4 章　生産要素賦存の国際的差異と貿易パターン

第 5 章　国際貿易の短期的影響と長期的影響

第1章

これだけは知っておきたい国際貿易の仕組みと利益

　国と国の間で財やサービスを交換するのはなぜでしょうか？ 国際貿易は全ての国に利益をもたらすのでしょうか？ 利益をもたらすならば，それはどのような利益でしょうか？ この章では，国際貿易を個人間の財やサービスの取引と対比させ，国際貿易のエッセンスをつかみます。

本章のポイント

- 個人間の取引では，それぞれの人が得意とする財やサービスの生産に特化（集中）しつつ，交換によって様々な財やサービスを手に入れることにより，大きな利益を得ます。

- 国際貿易も個人間の取引と同様に，それぞれの国が得意とする財やサービスの生産に特化し，貿易により消費の多様性を実現することにより，国全体として利益を得ます。

- 輸出は輸入をするためのコストととらえるべきものであり，「輸出が善で輸入が悪」とは言えません。

- 国際貿易は，勝者と敗者を生みます。より多くの人が国際貿易の恩恵を得るようにするためには，敗者への補償が必要です。

1.1 財・サービスを交換する利益： 対比として見た個人間取引

▶ 財・サービスの個人間取引

国際間で財（いわゆる商品のこと）やサービスを交換することを国際貿易といいます。国際貿易の仕組みやその利益を学ぶ前に，まず人々の間で日々行われている財やサービスの交換について考えましょう。そうした身近な交換を考えることによって，国際貿易のエッセンスを捉えることができます。

人々は，他の人々と財やサービスを交換しながら日々暮らしています[1]。生きていくためには，食料も必要ですし，衣服も必要です。より豊かな暮らしをしたいならば，テレビや自動車もあった方がよいかもしれません。しかし，それら全てを自分で作るわけにはいきません。パン屋ならばパンを作って，それを売って得たお金で衣服やテレビを買うでしょう。テレビ工場で働く人は，テレビを売って得たお金から給料をもらい，その給料で必要なものを購入します。人々は，自らが作り出した財を，他の人が作り出した財と交換することによって多様な財を手に入れるのです。

もし財の交換ができないならば，私達は暮らしていけるでしょうか？ 暮らしていけたとしても，きっととても貧しい生活をおくることになるでしょう。どうしてでしょうか？ まず考えられるのは，私達が日々消費しているものは多岐にわたっており，とても自分ひとりでそれら全てのものを生産することはできないだろうということです。例えば，自動車を生産しようとしても，通常その生産方法もわからなければ，生産に必要な工場を建てる資金も持っていないでしょう。食料を生産しようにも，十分な土地を所有していないかもしれません。

財を生産するためには，労働・資本・土地などのいわゆる**生産要素**（もしくは単に要素と呼びます）を投入する必要があります。生産要素とは，財生

---

[1] 自動車のような財と散髪やクリーニングのようなサービスは，転売可能性など重要な違いがあります。ただし，多くの面においてその両者は同様に扱うことができます。この本では，財とサービスを同列に扱い，多くの場合それらを総称し財と呼びます。

産のために使用される投入物であり，生産によって減耗する可能性はあるものの，繰り返し生産活動に使えるものです。繰り返し使用できるという点において，同じく生産時に投入される石油や鉄鉱石などの資源とは異なります。また，資本は，当初は人々の貯蓄から生まれた資金という形をとっていますが，借入などによってその資金を得た企業によって生産活動に使用されるときは，工場設備のような資本財の形をとることになります。国際経済学で資本というときは，資本財として生産に貢献する物的資本のことを言います。こうした資本は，繰り返し生産活動に従事できるものの，年月がたてば老朽化し生産性が低下していきます。

　全ての人が生産に必要な要素を全て所有しているとは限りません。食料生産に必要な土地を持っていない人も多いでしょう。こうした生産要素の制約から，消費したくても自分だけでは生産できない財が存在します。また，生産方法がわからない，もしくはその生産が得意でないものも多く存在するでしょう。生産要素や技術の制約から，人々は財の交換なしでは，豊かな生活をおくることは到底できないのです。自らが得意とする財の生産に専念し，生産した財と交換に他の必要なものを受け取り，それらを消費することによって，はじめて豊かな生活をおくれるのです。所有している生産要素を自らが得意なことに重点的に投入することを（生産）特化と言います。特化により，限られた生産要素の効率的使用が可能になるだけでなく，生産に必要な知識の蓄積や技術の獲得が進み，生産性がより向上していくという利点もあります。

　人々は，限られた種類の財の生産に特化した職業に就き，生産活動のため提供した労働などの対価として所得を得て，そこから様々な種類の財を購入して生活しています。財の交換が可能だからこそ，豊かな生活をおくることができるのです。

▶ 個人間取引による利益

　人々がもし，自ら消費する財を全て自らの手で生産しなくてはならないとしたら，限られた種類の財を限られた量しか消費できないでしょう。財が交換可能ならば，この問題は一気に解決します。人々は，得意とする財の生産

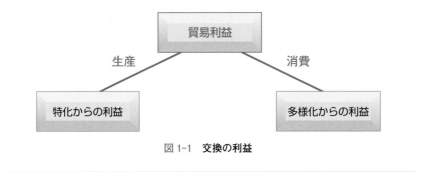

図 1-1　交換の利益

に特化し，その財と交換に他の様々な財を手に入れることができるからです。財の交換により消費する財は多様化し，それによって人々の効用（満足度）は上がるでしょう。また，得意なものだけ生産すればよいので，多くの財を生産するときよりも平均生産性は上昇します。さらに，一つのことを続けて行うことにより，その生産に必要な知識の蓄積が進み，生産性はさらに上昇していくでしょう。

　図 1-1 に示されているように，交換の利益は生産面と消費面双方に存在しますが，それらは全く逆の方向を向いています。生産面においては少数の財に特化することによって，そして消費面においては多数の財に多様化することによって，人々は利益を得るのです。交換は，生産特化・消費の多様化を可能にすることを通じて，人々に利益をもたらします。

1.2　国際間の財・サービスの交換：国際貿易の光と影

▶ 国際貿易

　財・サービスを国際間で取引すれば，それは国際貿易と呼ばれます。国際貿易の基本構造は，個人間の取引と同じです。自らが得意とする財の生産に特化し，その財と交換に他の財を手に入れて消費するのです。

財・サービスを生産するにあたって，人には得意なものと不得意なものがあるように，国にも得手・不得手があります。国の得手・不得手は**比較優位**という概念で説明されます（比較優位に関しては後に詳しく説明します）。天候・自然条件，労働・資本・土地といった生産要素の賦存量，技術水準など，財の生産をめぐる環境は国ごとに大きく異なります[2]。その結果，それぞれの国では，ある種の財に関しては相対的に効率よく生産できるのに対し，他の財は非効率的にしか生産できないことになります。各国は，効率的に生産できる財に生産特化し，自ら消費しなかった分を他国に輸出します。そしてその対価として他の財を輸入し，多様な財を消費するのです。

個人間の財の取引と同様に，生産環境をめぐる国家間の差異が国際貿易を生みます[3]。そしてこの国際貿易により，生産特化と消費の多様化が実現するのです。

▶ 国際貿易からの利益

個人間の財の交換により各個人が利益を得るのと同様に，国家間の貿易により国全体として利益を得ます。国際貿易が生産特化を促し，各国は限られた生産要素をより効率的に使用できるようになるからです。消費は貿易により多様化し，気候条件などの関係で自国では生産できないものも消費可能になります。自国で生産している財に関しても，自動車のように，自国製のものとは別の特徴を持つ財が消費可能となるメリットもあります。第9章で見るように，自国でできるものと全く同一の財を輸入することもありますが，その場合は，輸入によりその財の価格が下がり，消費者は価格下落の利益を享受します。

ここで，国際貿易の利益を理解するための面白い考え方を紹介しましょう。国際貿易は，輸出財（生産される量の全て，もしくはその一部が輸出される

---

2 労働は人口成長により，資本は貯蓄により，土地は開発により，それぞれその存在量を増やすことができます。しかし，ある一時点をとって考えるならば，それらは生産できないため，その存在量は一定だと考えられます。そのため国際経済学では，生産要素は「天から」与えられたという意味を込めて，その存在量のことを賦存量と呼びます。

3 より正確には，生産環境だけでなく，人々の嗜好の差異も国際貿易を生じさせます。例えば，日本人は魚介類を好みよく食べるため，自らの漁獲量が多いにも関わらず，魚介類を輸入しています。

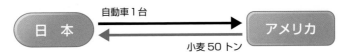

図 1-2　日米間の国際貿易

財）を投入し，輸入財（消費される量の全て，もしくはその一部が輸入され
ている財）を「生産」する機械のようなものだと考えることができます[4]。
図 1-2 に表されている，日米間貿易について考えてみましょう。日本はアメ
リカに自動車を輸出し，アメリカから小麦を輸入しています。自動車 1 台の
価格は，小麦 50 トン分に相当するとしましょう。つまり，日本は，自動車
を 1 台輸出すれば，その売り上げで，小麦 50 トンをアメリカから購入でき
るのです。自動車を貨物船一杯に詰め込んで出港させると，その貨物船は数
カ月後に，詰め込んだ自動車 1 台あたり 50 トンの小麦を持ち帰ってきます。
それはあたかも，自動車を小麦に変える生産過程のようだと考えられます。
また，この貿易をアメリカ側から見ると，国際貿易は，小麦を投入し自動車
を得る生産過程のように見えます。つまり，国際貿易により，どんな貿易財
（貿易可能な財）も他の貿易財から「生産」できるのです。

　国際貿易により，財の「生産」方法は劇的に増えることになります。生産
要素や生産資源を投入して小麦を生産する方法に加え，自動車やテレビから
「生産」するという方法が加わるからです。生産方法の多様化は，もちろん
国全体に利益をもたらします。多用な生産方法から，最も効率的な生産方法
を選ぶことができるからです[5]。国際貿易は，財の生産方法を実質的に多様
化することにより，貿易に携わる国々に利益をもたらします。

4　この考え方は，クルーグマン（Krugman, 1997, 第 8 章）も紹介しています。
5　最も効率的な「生産」方法が輸入によるものだった場合，その国はその財を自ら生産する代わ
りに輸入に頼ることになります。

▶ 輸出は善で輸入は悪か？

「輸出が増加し，貿易収支（輸出額から輸入額を差し引いた金額）が改善するのはよいことだ」という議論をよく耳にします。しかし，それは正しい考え方でしょうか？ 何らかの原因で輸出が増えれば，それは確かに輸出財産業にとっては好ましいことかもしれません。しかし，国全体として好ましいかといえば，そうとも限らないのです。国全体から見れば，輸出は輸入品を得るための手段に過ぎません。輸出財の生産には生産要素や資源を投入しなくてはなりません。コストをかけてでも，輸出のために輸出財を国内消費量以上に生産するのは，輸入財を得るためなのです。

もしも自動車を輸出することなく小麦をアメリカから手に入れることができたならば，日本としてはこれほどよいことはないでしょう。輸出すべき自動車は国内で消費されるかもしれませんし，生産に使用されるはずだった生産要素や資源が，他の財の生産に有効に使われるかもしれません。国全体から見れば，輸出は輸入のためのコストです。コストは低いほどよいのです。

▶ 国際貿易による勝者と敗者

国際貿易により，国全体としては利益を得るとしても，その国に居住する全ての人が恩恵を受けるとは限りません。国際貿易は，一国内に勝者と敗者を生むのです。国際貿易は，輸出財産業の生産量を増加させ，輸入財産業の生産量を減少させるでしょう。その結果，少なくとも短期的には，輸出財産業に雇用されている労働者やその産業に資本を投じている資本家は恩恵を受け，輸入財産業に従事している労働者や資本家は損失を被ることになります。

長期的に見れば話は少し異なり，輸出財に相対的に多く用いられている生産要素（輸出財に集約的に用いられている生産要素と呼びます）に対する報酬は高まり，輸入財に集約的に用いられている生産要素に対する報酬は減少することになります。これは，第4章で紹介するストルパー・サミュエルソン定理と呼ばれる効果です。長期的には生産要素は産業間を自由に移動するでしょう。その結果，各生産要素は，どの産業で雇用されたとしても，その報酬率は等しくなります。国際貿易により輸出財産業は拡大し，そこで集約的に用いられている要素の需要は増加します。他方，輸入財産業に集約的に

用いられている要素の需要は減少するでしょう。その結果，輸出財の生産に集約的に用いられている要素への報酬が高まり，輸入財の生産に集約的に用いられている要素への報酬は低くなるのです。例えば，日本のように国際貿易により自動車の輸出が伸びて衣服の輸入が増えるならば，自動車産業で集約的に用いられている要素である資本への報酬が高くなり，衣服生産に集約的に用いられている労働への報酬は低くなると考えられます。

先に見たように，個人間の交換では全ての人々は財の交換から利益を得ます。しかし，国際貿易では，国際間での財交換により勝者だけでなく敗者も生みます。全ての人が同じように資本や労働を所有し，同じようにそれらの生産要素を全ての産業に投入しているわけではありません。労働や資本を輸入財産業に投入しているのならば，国際貿易により短期的不利益を被り，所有している要素が輸入財産業で集約的に用いられているものに偏っているならば，長期的に損失を受けます。全ての個人が国際貿易から恩恵を受けるためには，所得再分配など何らかの補償が必要となるのです。

また，国際貿易は輸入財産業の縮小と輸出財産業の拡大という産業構造の変化を招きます。労働・資本といった生産要素は産業間を移動し，一時的失業などの調整費用が発生するでしょう。移動する要素の所有者が著しい不利益を被らず，円滑な産業調整により貿易利益を最大限享受するためにも，失業保険や再教育制度の拡充といった，調整費用を最小化させる政策が必要でしょう。敗者に対するきめ細やかな補償を伴ってこそ，国際貿易は真の利益をもたらすのです。

キーワード

生産要素，生産特化，消費の多様化，比較優位，貿易利益，貿易による勝者と敗者，ストルパー・サミュエルソン定理

復習問題

(1)　国際貿易は生産特化を促し，貿易に携わる国は利益を得ます。生産特化がもたらす利益はどんなものがありますか？
(2)　どうして国際貿易は消費の多様化という利益をもたらすのでしょうか？

発展問題

(1)　個人間の財・サービスの交換は，交換に携わる全ての個人に恩恵をもたらすのに対し，国際間の財・サービスの交換では，損失を被る個人が出てくるのはなぜでしょうか？

(2)　日本は，コメを始めとする農産物の多くに，高い関税を課すなどして輸入を制限しています。輸入の増加は国にとって利益となるはずなのに，どうして政府は農産物の輸入制限を行うのでしょうか？

参考文献

ポール・クルーグマン著，山岡洋一訳，『クルーグマンの良い経済学　悪い経済学』，日本経済新聞社，1997 年

復習問題・発展問題解答例

復習問題と発展問題の解答は，株式会社サイエンス社ウェブサイトの本書サポート情報に掲載されています。

第 2 章

生産技術の国際間での
差異と貿易パターン

　　各国の比較優位は何によって決まるのでしょうか？ まず思い浮かぶのは
生産技術の国際間での違いです。本章では，比較優位構造は生産性の違いか
ら生じるとするリカード・モデルを紹介します。貿易により各国はそれぞれ
比較優位を持つ財に生産特化しますが，それは投入される生産要素（ここで
は労働とします）の節約につながり，その結果，各国は貿易利益を享受する
ことを学びます。

本章のポイント

- 生産技術を，1単位の財を生産するのに必要な労働量（労働投入係数と呼びま
  す）によって表現します。
- 労働投入係数の低い国がその財に絶対優位を持ちます。
- ある財を生産することの機会費用は，その財の労働投入係数と他の財の労働
  投入係数の比率で表されます。
- 各国は，他国に比べ機会費用が低い財に比較優位を持ちます。
- 貿易により比較優位を持つ財への生産特化が可能となり，それにより生産に
  用いられる労働を節約できます。

2.1 生産技術の国際間での差異

　各財の生産技術は国によって異なります。例えば，半導体産業のようないわゆるハイテク産業では，高い技術水準や人的資本水準を誇る先進国の方が，発展途上国より効率的な生産が可能だと考えられます。その結果，先進国は技術的優位性を有するハイテク製品を発展途上国に輸出し，相対的に技術的優位性の低いローテク製品を発展途上国から輸入することになります。

　先進国の一員である日本は，半導体のようなハイテク製品を輸出すると同時に，りんごなどの農産品も輸出しています。りんごを台湾に輸出し台湾からバナナを輸入するのも，日本と台湾の間でこれらの財の生産技術が異なるからだと考えられます。ただしこの場合は，生産技術の差異は，ハイテク・ローテクといった技術水準の差異によるものではなく，気候条件の相違から発生するものです。りんごの生産には寒冷な気候が適しているのに対して，バナナの生産には温暖な気候が適しているからです。

　このように，国を特徴づける様々な要因が，生産技術の差異をもたらします。国の技術水準は，金融産業のようなサービス業や製造業の生産性を大きく左右するでしょう。気候条件や地形の違い，土地の肥沃さなどは，農産物の生産性を左右します。各財の生産性が国によって異なるのはとても自然なことなのです。

　各財の生産における技術の差は，国際間の比較優位構造を生み出します。各国は，他国に比べ相対的に技術優位性を持つ財に比較優位を持ち，その財を輸出しその他の財を輸入することになります。そしてその貿易は，各国に利益をもたらします。本章では，貿易の発生要因として技術の国際的差異に注目し，貿易パターンとその利益について考えます。

2.2 リカード・モデル

　19世紀前半，デイビッド・リカードは，「技術の国際的差異が国際貿易を

生じさせ，各国に利益をもたらす」と提唱しました。ここでは，リカード・モデルと呼ばれる簡単な経済モデルの枠組みの中で，貿易の発生メカニズムやその利益について考察します。

▶ **モデル構造**

　自国と外国の2国からなる世界を考えましょう。人々は，衣服と食料の2財を消費します。生産要素は労働のみであり，労働を投入することによって衣服や食料を生産します。各財の生産は，**規模に関して収穫一定**だとします。つまり，生産要素である労働を2倍投入すれば，生産量が2倍になり，3倍投入すれば生産量も3倍になるというものです。このとき，各財の生産技術は，その財を1単位生産するのに必要な労働投入量（これを**労働投入係数**と言います）によって，完全に記述されます。例えば，10単位生産するのに必要な労働量は，労働投入係数に生産量である10を掛け合わせたものとなるからです。また，各財の市場は**完全競争**の状態にあるとします。つまり，同一の生産技術を用いて生産活動を行う多数の生産者と，多数の消費者が存在し，どの経済主体（この場合は生産者と消費者）もその財の価格を所与として行動するものとします。

　各国における各財の生産技術が，**表2-1**で示されている労働投入係数表で表されているとしましょう。この表によると，自国において，1単位の衣服を生産するのに1単位の労働が必要であり，1単位の食料を生産するには2単位の労働が必要です[1]。それに対して外国では，1単位の衣服を生産するのに6単位の労働が必要で，1単位の食料を生産するには3単位の労働を必

	衣服	食料
自国	1	2
外国	6	3

表 2-1　労働投入係数表

要とします。生産は規模に関して収穫一定であるため，例えば3単位の衣服を生産するには，自国では3単位の労働が必要なのに対して，外国では6×3＝18単位の労働が必要です。

▶ 絶対優位

表2-1によると，1単位の衣服を生産するのに，自国では1単位の労働が必要なのに対して，外国では6単位の労働を投入しなくてはなりません。つまり，投入する労働量が少なくてすむという意味で，外国よりも自国の方が衣服を効率的に生産できるのです。このとき，自国は衣服生産に絶対優位を持っていると言います。同様に，食料生産においても自国の投入係数が外国のそれより小さいので，自国は食料生産にも絶対優位を持っていることになります。各財の生産について，労働投入係数が小さい方の国が，その財の生産に絶対優位を持っていると言うのです。

表2-1の例では，衣服・食料ともに，自国が絶対優位を持っています。外国より自国の方が，いずれの財もより効率的に生産できるのです。それでは，両国が貿易するとき，生産効率性に劣る外国製品は，いずれの財も市場から駆逐されてしまうのでしょうか？ 両財ともに自国で生産され，外国へと輸出されていくことになるのでしょうか？

これから詳しく見ていくように，各国の生産・貿易パターンの決定に重要なのは，絶対優位ではなく比較優位です。ただし，そうかと言って，絶対優位が意味のない概念だというわけではありません。絶対優位の概念は，世界市場で財の競争力を測るために重要なのではなく，その国の実質所得を測るために重要となります。

しかし，どうして生産性の劣る外国が，いずれかの財を生産し輸出できるのでしょうか？ それは，財が生産され世界市場で取引されるのに直接関係するのは，その生産費用であり生産性そのものではないからです。例えば，いずれの財に関しても絶対優位を持っている自国における賃金率（労働1単位当たりの報酬額）が2ドルで，外国の賃金率が1ドルだとします。このと

---

1 労働や財の単位は，自由に選んだ上で固定します。ここでは例えば，労働1単位は，1時間の労働を，衣服1単位はシャツ1枚と考えることができます。

	衣服	食料
自国	2	4
外国	6	3

表 2-2　生産費用

き，表 2-1 で表される生産技術の下では，衣服 1 単位の生産費用は，自国では 2×1＝2 ドルであり，外国では 1×6＝6 ドルとなります。同様に，食料の生産費用は，自国では 4 ドル，外国では 3 ドルとなります。

これらの生産費用は，表 2-2 に示されています。ここでは，衣服の生産費用は絶対優位を持つ自国の方が低いのに対して，食料の生産費用は外国の方が低いことに注意してください。自国の方が外国より賃金率が高いため，生産性が絶対的に劣る外国の方が，食料の生産費用は低くなっているのです。このように，生産性の劣る外国であっても，賃金率が低く抑えられていれば，相対的に優位性が高い食料を自国より低い費用で生産できるのです。各国は，他国に比べ生産費用の低い財を輸出し，生産費用の高い財を輸入することになります。この例では，自国は衣服を外国に輸出し，外国は食料を自国に輸出します。

▶ 比 較 優 位

どちらの国が何を輸出し何を輸入するかは，比較優位構造に依存します。いずれの国も，他国に比べ相対的に低い費用で生産できる財を輸出し，他の財を輸入することになります。

表 2-1 で描かれている世界を考えましょう。ここで，衣服を相対的に低い費用で生産できるのはどちらの国でしょうか？ 自国で衣服を 1 単位生産しようとすると 1 単位の労働が必要です。その 1 単位の労働で食料を 1/2 単位生産することもできるので，自国では，「衣服 1 単位を食料 1/2 単位分の労働で生産できる」と言い換えられます。それに対して，外国では，衣服 1 単

位を生産する6単位の労働によって食料は2単位生産できるので,「衣服1単位を食料2単位分の労働によって生産できる」ことになります。衣服1単位を生産するのに,自国では1/2単位の食料生産をあきらめる必要があるのに対して,外国では2単位の食料生産をあきらめる必要があります。食料で測った衣服のコストは,自国の方が外国より低いのです。

衣服で測った食料のコストも同様に算出できます。自国では,食料を1単位生産するのに,衣服2単位分に相当する2単位の労働が必要です。外国では,食料を1単位生産するためには,衣服1/2単位に相当する3単位の労働を必要とします。食料1単位を生産するのに,自国では2単位の衣服をあきらめる必要があるのに対して,外国では1/2単位の衣服をあきらめなくてはなりません。衣服で測った食料のコストは,自国より外国の方が低くなります。

食料で測った衣服のコストが自国の方が外国より低いのは,自国が外国に比べ相対的に衣服生産に適していることを意味しています。逆に,衣服で測った食料のコストが外国の方が自国より低いのは,外国が自国に比べ,相対的に食料生産に適していることを示唆しています。詳細はこれから説明していきますが,このとき自国は衣服生産に比較優位を持ち,外国は食料生産に比較優位を持つことになります。比較優位構造は,どちらの国がどの財の生産に相対的に適しているか教えてくれます。そして各国は,自らが比較優位を持つ財を輸出し,他の財を輸入することになります。つまりこの例では,自国は衣服を外国に輸出し,食料を外国から輸入します。もちろん外国は,それとは逆に食料を輸出し,その対価として手に入れた衣服を自国から輸入します。

この貿易パターンは,表2-2から類推することもできます。賃金率が自国では2ドル,外国では1ドルのとき,表2-1で示されている生産技術の下では,衣服の生産費用は自国の方が低く,食料の生産費用は外国の方が低くなります。ここでは,各国の賃金率が調整された結果,例えば外国における食料のように,ある財の生産コストが相対的に他国より低くなるだけでなく,実際の生産費用が他国よりも低くなるのです。衣服は生産費用が低い自国から,生産費用の高い外国へと輸出されることになります。食料に関しても同

様で，生産費用の低い外国から生産費用の高い自国へ輸出されていきます。

2.3 機会費用と比較優位

▶機会費用

どちらの国がどの財を相対的に低いコストで生産できるのかという比較優位の概念を，**機会費用**という概念を用いて定義していきましょう。

ある経済活動を行うには，他の様々な経済活動を犠牲にしなくてはなりません[2]。犠牲にした経済活動の中で最も価値が高いもののその価値が，実際に行った経済活動の機会費用です。失った「機会」が「費用」だと考えられるのです。リカード・モデルの枠組みでは，ある財を生産するためには，他の財の生産を減らさなくてはなりません。生産要素である労働の賦存量に限りがあるため，衣服の生産を増やそうとすると食料生産を減らさなくてはならないのです。

衣服の機会費用は，衣服を追加的に1単位多く生産するとき，あきらめなくてはならない食料の量として定義されます。逆に，食料の機会費用は，食料を追加的に1単位多く生産するために犠牲にしなくてはならない衣服の量となります。衣服の機会費用は，衣服と食料の労働投入係数を用いて計算できます。衣服を1単位多く生産するには，衣服の労働投入係数分の労働を，食料産業から切り離し衣服生産に投入する必要があります。食料産業から衣服産業へ移動してくるそれらの労働が生産していた食料の量が，衣服の機会費用なのです。

ここで，1単位の労働が生産する食料の量を食料産業の**労働生産性**として定義し，衣服の機会費用を労働投入係数によって表現しましょう。労働生産性は，労働投入係数の逆数です。つまり，

$$(労働生産性) = \frac{1}{(労働投入係数)} \tag{2-1}$$

---

2 例えば，映画を見に行くためには，アルバイトを休む必要があるかもしれませんし，家でゆっくりする時間を犠牲にすることになるかもしれません。

となります。1単位の食料を生産するのに3単位の労働が必要（労働投入係数＝3）ならば，1単位の労働は1/3単位の食料を生産できる（労働生産性＝1/3）のです。衣服の機会費用は衣服を1単位多く生産するための労働が生産していた食料の量です。したがって，

$$（衣服の機会費用）＝（衣服の労働投入係数）×（食料の労働生産性）$$

となるのがわかります。例えば衣服の労働投入係数が6で食料の労働生産性が1/3ならば，衣服1単位を追加的に生産できる6単位の労働は，食料を6×(1/3)＝2単位生産できるのです。(2-1) 式を用いて上記の式をさらに書き直すと

$$（衣服の機会費用）＝\frac{（衣服の労働投入係数）}{（食料の労働投入係数）}$$

となります。これによると，表2-1の例では，衣服の機会費用は，自国においては1/2となり，外国では6/3＝2となることがわかります。衣服の機会費用は，外国に比べ自国の方が低いのです。

同様に，食料の機会費用は，

$$（食料の機会費用）＝\frac{（食料の労働投入係数）}{（衣服の労働投入係数）}$$

となります。食料の機会費用は衣服の機会費用の逆数となることに注意してください。表2-1の例における自国のように，衣服を追加的に1単位多く生産するのに食料生産を1/2単位減らさなくてはならないならば，逆に食料を1単位多く生産するためには，衣服生産を2単位あきらめなくてはならないのです。また，表2-1の例では，外国における食料の機会費用は1/2であり，食料の機会費用は，自国より外国の方が低いことがわかります。食料の機会費用が衣服の機会費用の逆数で表されるため，自国の方が外国より衣服の機会費用が低いときは，必ず食料の機会費用は自国より外国の方が低くなります。

▶ 機会費用と比較優位

各国は，他国より機会費用の低い財に**比較優位**を持っていると言います。

比較優位を機会費用の大小によって定義するのです。それに対して，他国より機会費用が高い財に関して，その国はその財に関して比較劣位にあると言います。機会費用が低いというのは，その財を相対的に効率よく生産できるということです。各国は，他国に比べ相対的に効率よく生産できる財に，比較優位を持つのです。表 2-1 の例では，自国は衣服に，外国は食料に，それぞれ比較優位を持っています。ある国がある財に比較優位を持つとき，他国は他の財の機会費用が相対的に低く，その財に比較優位を持っていることに注意してください。つまり，いずれの国もどちらかの財に，必ず比較優位を持っているのです。

これから見ていくように，貿易パターンは，絶対優位ではなく比較優位によって決まります。各国は，比較優位にある財を輸出し，他の財を輸入します。いずれの国もどちらかの財に比較優位を持っているので，全ての財に関して絶対的に生産性が低い国でも，必ずいずれかの財に比較優位を持ちその財を輸出するのです。

2.4　生産可能性集合と生産可能性フロンティア

▶ 労働制約

比較優位構造が貿易パターンを決定することを示すためには，それが各国の生産・消費パターンにどう影響を与えているかについて考える必要があります。輸出は生産量から消費量を差し引いたものであり，輸入は消費量から生産量を引いたものだからです。

まずは一国における財の生産について考えていきましょう。各国に賦存する生産要素（リカード・モデルでは労働）には限りがあるため，どの国も，生産できる財の量には限界があります。自国における衣服の労働投入係数を a_{LC}，食料の労働投入係数を a_{LF} と表しましょう。（添字の L は労働を，C と F はそれぞれ衣服と食料を示しています。）そして，自国における衣服の生産量を X_C，食料の生産量を X_F で表します。自国に賦存する労働量を L とす

27

るならば，生産に関する労働制約は次のように書けます。

$$a_{LC}X_C + a_{LF}X_F \leq L \tag{2-2}$$

衣服を1単位生産するには a_{LC} 単位の労働を投入しなくてはならないので，衣服を X_C 単位生産するためには $a_{LC}X_C$ 単位の労働を投入する必要があります。同様に，左辺の第2項は食料を X_F 単位生産するのに必要な労働量を示しています。したがって，それらの和である左辺は，衣服 X_C 単位と食料 X_F 単位を生産するのに必要な労働量です。衣服の生産量と食料の生産量の組み合わせ (X_C, X_F) が生産可能であるためには，この組み合わせの生産を実現するために必要な労働量が労働賦存量 L 以下でなくてはなりません。(2-2) 式はそのための条件に他なりません。

▶ 生産可能性集合と生産可能性フロンティア：図示

図 2-1 の影の部分は，実現可能な生産点 (X_C, X_F) の集合を表しています。つまり，図の影の部分は，(2-2) 式を満たす生産点の集合となります。衣服生産量と食料生産量の任意の組み合わせが，影の部分に入っているならばその組み合わせは生産可能であり，入っていなければ生産不可能です。そのため，この影の部分は**生産可能性集合**と呼ばれ，その境界線は**生産可能性フロンティア**（Production Possibility Frontier, PPF）と呼ばれます。図の A 点や D 点のように PPF 上か PPF より下に位置する衣服と食料の組み合わせは生産可能ですが，PPF より上に位置する B 点のような組み合わせは生産不可能です。また，D 点のように PPF より下に位置する点は (2-2) 式を厳密な不等号で満たしており，その点で生産すれば労働は余ります。他方，PPF上の点は (2-2) 式を等式で満たしており，その国の労働は完全雇用されています。

PPF は生産可能性集合の境界線なので，(2-2) 式を等号で満たします。(2-2) 式の不等号を等号に置き換えて X_F について解くと，

$$X_F = \frac{L}{a_{LF}} - \frac{a_{LC}}{a_{LF}}X_C$$

となり，図 2-1 で表されているように，PPF は X_F 軸の切片が L/a_{LF} で傾き

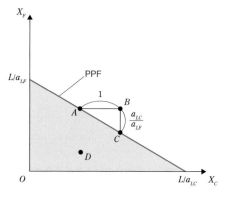

図 2-1　生産可能性集合と PPF

が $-a_{LC}/a_{LF}$ の直線になることがわかります。X_F 軸の切片は，この国に存在する全ての労働を食料生産に割り当てたときの食料の生産量を表しています。同様に，X_C 軸の切片は L/a_{LC} となり，全ての労働を衣服生産に使用したときの衣服の生産量を表しています。

　PPF の傾き $-a_{LC}/a_{LF}$ の絶対値は衣服の機会費用を表していることに注意してください。このことは，図 2-1 からも見て取れます。図の A 点から衣服を 1 単位追加的に生産するとしましょう。A 点は PPF 上にあり労働は完全雇用されていますから，そこから単純に衣服を 1 単位多く生産しようとすると，生産点は B 点となりこれは生産不可能です。A 点から衣服を 1 単位追加的に生産しようとすると，図の BC 分だけ食料生産を減らさなくてはならないのです。つまり BC 分だけの食料が衣服の機会費用です。そしてこの BC は，PPF の傾きの絶対値と等しいのです。

▶ 生産可能性集合と生産可能性フロンティア：例示

　それでは，生産可能性集合と PPF が実際どう表されるのか，表 2-1 の例を用いて練習しましょう。自国には $L=10$ 単位の労働が，外国には $L^*=12$ 単位の労働が，それぞれ賦存しているとします。外国の変数には「*」をつ

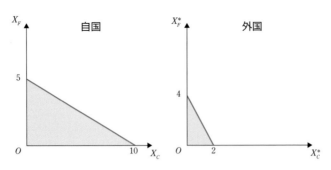

図2-2　表2-1の例における生産可能性集合

けて自国の変数と区別します。

　各国の PPF は，労働の完全雇用条件式から求められます。自国の完全雇用条件は，$a_{LC}=1$，$a_{LF}=2$ と $L=10$ より $X_C+2X_F=10$ となります。同様に，外国の完全雇用条件は $6X_C^*+3X_F^*=12$ となり，これは $2X_C^*+X_F^*=4$ と簡単化されます。これら両国の PPF は図 2-2 に描かれています。影の部分は各国の生産可能性集合を表しています。

　この例では，自国の PPF の傾きは $-1/2$ で外国のそれは -2 です。つまり，衣服の機会費用は自国で $1/2$，外国では 2 となります。衣服の機会費用は自国の方が外国より低いので，自国は衣服に，外国は食料に比較優位を持つのが確認できます。

　また，この例では，外国の方が労働賦存量が多いにも関わらず，生産可能性集合は自国のものより小さくなっています（外国の生産可能性集合は自国の生産可能性集合の部分集合になっています）。自国に比べ外国の方が両財ともに生産性が低いため，外国の生産可能性集合の方が小さくなるのです。

2.5　各国の生産点

　各財の価格が与えられると，各国における各財の生産量が決定されます。

つまり，生産可能性集合上の一点が生産点として選ばれるのです。輸出財の輸出量は，その国で生産された量から消費された量を引いたものです。同様に，輸入財の輸入量は，一国全体で消費される量からその国で生産される量を引いたものとなります。各国の貿易パターンを求めるには，各国における生産パターンと消費パターンを見ていけばよいのです。

▶ 財の相対価格と機会費用が異なるケース：完全特化

ここではまず，各財の価格が与えられているときに，自国がどの財を生産するかについて考察します。衣服と食料の価格をそれぞれ p_C, p_F とし，衣服の相対価格が機会費用より高いケース（$p_C/p_F > a_{LC}/a_{LF}$）を例として考えましょう。このとき，企業はどちらの財を生産するでしょうか？ 相対価格と機会費用の関係を表す上記の不等号は，

$$p_C \times \frac{1}{a_{LC}} > p_F \times \frac{1}{a_{LF}} \tag{2-3}$$

と書き換えられます。左辺の衣服の価格と衣服産業の労働生産性の積は，1単位の労働を衣服産業で雇用したときに生み出される収入を表しています。したがって，この不等式は，同じ賃金率 w で労働を雇用するならば，食料を生産するより衣服を生産する方が収入，そして利潤が高くなることを意味しています。この不等号が成立する限り，食料は生産されず，全ての企業は衣服を生産するでしょう。一国全体としてある財に生産資源を傾斜的に配分することを生産特化といいます。その生産構造の変化が，比較劣位にある財の生産がゼロになるという極限まで行われる状況が，**完全特化**です。このケースでは，この国は衣服に完全特化することになります。

リカード・モデルでは，各産業は完全競争下にあります。完全競争下では，市場への参入・退出が自由なため，操業している企業の利潤はその生産量にかかわらずゼロとなります。企業が正の利潤を稼いでいる産業には新たな企業が参入し既存企業の利潤を押し下げるでしょうし，逆に企業利潤が負であるような産業からは企業が退出し，操業を続ける企業の業績は改善していくだろうからです[3]。(2-3) 式が成立し，自国が衣服を生産している状況では，衣服産業での利潤はゼロになるため，労働1単位の投入から得られる収入が

その費用と等しくなります。つまり，$p_C \times (1/a_{LC}) = w$ が成立します。その結果，(2-3) 式から $w > p_F \times (1/a_{LF})$ も成立しています。これは，食料産業で労働1単位を雇用する費用が，それから得られる収入を上回っていることを意味しています。生産技術は規模に関して収穫一定なので，この場合何単位生産したとしても利潤は負になります。衣服の相対価格が機会費用より高いケースでは，衣服のみ生産されるのがここからもわかります。

(2-3) 式が成立するとき，同じ1単位の労働から生み出される価値は衣服生産の方が高く，衣服に完全特化することにより国全体の総生産は最大化されます。生産にしろ消費にしろ，各経済主体が自らの利益を最大化するよう行動する分権的経済体制においても，国内総生産（GDP）を最大化する生産点が選ばれるのです。経済学の最も重要な定理の一つに，**厚生経済学の第一基本定理**というものがあります。この定理は，「各産業が完全競争下にあり，**外部経済**が存在しなければ，競争均衡は効率的となる」というものです[4]。

外部経済とは，ある経済主体の行動が価格メカニズムを通さずに直接他の経済主体に影響を与えることです[5]。例えば，ある人が吸うたばこの煙が周りの人を不快にする場合は，たばこの消費が，たばこやライター等の価格に影響を与えるといった経路を通じてではなく，直接周りの人を不快にしているため，たばこの消費が負の外部性を生み出していると考えられます。また，競争均衡とは，全ての経済主体が価格を所与として行動している完全競争下での均衡のことを言います。リカード・モデルは，厚生経済学の第一基本定理のこれらの前提条件を満たしており，ここでの均衡は効率的となります。したがって，各国における各財の生産も効率的に行われ，GDP は最大化されます。その GDP は生産に携わった全国民に所得として分配されますから，国民所得は，GDP と等しくなり，与えられた生産可能性集合の下で最大化されます。

---

3 利潤は収入から生産費用を引いたものであって，たとえ利潤がゼロでも，その企業で働く労働者や生産活動に使われる資本設備などには「適正な」報酬（企業にとっては費用）が支払われていることに注意してください。「利潤がゼロである企業は解散した方がよい」とは言えないのです。

4 厚生経済学の第一基本定理についての詳細は，標準的なミクロ経済学の教科書を参照してください。

5 外部経済については第7章で詳しく説明します。

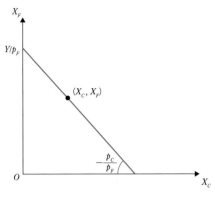

図 2-3　国民所得線

　言い換えれば，生産可能性集合の中で国民所得を最大化する財の組み合わせが生産点として選ばれるのです。衣服と食料の価格をそれぞれ p_C, p_F とするならば，衣服を X_C 単位，食料を X_F 単位生産するときの国民所得 Y は，

$$Y = p_C X_C + p_F X_F \tag{2-4}$$

となります。衣服と食料の価格 (p_C, p_F) が与えられると，生産可能性集合の中で国民所得 Y を最大化する点が実際の生産点となるのです。(2-4) 式を満たす (X_C, X_F) の集合を**国民所得線**と呼びましょう。(2-4) 式を書き換えた

$$X_F = \frac{Y}{p_F} - \frac{p_C}{p_F} X_C$$

からもわかるように，国民所得線は，図 2-3 で表されているように，X_F 軸の切片が Y/p_F で傾きが $-p_C/p_F$ の直線となります。最適生産点 (X_C, X_F) を通る傾き $-p_C/p_F$ の国民所得線は，X_F 軸の切片 Y/p_F を最大化します。生産点が生産可能性集合の中にあるという制約の下で，最適生産点 (X_C, X_F) を通る国民所得線は，最も原点から遠いところに位置することになります。

　生産可能性集合のどの点が生産点として選ばれるかは，衣服の相対価格

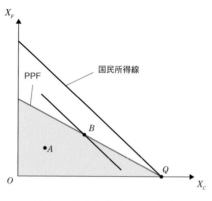

図 2-4 **生産点** ($p_C/p_F > a_{LC}/a_{LF}$)

p_C/p_F と衣服の機会費用 a_{LC}/a_{LF} の大小関係によって決まります。図 2-4 を見ながら、衣服の相対価格が機会費用より高いケース（$p_C/p_F > a_{LC}/a_{LF}$）から考えていきましょう。まず、A 点のように PPF より下に位置する点は、生産点として選ばれないことに注意してください。（2-4）式からわかるように、A 点より両財ともに多く生産する B 点のような点で生産した方が国民所得は大きくなるからです。このように、PPF より下にあるどの点も、それより両財ともに多く生産する点が PPF 上に必ずあるため、決して均衡では選ばれません。均衡生産点は、PPF 上にあるのです。

　それでは、B 点はどうでしょうか？　図 2-4 では、B 点を通る国民所得線が描かれています。国民所得線の傾きの絶対値は衣服の相対価格 p_C/p_F であり、PPF の傾きの絶対値は衣服の機会費用 a_{LC}/a_{LF} なので、このケースでは、国民所得線の方が PPF より急になっています。図から明らかなように、このようなときは、生産点を B 点から PPF に沿って右下に移動すれば、より高い水準の（より原点から離れた）国民所得線に到達できます。右下に移動すればするほど国民所得は増加していくので、最適生産点はこれ以上右下に移動できない PPF の端点である Q 点となります[6]。先に求めた衣服に完全特化する分権的経済体制での生産点が、国民所得を最大にすることが確認され

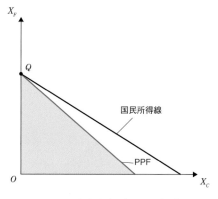

図2-5　生産点 ($p_C/p_F < a_{LC}/a_{LF}$)

ました。

　それでは次に，衣服の相対価格が機会費用より低いケース ($p_C/p_F <$ a_{LC}/a_{LF}) を考察しましょう。このケースも同様に，国民所得の最大化は生産の完全特化を促します。図2-5に示されているように，国民所得線はPPFより傾きが緩やかであり，国民所得線を原点から最も離れたところに位置させる生産点は，食料に完全特化する Q 点となります。食料で測られた衣服の価格よりその費用の方が高いため，衣服は生産されず食料のみ生産されるのです。そしてもちろん，分権的経済体制下でも食料に完全特化するこの生産点が実現します。

▶ 財の相対価格と機会費用が一致するケース：不完全特化

　最後に，衣服の相対価格が機会費用と完全に一致するケース ($p_C/p_F =$ a_{LC}/a_{LF}) を見てみましょう。図2-6で表されているように，国民所得線の傾きとPPFの傾きが同一のこのケースでは，国民所得を最大化する生産点は，PPF上の全ての点となります。A 点や B 点といったPPF上のどの点も，生

6　Q 点を通る国民所得線より高いところに位置する国民所得線は，生産可能性集合と交点を持たないため，実現不可能なことに注意してください。

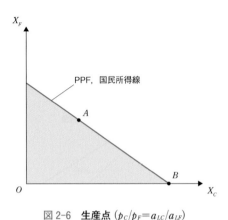

図 2-6　生産点 $(p_C/p_F = a_{LC}/a_{LF})$

産点となり得るのです。言い換えれば，生産面からだけでは，PPF 上のどの点が生産点として実現するのか決まりません。次章で見るように，このような場合には，生産点は需要面から決まることになります。衣服の相対価格と機会費用が完全に一致するのは，万に一つもないことだと思われるかもしれません。しかし，後に見るように，需要面からの要請で衣服の相対価格が機会費用と一致するように決まることは，決して特異なことではありません。

2.6　二国間貿易

　自国と外国の 2 国が貿易するとき，各国の生産・輸出入パターンはどうなるでしょうか？ ここでは，貿易が開始されると，各国が比較優位を持つ財を輸出し他の財を輸入することを示します。

　同一市場で取り引きされる同一の財は，全て同一価格で取り引きされます[7]。これは，**一物一価の法則**と呼ばれています。貿易が行われず各国が閉鎖経済状態にあるときは，各財は自国と外国の別々の市場で取り引きされています。しかし，国際貿易が開始されると，2 国の市場は統合され，各財は

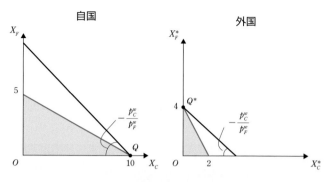

図2-7　自由貿易下での完全特化

どこにおいても同一価格で取り引きされることになります[8]。2国からなる世界で成立している価格という意味で，その価格を世界価格と呼び，衣服と食料の世界価格をそれぞれ p_C^w, p_F^w と表します。

図2-2で表されているように，自国の衣服の機会費用が外国より低いケース（$a_{LC}/a_{LF} < a_{LC}^*/a_{LF}^*$）を考えましょう。このとき，食料で測った衣服の世界相対価格 p_C^w/p_F^w は，自国における衣服の機会費用と外国における衣服の機会費用の間の値をとることになります。つまり，

$$a_{LC}/a_{LF} \leq p_C^w/p_F^w \leq a_{LC}^*/a_{LF}^* \tag{2-5}$$

が成立します。なぜならば，例えば衣服の相対価格がいずれの国の衣服の機会費用よりも高いならば，両国ともに衣服のみを生産し，消費者は食料を消費できなくなるからです。

自由貿易均衡下の生産状況は，図2-7に描かれています（図2-7のPPF

7　同一の財が違う価格で取り引きされているならば，低い価格で買って高い価格で売れば利益を得ます。このような取り引きを裁定取引といいます。裁定取引により，価格が低いところで需要が増加し，高いところで供給が増加します。その結果，価格は，もともと低いところで上昇し，高いところで下落します。裁定取引により価格は収斂するのです。また，「裁定取引が可能な範囲が市場の範囲である」と裁定取引の可否で市場の範囲を定義することもできます。

8　本書の第1部では，貿易にかかるコストはゼロだとします。

は図 2-2 と同一となるよう描かれています）。このように（2-5）式の 2 つの不等式が厳密な不等式として成立するとき，自国は衣服に，外国は食料にそれぞれ完全特化します。つまり，各国はそれぞれ比較優位を持つ財に完全特化するのです[9]。両国ともに両財を消費するので，自国は食料を，外国は衣服をそれぞれ輸入することになります。各国は，比較優位を持つ財を輸出し，他の財を輸入するのです。

2.7 特化の利益

通常，貿易により各国は利益を得ます。貿易利益の一つとして重要なのは特化の利益です。国際貿易が可能ならば，消費するもの全てを国内で生産する必要はなくなります。得意とするものに生産要素を集中させ，不得意なものは輸入に頼ることができるのです。比較劣位にある財の生産を縮小し，比較優位を持つ財に生産を特化させることにより，限られた生産要素を有効に活用できるようになります。

図 2-7 で表されている完全特化の状況を考えましょう。自国における衣服の機会費用は $a_{LC}/a_{LF}=1/2$，外国では $a_{LC}^*/a_{LF}^*=2$ です。衣服の世界相対価格は $p_C^w/p_F^w=1$ だとします。

自国では，食料の機会費用は 2 単位の衣服なので，2 単位の衣服をあきらめることにより 1 単位の食料を得ることができます。これは，2 単位の衣服から間接的に 1 単位の食料を生産することを意味しています。そして外国との貿易が可能になると，貿易という新たな「生産」方法が加わります。衣服の世界相対価格が 1 なので，衣服 1 単位から，外国との交換という手段を通して，食料 1 単位が得られるのです。新たな「生産」方法の出現で経済が悪影響を受けることはありません。実際この例では，食料を自国で生産するより貿易によって「生産」する方が，投入される衣服の量が少なく，優れた「生産」方法だと言えます。自国では，食料を自ら生産するのではなく，代わりに衣服を生産しそれと交換に外国から食料を得る方が，効率的なのです。貿

9　次章で見るように，必ずしも自由貿易により各国が完全特化するとは限りません。

易が特化を可能にし，貿易に携わる国々に利益をもたらすのです。

　このことを少し違った角度から見てみましょう。図 2-7 の基礎である表 2-1 を見てください。衣服の世界相対価格はやはり 1 だとします。自国では，1 単位の労働から 1 単位の衣服を生産できます。これを外国に輸出すれば食料 1 単位が得られます。つまり，貿易を利用すれば，1 単位の労働から食料 1 単位が得られるのです。自国で食料 1 単位を生産するならば 2 単位の労働が必要なので，食料 1 単位当たり労働 1 単位の節約になる計算です。同様に，外国においても，比較優位にある食料を生産・輸出して衣服を得る方が，衣服を自ら生産するより労働を節約できます。貿易によって衣服 1 単位を得るには 1 単位の食料を生産する 3 単位の労働ですむのに対して，自ら衣服を 1 単位生産しようとすれば 6 単位の労働を投入する必要があるからです。外国では，食料 1 単位を生産するのに労働 3 単位が使われているので，1 単位の労働で生産できる自国の代わりに外国が食料生産を担うのは，世界全体とすれば労働を無駄に使っているように見えます。しかし実際は，それぞれの国が比較優位を持つ財の生産を 1 単位ずつ増やし，それらを交換することにより，自国では 1 単位，外国では 3 単位の労働が節約されるのです。

■ キーワード

リカード・モデル，絶対優位，比較優位，機会費用，生産可能性集合，生産可能性フロンティア，国民所得線

■ 復 習 問 題

(1)　自国と外国の 2 国が衣服と食料を生産するリカード・モデルを考えます。各国における各財の労働投入係数は，表 2-3 の各図で示されています。衣服，食料それぞれについて，どちらの国が絶対優位を持っていますか？ そして，各国はどの財に比較優位を持っていますか？ (a)，(b)，(c)それぞれのケースについて答えてください。

(a)

	衣服	食料
自国	2	5
外国	4	3

(b)

	衣服	食料
自国	5	3
外国	3	3

(c)

	衣服	食料
自国	2	1
外国	4	2

表 2-3　労働投入係数表（復習問題 1）

(2)　自国と外国の2国が衣服と食料を生産するリカード・モデルを考えます。各国における各財の労働投入係数は，表2-4で示されています。また，自国には18単位の労働が，外国には15単位の労働が存在しています。

	衣服	食料
自国	9	3
外国	3	3

表2-4　労働投入係数表（復習問題2）

(a)それぞれの国について，労働の完全雇用条件を求め，生産可能性集合を図示してください。

(b)衣服の世界相対価格が2のとき，各国の生産点はどこに決まるでしょうか？ また，貿易パターン（どちらの国がどの財を輸出するか）はどうなりますか？ 衣服の世界相対価格が1のときはどうでしょう？

発展問題

(1)　自国と外国の2国が衣服と食料を生産するリカード・モデルを考えます。各国における各財の労働投入係数は，表2-5で示されています。自国には8単位の労働が，外国には12単位の労働が存在しています。自由貿易均衡では，衣服の世界相対価格が1で，自国の賃金率が2だとします。このとき，衣服の世界価格，食料の世界価格，外国の賃金率は，それぞれいくつですか？

	衣服	食料
自国	2	3
外国	4	3

表2-5　労働投入係数表（発展問題）

(2)　衣服に比較優位を持つ自国と，食料に比較優位を持つ外国が，貿易している状況を考えます。ここで，自国の衣服産業において生産性向上の技術進歩が起こったとします。この技術進歩は自国と外国それぞれの賃金率にどう影響を与えるでしょうか？ 簡単化のため，各財の価格は技術進歩前後で変化しないとして，リカード・モデルの枠組みの中で考えてください。また，衣服産業ではなく，自国の食料産業で技術進歩が発生する場合はどうですか？

復習問題・発展問題解答例

復習問題と発展問題の解答は，株式会社サイエンス社ウェブサイトの本書サポート情報に掲載されています。

第 3 章

自由貿易均衡と貿易利益

　本章では，リカード・モデルにおける自由貿易均衡を求め，閉鎖経済均衡と比較します。貿易により，各国の生産構造はどう変化するのでしょうか？ 消費の変化はどうでしょうか？ 貿易による生産や消費の変化は望ましいものでしょうか？ 貿易利益を得る国と得られない国が出てくるのでしょうか？ 経済の消費サイドを明示的に取り入れ，閉鎖経済均衡と自由貿易均衡を求めそれらを比較することにより，これらの問いに答えていきます。

本章のポイント

- 国全体の消費は，社会厚生を最大化するよう選ばれます。
- その国の経済活動が財の世界価格を左右するかどうかにより，国が大国であるか小国であるかを定義します。
- 貿易により財の間の相対価格は変化します。
- 輸出財の輸入財に対する相対価格を交易条件と呼びます。
- 交易条件の上昇は，その国の社会厚生を上昇させます。
- 貿易により，全ての国の交易条件は改善（上昇）しますが，経済規模の小さい国ほど，交易条件の変化が大きく貿易利益も大きくなります。

3.1　消費サイドから見た貿易利益

　前章では，2国・2財・1要素のリカード・モデルを用い，生産技術の国際間での差異が比較優位構造を生み出し，その結果発生する国際貿易により

両国は利益を得ることを導き出しました。そこでは，国際貿易により各国が
それぞれ比較優位を持つ財へ生産特化し，その結果，世界全体の生産効率が
上がり，各国は利益を得るというものでした。生産面に注目し，貿易利益を
生産の効率化として捉えたのです。

　本章では，経済の消費サイドを明示的に取り入れ，消費者が実際に享受す
る利益として貿易利益を捉え直します。また，消費サイドを明示的に扱い，
均衡における生産点だけでなく，消費点も特定化します。それによって，「ど
ちらの国がどの財を輸出する」といった漠然とした貿易方向だけでなく，貿
易量や均衡価格など，より細かな情報も得られるようになります。生産サイ
ドと消費サイドの双方をモデルに組み入れ，より緻密な分析を行うことによ
り，例えば，「大きな国より小さな国の方が貿易による利益が大きい」といっ
た興味深い結論を導きます。

▶ 国全体の予算制約

　前章では，国民所得を最大にするよう生産点 (X_C, X_F) が選ばれ，そのと
き国民所得は

$$Y = p_C X_C + p_F X_F \tag{2-4}$$

と表されるのがわかりました。この国民所得は，衣服と食料の消費に支出さ
れます。生産量と消費量を区別するために，ここでは衣服と食料の消費量を
それぞれ x_C, x_F と小文字で表すことにしましょう。そうすると，国全体の
予算制約は

$$p_C x_C + p_F x_F \leq Y \tag{3-1}$$

となります。衣服に対する支出額 $p_C x_C$ と食料に対する支出額 $p_F x_F$ の和が国
民所得 Y 以下でなくてはならないのです。

　この（3-1）式を満たす衣服の消費量と食料の消費量の組み合わせ
(x_C, x_F) は，所得 Y の下で消費可能（つまり購入可能）な組み合わせです。
そのような点の集合は**消費可能性集合**と呼ばれています。消費可能性集合の
境界線は，国全体の予算線であり，

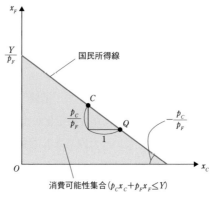

図 3-1　国民所得線と消費可能性集合

$$p_C x_C + p_F x_F = Y \tag{3-2}$$

を満たす (x_C, x_F) の集合です。図 3-1 は，国全体の予算線である国民所得線と，その線の下側の領域として表される消費可能性集合を描いています。国民所得線の縦軸切片が Y/p_F で，傾きが $-p_C/p_F$ となるのは，（3-2）式を

$$x_F = \frac{Y}{p_F} - \frac{p_C}{p_F} x_C$$

と書き換えるとわかりやすいでしょう。

　（2-4）式と（3-2）式を見比べると，この予算線は生産点 (X_C, X_F) を通るのがわかります。生産で得た財をそのまま消費するのは可能なので，生産点は消費可能性集合内にあります。また，$(x_C, x_F) = (X_C, X_F)$ を（3-1）式に代入して（2-4）式と比べると，予算制約式（3-1）式は等号で満たされるのがわかります。生産点は消費可能性集合の境界線上にあるのです。

　ただし，生産点は消費可能性集合の一点でしかありません。他国と財を交換する貿易により，生産点以外の様々な財の組み合わせから消費点を選択できるようになります。貿易の際に適用される財の交換比率は，衣服の食料に対する相対価格に他なりません。例えば，生産した衣服のうち 1 単位だけ外

国に輸出すると，その分衣服の消費量は減りますが，それと引き替えにp_C/p_F単位だけ生産量を上回る食料を消費できます。このことは，図 3-1 において，生産点 Q から消費点 C への国民所得線上の動きとして描かれています。

▶ 社会的無差別曲線

国全体の消費可能性集合は国民所得線上とその下側の領域ですが，その中のどの点が消費点として選択されるのでしょうか？ 答えは，「この国の社会厚生を最大化する消費点」となります。前章で紹介したように，厚生経済学の第一基本定理は「各産業が完全競争にあり，外部経済が存在しなければ，競争均衡は効率的となる」というものでした。ここで効率的になるのは生産だけではありません。消費も効率的に行われるのです。

国の社会厚生（国民の満足度）を測る指標として社会的無差別曲線を考えましょう。図 3-2 には 3 本の社会的無差別曲線が描かれています。社会的無差別曲線は，ミクロ経済学で学習する消費者個人の無差別曲線と同様の性質を持ちます。消費者個人の無差別曲線は，その消費者に同じ水準の満足度（「効用」と呼ばれます）を与える消費点の集合です。つまり，同一の無差別曲線上の全ての消費点は，その消費者にとって同等に望ましい（無差別な）ものなのです。同様に，社会的無差別曲線は，国全体として同等に望ましい消費点の集合です

図 3-2 には，u_1，u_2，u_3 の 3 本の社会的無差別曲線のみ描かれています。しかし，任意の消費点につき，その消費点を通る社会的無差別曲線が存在するため，社会的無差別曲線は実際は無数にあります。これら無数にある社会的無差別曲線の集合（社会的無差別曲線群）が，衣服と食料に対する国全体の嗜好を表しているのです。

衣服と食料は，そのいずれも消費量が増えれば社会厚生が増加すると考えられます。したがって，各社会的無差別曲線は右下がりであり，上方に位置する社会的無差別曲線ほど社会厚生が高くなっています。図 3-2 では，u_1 よりも u_2，u_2 よりも u_3 の方が，高い社会厚生に対応しています。

各社会的無差別曲線は，原点に対して凸の形状をとっています[1]。個人に

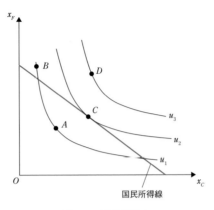

図 3-2　**最適消費点**

とっても社会にとっても，ある財に偏った消費を行うよりも，全ての財を偏りなく消費する方が望ましいと考えられるからです。図 3-2 の社会的無差別曲 u_1 上にある A 点と B 点を比べましょう。両財を偏りなく消費する A 点に比べ，食料の消費に偏っている B 点では，衣服の消費はそれほど A 点から減少しているわけではないのに，その減少を埋め合わせるためにかなり多くの食料を消費しています。同じ社会厚生水準を達成するのに，両財を偏りなく消費する方が効率がよく，少量の消費ですむのです。そしてこのことは，無差別曲線が原点に対して凸であることによって表現されるのです。

▶ 消 費 点

　国全体の消費可能性集合内で社会厚生が最大化される消費点は，消費者個人の効用最大化問題の解と同じく，「消費可能性集合の中で，最も上位の無差別曲線上にある点」となります。図 3-2 では，C 点がそれに当たります。

　例えば A 点では，C 点でもたらされる社会厚生 u_2 よりも低い社会厚生 u_1 しか達成されません。同様に，消費可能性集合の中から任意の点をとり，その点を通る無差別曲線を引くならば，それは必ず無差別曲線 u_2 より左下に

1　原点の方に突き出て見える曲線を原点に対して凸の曲線と呼びます。

位置することがわかります[2]。つまり，消費可能性集合内の C 点以外の点は，C 点より低い社会厚生しかもたらさないのです。また，C 点よりも高い社会厚生を達成する消費点（例えば D 点）は消費可能でないことも，一目瞭然です。

　図 3-2 の C 点のような社会厚生を最大化する最適消費点は，国民所得線と社会的無差別曲線の接点となっています。無差別曲線の傾きの絶対値は，食料を衣服で代替するときの**限界代替率**を表しています。食料を衣服で代替するときの限界代替率は，衣服を 1 単位追加的に得るならばあきらめてもよいと考える食料の量です[3]。最適消費点では，それが国民所得線の傾きの絶対値である，衣服の食料に対する相対価格に等しいのです。衣服の相対価格は，衣服を 1 単位追加的に得るためにあきらめなければならない食料の量です。最適消費点では，衣服を 1 単位追加的に得るときに，あきらめてもよいと考える食料の量と，あきらめなければならない食料の量が釣り合っています。

3.2　閉鎖経済均衡

　それでは，前章で紹介したリカード・モデルを用いて，ある国が貿易を行わないときに，生産点や消費点，そして衣服の相対価格などがどう決まるのか考えましょう。

　閉鎖経済均衡の様子は，図 3-3 に表されています。図には右下がりの直線である PPF と，PPF に接する一本の無差別曲線が描かれており，それらの接点が生産点 Q であり消費点 C となります。

　どうして生産点や消費点がこのように決まってくるのでしょうか？　他国と貿易を行わないならば，衣服であれ食料であれ，消費分は全て自ら生産する必要があります。消費点は同時に生産点でなくてはならないのです。したがって，消費可能な財の組み合わせの集合である消費可能性集合は，生産可

2　どの無差別曲線も他の無差別曲線と交わらないことに注意しましょう。

3　限界代替率についての詳しい説明は，ミクロ経済学の消費者理論を参照してください。

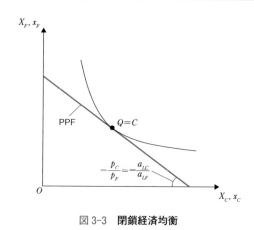

図 3-3　閉鎖経済均衡

能性集合と一致します。均衡での消費点は消費可能性集合の中で社会厚生を最大化する点ですから，閉鎖経済均衡下では，生産可能性集合の中で社会厚生を最大化する点，つまり無差別曲線と PPF の接点となるのです。

　このことから，閉鎖経済では衣服の均衡相対価格は，衣服の機会費用と等しくなることがわかります。社会厚生が最大化されている消費点では，衣服の相対価格は食料を衣服で代替するときの限界代替率と等しくなります。ところが，限界代替率は消費点での無差別曲線の傾きの絶対値なので，PPFの傾きの絶対値，つまり衣服の機会費用に等しくなるのです。

　無差別曲線と PPF の接点が閉鎖経済下での生産・消費点となることを，生産面と消費面についてそれぞれ確認しましょう。まず，衣服の相対価格 p_C/p_F が衣服の機会費用 a_{LC}/a_{LF} に等しいとき，図 3-3 で表されている無差別曲線と PPF の接点 Q 点が，生産点となるのを確かめます。財の相対価格が機会費用に等しいとき，PPF 上のどの点も生産点となり得ることは前章で学びました。したがって，図 3-3 の Q 点も生産点となり得ます。次に消費面について考えましょう。国民所得線は生産点を通る傾き $-p_C/p_F$ の直線なので，生産点 Q を通る国民所得線は PPF に一致します。その結果，国民所得線上で社会厚生を最大化する消費点は，PPF と無差別曲線の接点であ

る C 点となります。

3.3 国際貿易における大国と小国

　ある国が他の国々と貿易を開始すると，その国の経済は大きな影響を受けるでしょう。その国の経済だけでなく，他国の経済にも少なからず影響を与えるかもしれません。国際貿易理論では，その国の経済活動が貿易を通じて財の世界価格に影響を与えるほど経済力の大きな国を，**大国**と呼びます。それに対して，その国の経済活動が世界価格に影響を与えない，経済規模の小さな国のことを**小国**と言います。

　例えば，アメリカで干ばつが起こり小麦生産が半減したならば，小麦の世界価格は上昇するでしょう。小麦の世界生産に占めるアメリカのシェアは高く，アメリカでの供給減少は世界的な供給の減少を意味するからです。また，同じくアメリカで自動車の需要が急増したならば，その結果自動車の世界価格は上昇するでしょう。アメリカは自動車の一大消費国として，自動車産業に関しても大国なのです。ところが，エクアドルで自動車需要が急増しても，世界的にはそれほど大きな需要増加とはならず，自動車の世界価格は（ほとんど）変化しないでしょう。しかし，エクアドルでバナナが不作となれば，バナナの世界価格は上昇するでしょう。エクアドルは，自動車産業に関しては小国であっても，エクアドルが主要産地の一つであるバナナに関しては大国なのです。このように，ある国が小国であるか大国であるかは，産業によって異なります。その基準はあくまで，その国の経済活動が世界価格に影響を与えるかどうかです。

　小国が経済を国外に対して解放し自由貿易を行えば，一物一価の法則により，各財の価格はそれぞれの世界価格と等しくなります。そしてその世界価格は，その小国にとって，自らが影響を与えることのない所与のものとして扱われます。財は価格の低いところから高いところに流れていきます。したがって，自由貿易の結果どの財を輸出しどの財を輸入するかは，衣服の世界相対価格と閉鎖経済均衡相対価格の比較により決まってきます。衣服の閉鎖

経済均衡相対価格は衣服の機会費用と等しいので，結局貿易パターンは，世界相対価格と機会費用の比較によって決まることになります。

3.4 貿易均衡と貿易利益： 小国のケース

▶ 貿易パターンと貿易利益：$p_C/p_F > a_{LC}/a_{LF}$ のケース

図3-4は，衣服の相対価格が衣服の機会費用より高い場合の自由貿易均衡を表しています。このケースでは，この国は衣服に完全特化し Q 点で生産しています。衣服に完全特化することにより国民所得は最大化されるのです。そして，生産点 Q 点を通り傾きが $-p_C/p_F$ の国民所得線上にあり，最も高い社会厚生をもたらす C 点が，消費点となります。$p_C/p_F > a_{LC}/a_{LF}$ を反映し，国民所得線の方が PPF より急な傾きを持つことに注意してください。

国際貿易は，生産点とは異なる点での消費を可能にします。国全体の予算制約が満たされる限りにおいて，他国との財の交換により生産点とは異なる点で消費できるのです。国際貿易が可能であれば，与えられた世界相対価格の下で国民所得を最大化する点で生産し，その結果得た所得で，今度は社会厚生を最大化するよう消費点を選択できるのです。

図3-4に描かれているように，この国の衣服の消費量は生産量より BQ ほど少なくなっています。また，食料の消費量は生産量より CB だけ多くなっています。国内でのこの需給の不均衡は，国際貿易によって解消されます。つまりこの国は，衣服を BQ だけ輸出し食料を CB だけ輸入するのです。この衣服の輸出と食料の輸入は，三角形 CBQ の2辺に対応しています。この三角形 CBQ は，貿易パターンを表し，**貿易三角形**と呼ばれています。

貿易三角形を注意深く見てみると，この貿易の収支がバランスしている（貿易収支がゼロである）こともわかります。貿易三角形 CBQ の辺 CQ は国民所得線の一部なので，その傾きの絶対値は p_C/p_F です。したがって，$p_C/p_F = CB/BQ$ となり，これから $p_F CB = p_C BQ$ を得ます。左辺は食料の価格と食料の輸入量の積，つまり食料の輸入額になります。同様に右辺は衣服

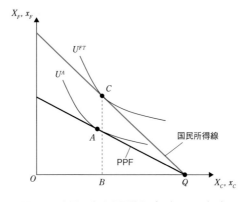

図 3-4　**小国の自由貿易均衡**（$p_C/p_F > a_{LC}/a_{LF}$）

の輸出額であり，この式はこの国の輸入額が輸出額に等しいことを示しています。Q 点で生産して得た国民所得を，過不足なく C 点での消費に使い切っていることも，貿易収支がバランスしていることを示しています。例えば輸入額が輸出額を上回り貿易収支が赤字になっている場合は，消費点は国民所得線より上方に位置することになります[4]。貿易収支が赤字であるとは，国全体の予算をオーバーして財の消費を行っていることに他ならないのです。

　貿易によりこの国が利益を得ていることも，図 3-4 から見て取れます。図に示されているように，貿易均衡下での消費可能性集合（国民所得線の下側の領域）は生産可能性集合（PPF の下側の領域）を強い意味で含んでいます（つまり生産可能性集合は消費可能性集合の真部分集合となっています）。生産可能性集合は閉鎖経済下での消費可能性集合と一致するので，国際貿易によりこの国の消費可能性集合は拡大したことになります。拡大した消費可能性集合中の最も望ましい点が貿易均衡下での消費点ですから，貿易によりこの国の社会厚生が減少することはありません。実際，この図に表されているように，社会厚生は閉鎖経済均衡消費点 A 点で実現する U^A から U^{FT} へ

4　輸出がゼロで輸入だけしている極端なケースを考えるならば，そのときの消費点は Q 点の真上にあり，国民所得線より上方に位置するのは明らかです。

51

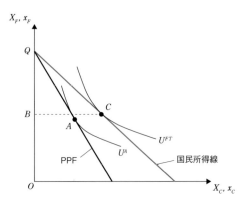

図 3-5　**小国の自由貿易均衡**（$p_C/p_F < a_{LC}/a_{LF}$）

増加し，貿易利益が発生しています。

▶ 貿易パターンと貿易利益：$p_C/p_F < a_{LC}/a_{LF}$ のケース

　衣服の世界相対価格より衣服の機会費用が高いケースも同様に分析されます。図 3-5 に表されているように，この国は食料に完全特化し，生産した食料の一部を輸出し衣服を輸入することにより，両財ともに消費します。貿易三角形は生産点 Q と消費点 C を 2 つの頂点に持つ QBC となり，食料を QB 単位輸出し，それと交換に衣服を BC 単位輸入します。このケースでも，貿易により消費可能性集合は拡大し，閉鎖経済均衡消費点 A と比べ，C 点ではより高い社会厚生が実現しています。

▶ 貿易パターンと貿易利益：$p_C/p_F = a_{LC}/a_{LF}$ のケース

　前章で見たように，衣服の相対価格と衣服の機会費用が等しいケースでは，生産点が一意に定まりません。PPF 上のどの点も生産点となり得るのです。しかし，生産点が PPF 上のどの点であったとしても，生産点を通り傾きが $-p_C/p_F$ である国民所得線は一意に定まります。国民所得線の傾き $-p_C/p_F$ と PPF の傾き $-a_{LC}/a_{LF}$ が等しいため，国民所得線は PPF と一致するのです。

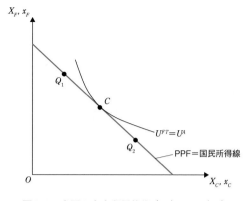

図 3-6　**小国の自由貿易均衡** ($p_C/p_F＝a_{LC}/a_{FL}$)

消費点は国民所得線上で最も高い社会厚生を実現する点，つまり国民所得線と無差別曲線の接点となります。国民所得線と PPF が一致しているので，この消費点は PPF と無差別曲線の接点であるとも言えます。図 3-6 はこのケースでの貿易パターンを表しています。図 3-3 と比較すると，貿易均衡下での消費点は閉鎖経済均衡消費点と一致していることがわかります。つまり，衣服の世界相対価格と衣服の機会費用が等しいときは，外国と貿易を行っても消費点は変わらないのです。

このように，消費点は一意に決まりますが，生産点がどこに決まるかはわかりません。したがって，貿易パターンも決まりません。例えば，図 3-6 のQ_1 点が生産点となるならば，衣服の消費量はその生産量を上回るため衣服は輸入され，生産量が消費量を上回る食料は輸出されるでしょう。ところが，生産点が Q_2 点のように，消費点の右下にあるならば，この国は衣服を輸出し食料を輸入することになります。また，生産点がちょうど C 点となることもあるかもしれません。そのときは，貿易機会が与えられても，この国は貿易を行いません。

どんな貿易パターンになるとしても，消費点が閉鎖経済均衡消費点と等しくなることには変わりありません。消費点が変化しないので，貿易利益もゼ

ロとなります。このことは，貿易により消費可能性集合が拡大しないことからもわかります。このケースでは，消費可能性集合は，貿易をするかどうかにかかわらず，常に生産可能性集合と一致します。

3.5 貿易均衡と貿易利益： 大国のケース

　小国の貿易パターンは，その国にとって所与である世界価格によって決まることがわかりましたが，その経済活動が世界価格に影響を与える大国の貿易はどうでしょうか。自国以外の全ての国をひとかたまりにして外国と呼びましょう。世界を自国と外国に分けて，その2国が貿易をしているとみなすのです。このような経済モデルは，2国モデルと呼ばれています。

▶ 比較優位と貿易パターン

　自国が衣服に，外国が食料にそれぞれ比較優位を持っている状況を考えましょう。このとき，衣服の機会費用は自国の方が外国より低くなっています（$a_{LC}/a_{LF} < a_{LC}^*/a_{LF}^*$）。閉鎖経済均衡では，各国における衣服の相対価格はその機会費用と等しくなります。各国の各財に対する価格に上添字 A をつけて，閉鎖経済均衡での価格であることを表すならば，$p_C^A/p_F^A = a_{LC}/a_{LF}$ と $p_C^{A*}/p_F^{A*} = a_{LC}^*/a_{LF}^*$ が成立しているわけです。したがって，これらから $p_C^A/p_F^A < p_C^{A*}/p_F^{A*}$ であるのがわかります。閉鎖経済均衡における衣服の相対価格を比べると，衣服に比較優位を持っている自国の方が外国よりも低くなっているのです。そして貿易が開始されと，自国は比較優位を持ち閉鎖経済均衡相対価格が外国よりも低い衣服を輸出し，外国から食料を輸入するようになるのです。

▶ 二国モデルにおける貿易均衡

　衣服に比較優位を持った自国と，食料に比較優位を持った外国が貿易すると，自国は外国に衣服を輸出し，外国は自国に食料を輸出することになります。衣服を輸出し食料を輸入する自国では，衣服の国内供給量は輸出により

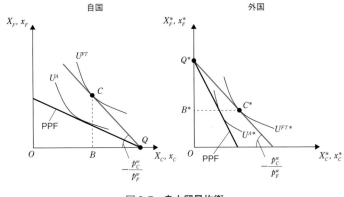

図 3-7　　**自由貿易均衡**

減少し，食料の国内供給量は輸入により増加します。その結果，衣服の相対価格は閉鎖経済均衡下に比べ高くなるでしょう。衣服を輸入し食料を輸出する外国では逆のことが起こり，衣服の相対価格は閉鎖経済均衡下に比べ低くなります。

　実際，自由貿易均衡下での衣服の相対価格は，自国の閉鎖経済均衡相対価格と外国の閉鎖経済均衡相対価格の間に決まってきます。つまり，両国が直面する自由貿易均衡相対価格 p_C^w/p_F^w は以下の不等式を満たすのです。

$$\frac{p_C^A}{p_F^A} \le \frac{p_C^w}{p_F^w} \le \frac{p_C^{A*}}{p_F^{A*}} \tag{3-3}$$

後に見るように，リカード・モデルでは，自由貿易均衡相対価格がいずれかの国の閉鎖経済均衡価格と一致することがあります。上式の不等号のいずれかが，等式で成立する可能性があるのです。

　図 3-7 は，(3-3) 式が厳密な不等号で成立しているときの貿易均衡を示しています。(3-3) 式が厳密な不等号で成立するときは，いずれの国も完全特化します。衣服に比較優位を持っている自国は衣服に，食料に比較優位を持っている外国は食料に，それぞれ完全特化するのです。そして各国は，それぞれ比較優位を持つ財を輸出し，比較劣位にある財を輸入します。

　貿易均衡下では，２国の貿易三角形は合同になります。図 3-7 では，自国の貿易三角形 *CBQ* と外国の貿易三角形 *Q*B*C** が合同になるのです。貿易均衡では，自国の衣服の輸出量 *BQ* は，外国の衣服の輸入量 *B*C** と等しくなります。また，自国の食料の輸入量 *CB* は，外国の食料の輸出量 *Q*B** と等しくなります。直角三角形の２辺の長さがそれぞれ等しいので，この２つの貿易三角形は合同となるのです。

　自国の衣服の輸出量 *BQ* と外国の衣服の輸入量 *B*C** が等しいというのは，自国が輸出した衣服を外国がそのまま輸入することから，当たり前だと思うかもしれません。しかし，これらが等しくなるのは，自国が輸出したいと思う衣服の量と，外国が輸入したいと思う衣服の量がちょうど釣り合うように衣服の相対価格が調整された結果であり，相対価格の水準にかかわらず達成されるわけではありません。

　また，図 3-7 における U^A から U^{FT} の変化と U^{A*} から U^{FT*} の変化で表されているように，このケースでは，両国ともに貿易利益を得ます。

▶ 交易条件と貿易利益

　貿易がどのくらいその国に利益をもたらすかは，貿易によって財の相対価格がどの程度変化するかに依存します。小国が貿易するケースでは，貿易により衣服の相対価格が変化するときのみ，貿易利益が発生することを見てきました。貿易利益は，相対価格の変化によってもたらされるのです。

　そのことをより詳しく見るために，**交易条件**と呼ばれる重要な指標を定義しましょう。交易条件は，輸入財で測った輸出財の相対価格として定義されます。つまり，

$$\text{交易条件} = \frac{\text{輸出財の世界価格}}{\text{輸入財の世界価格}}$$

となります[5]。交易条件は，輸出財１単位と交換に外国から手に入れることのできる輸入財の量と考えることができます。他国と貿易によって輸出財を輸入財と交換できるので，交易条件で用いられる相対価格は，世界価格によ

5　実際の経済では，いくつもの輸出財といくつもの輸入財が存在しています。そこで実際には，交易条件は，輸出財価格の平均を輸入財価格の平均で割ったものとなります。

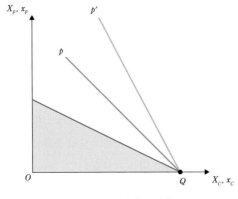

図 3-8　交易条件の改善

る相対価格であることに注意してください[6]。例として，衣服1単位の世界価格が2,000円で，食料1単位の世界価格が500円だとします。このとき，自国が衣服を輸出し食料を輸入しているならば，自国の交易条件は2,000/500＝4となります。自国が衣服を1単位輸出し，それによって得た2,000円をもって外国で食料を買うならば，食料を4単位購入し輸入できるのです。

　自国が衣服を，外国が食料をそれぞれ相手国に輸出している状況を考えましょう。このとき，自国の交易条件は衣服の世界相対価格 p_C^w/p_F^w，外国の交易条件は食料の世界相対価格 p_F^w/p_C^w となります。外国の交易条件は自国の交易条件の逆数であることに注意してください。自国の交易条件が上昇するならば，自国の貿易相手国である外国の交易条件は，必ず下落するのです。

　交易条件の上昇はその国に利益をもたらします。図 3-8 は，衣服の世界相対価格の p から p' への上昇により，衣服に完全特化している自国が利益を

---

[6]　自由貿易を行っているときは，各財の各国内での価格はその財の世界価格と一致します。ただし，後の章で見るように，関税等の貿易障壁が存在するときにはそれらは一致しなくなります。交易条件はあくまでも輸出財と輸入財の世界価格の比として定義されます。貿易障壁が存在するときは，国内価格の比ではなく世界価格の比として交易条件が定義されていることに特に注意しなくてはなりません。

得る様子を描いています。国民所得線は，傾きの絶対値が衣服の世界相対価格であり，生産点 Q 点を通ります。したがって，衣服の相対価格が p から p' へ上昇すると，国民所得線は Q 点を中心に時計回りに回転します。その結果，国民所得線の下側の領域である消費可能性領域は拡がり，この国が享受する貿易利益は上昇するのです。

　「全ての国が貿易利益を受けるのは，いずれの国においても貿易により交易条件が上昇するからだ」と言うこともできます。図 3-7 を見てください。自国は衣服を輸出し食料を輸入するため，交易条件は衣服の相対価格になります。それに対して外国の輸出財は食料なので，外国の交易条件は食料の相対価格です。図 3-7 では，両国ともに，貿易により閉鎖経済均衡時より交易条件が上昇しています。貿易により，各国において比較優位を持つ財の相対価格が上昇します。それはつまり，全ての国において，交易条件が貿易により上昇することを意味しているのです。

　交易条件の上昇はその国の社会厚生の上昇につながるため，交易条件が上昇することを交易条件が改善するとも言います。そして交易条件の下落は，交易条件の悪化とも言われます。

▶ 交易条件の決定条件

　交易条件はどう決まるのでしょうか。閉鎖経済均衡相対価格は，自国と外国それぞれの閉鎖経済市場において，衣服と食料のそれぞれの需給が一致するよう決まりました。衣服と食料の貿易が可能になると，各財の市場は統合され，それぞれが 1 つの世界市場となります。交易条件は，その世界市場において，衣服と食料の需給がそれぞれ一致するように決まります。

　自由貿易均衡を描いた図 3-7 で，自国の食料の輸入量 CB と外国の食料の輸出量 Q^*B^* が等しくなっていたのを思い出してください。ところが，自国の食料の輸入量は自国における食料の超過需要量であり，外国の食料の輸出量は外国における食料の超過供給量なので，自由貿易均衡では，

（自国での食料の需要量）−（自国での食料の供給量）
＝（外国での食料の供給量）−（外国での食料の需要量）

58

となります。自国と外国の食料の需要量（もしくは供給量）の合計は，世界全体の需要量（もしくは供給量）に他ならないので，この式は

$$（食料の世界需要量）＝（食料の世界供給量） \tag{3-4}$$

を意味しています。自由貿易均衡では，食料の世界需要量と世界供給量が一致するのです。同様に，図3-7で，自国の衣服の輸出量 BQ と外国の衣服の輸入量 B^*C^* が等しいことから，自由貿易均衡では

$$（衣服の世界需要量）＝（衣服の世界供給量） \tag{3-5}$$

となり，衣服に関しても世界的に需給が一致しているのがわかります。

交易条件は，(3-4) 式と (3-5) 式が同時に成立するように決定されます。この両式が同時に成立するならば，(3-5) 式の両辺を (3-4) 式の両辺で割った方程式

$$\frac{衣服の世界需要量}{食料の世界需要量}＝\frac{衣服の世界供給量}{食料の世界供給量} \tag{3-6}$$

も成立します。自由貿易均衡では，衣服の世界相対需要量と世界相対供給量が一致するのです。

(3-4) 式と (3-5) 式が成立するならば (3-6) 式が成立するだけでなく，その逆もまた成立します。(3-6) 式が成立している一方で (3-4) 式か (3-5) 式のいずれかが不成立だと矛盾が生じることを示すことにより，このことを確かめましょう。例えば，食料の世界需要量が世界供給量の2倍であるため (3-4) 式が満たされないとしましょう。(3-6) 式を成立させるためには，衣服の世界需要量も世界供給量の2倍になっていなければなりません。しかしこのとき，世界全体で食料と衣服を合わせた需要総額は生産総額の2倍になっています。所得は生産に従事することから得られるため，世界全体の所得総額は生産総額に等しくなります。したがって，この状況では需要総額は所得総額の2倍になり，予算制約は満たされません。つまり，世界全体の予算制約が満たされている状況では，(3-6) 式が成立するときは，(3-4) 式と (3-5) 式も成立するのです。

自国の交易条件は自国が比較優位を持つ衣服の相対価格です。そしてその

衣服の世界相対価格は（3-6）式を成立させる水準に決まります。その相対価格の下で，衣服と食料の世界需要と世界供給がそれぞれ一致するのです。

▶ 世界相対供給曲線と世界相対需要曲線

自由貿易均衡世界相対価格を求めるため，衣服の**世界相対供給曲線**と**世界相対需要曲線**を導出しましょう。図3-9の曲線 S と曲線 D がそれらを表しています。図に表されているように，衣服の世界相対供給曲線は折れ曲がった右上がりの曲線，世界相対需要曲線は右下がりの曲線になります。そしてこれら2つの曲線の交点が，衣服の均衡世界相対価格を与えてくれます。

これまで見てきたように，各国の生産パターン（つまり PPF 上の生産点）は，個々の財の価格には直接依存せず，財の間の相対価格によって決まります。生産点は国民所得を最大にするよう決定されるので，重要なのは決められた価格体系の下でどの財をどれだけ生産するかです。全ての財の価格が2倍になったとしても，相対価格が変化しなければ，国民所得を最大化する生産点が変化することはありません。その結果得られた国民所得が2倍になるだけです。

ここでは，衣服の相対価格 p_C/p_F の関数として，衣服の世界相対生産量 $(X_C+X_C^*)/(X_F+X_F^*)$ を求めます。衣服の相対価格が上昇すると，衣服の生産量は増加し食料の生産量は減少するでしょう。したがって，これから見ていくように，衣服の相対生産関数は衣服の相対価格の増加関数になります。衣服の相対価格が上昇すると衣服の相対生産量が上昇するのです。

同様に，衣服の相対価格が決まると衣服の世界相対需要量も決まってきます。衣服の相対価格が与えられ各国の生産点が決まると，生産点を通り衣服の相対価格の傾きを持つ国民所得線も定まります。その結果，国民所得線上で社会厚生を最大化する消費点も決まり，各国の需要量，そして世界全体での需要量も決定されるのです。これから見ていくように，衣服の相対需要関数は，衣服の相対価格の減少関数として表されます。

衣服の相対供給曲線と衣服の相対需要曲線の交点を求めることにより，衣服の相対価格は求められますが，衣服と食料の個々の価格はいずれも確定されません。相対価格のみが決まり，そして相対価格が各国の生産や消費など

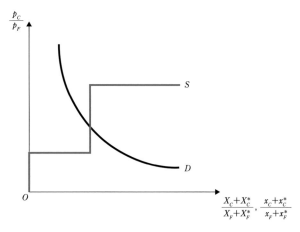

図 3-9　世界相対供給曲線と世界相対需要曲線（Ⅰ）

の経済変数を決めるのです。各財の（絶対）価格は経済全体に流通する貨幣量に依存して決まってきます。貨幣量が多ければ，物価が高くなるのです。本書で学習する単純化されたモデルでは，貨幣量が 2 倍になれば個々の財価格や個人の所得は単純に 2 倍になります。しかし個々の財価格や個人の所得が 2 倍になっても，相対価格が変化しない限りにおいては，生産や消費などのいわゆる実物経済には何の影響をもたらさないことは想像に難くないでしょう。経済にとって重要なのは個々の価格ではなく相対価格なのです。

▶ 世界相対供給曲線

　それでは世界相対供給曲線を導出しましょう。図 3-10 に表されているように，自国の PPF の方が外国の PPF より緩やかな傾きを持ち，自国が衣服に比較優位を持っている状況を考えましょう。このとき世界相対供給曲線が図 3-9 の曲線 S のように描かれることを示します。

　衣服の相対価格 p_C/p_F が自国における衣服の機会費用 a_{LC}/a_{LF} より低いケースから考えましょう。自国が衣服に比較優位を持っているこの状況では，外国における衣服の機会費用 a_{LC}^*/a_{LF}^* は a_{LC}/a_{LF} より高いので，いずれの国

61

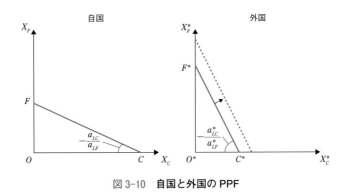

図 3-10　**自国と外国の PPF**

においても衣服の相対価格が衣服の機会費用を下回ります。したがって、このとき両国ともに食料に完全特化し、衣服は生産されません。つまり、$p_C/p_F < a_{LC}/a_{LF}$ のケースでは、衣服の世界相対生産量 $(X_C + X_C^*)/(X_F + X_F^*)$ はゼロになり、衣服の世界相対供給曲線は、図 3-11（もしくは図 3-9）に表されているように、縦軸に一致します。

　衣服の相対価格が $a_{LC}/a_{LF} < p_C/p_F < a_{LC}^*/a_{LF}^*$ を満たすほど高くなると、自国は衣服に完全特化し衣服を OC 単位生産する一方で、外国は食料に完全特化し食料を OF^* 単位生産します（図 3-10 を参照）。したがってこのとき、図 3-11 の曲線 S で描かれているように、$(X_C + X_C^*)/(X_F + X_F^*) = OC/OF^*$ となります。

　衣服の相対価格が $p_C/p_F > a_{LC}^*/a_{LF}^*$ を満たすほど十分高い場合はどうでしょうか？　このとき両国は衣服に完全特化し、食料の世界生産はゼロになります。したがって、$(X_C + X_C^*)/(X_F + X_F^*)$ は分母がゼロになるため定義できなくなります。厳密な数学的議論を避け、このケースでは衣服の世界相対供給は無限大になると考えてもいいでしょう。いずれにしてもこのケースでは、食料の世界相対供給曲線は図 3-11 には現れなくなります。

　図 3-11 の曲線 S は、p_C/p_F が a_{LC}/a_{LF} と a_{LC}^*/a_{LF}^* のところで、それぞれ水平になっています。p_C/p_F がそれらの値をとるとき、衣服の世界相対供給は一意に定まらず、様々な値をとる可能性があります。

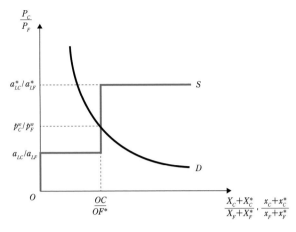

図 3-11　世界相対供給曲線と世界相対需要曲線（Ⅱ）

　まず $p_C/p_F = a_{LC}/a_{LF}$ のケースを考えましょう。このとき $p_C/p_F < a_{LC}^*/a_{LF}^*$ と
なるため，外国は食料に完全特化します。つまり，$X_C^* = 0$，$X_F^* = OF^*$ とな
ります。他方，自国では，PPF 上のどの点も生産点となる可能性があり，
生産点は一意に定まりません。図 3-10 の F 点で自国が生産するならば，
$X_C = 0$ となりその結果，$(X_C + X_C^*)/(X_F + X_F^*) = 0$ となります。生産点が自国
の PPF 上を F 点から右下に移動していくならば，それにつれ自国での衣服
生産は増加し食料生産は減少するので，$(X_C + X_C^*)/(X_F + X_F^*)$ は徐々に増加し
ます。そして自国の生産点が衣服に完全特化する C 点に到達するとき，自
国は OC 単位の衣服を，外国が OF^* 単位の食料をそれぞれ生産することに
なり，$(X_C + X_C^*)/(X_F + X_F^*) = OC/OF^*$ となるのです。

　$p_C/p_F = a_{LC}^*/a_{LF}^*$ のときも同様です。この場合 $p_C/p_F > a_{LC}/a_{LF}$ となるため，
自国は衣服に完全特化し，$X_C = OC$，$X_F = 0$ となります。他方，外国は生産
点が一意に定まりません。外国の生産点が図 3-10 の F^* 点のときは，
$(X_C + X_C^*)/(X_F + X_F^*) = OC/OF^*$ となりますが，生産点が PPF 上を右下に移
動するに従って，$(X_C + X_C^*)/(X_F + X_F^*)$ は増加していくことになります。そし
て外国の生産点が C^* 点に近づくにつれ X_F^* はゼロに収束していき，

$(X_C+X_C^*)/(X_F+X_F^*)$ は無限大へと発散します。

▶ 世界相対需要曲線

　図 3-9 では，相対需要曲線が右下がりの曲線として描かれています。衣服の相対価格 p_C/p_F が上昇すれば，割高になった衣服の世界相対需要 $(x_C+x_C^*)/(x_F+x_F^*)$ が減少するのです。

　各国における衣服の相対需要は，衣服の相対価格だけでなく，その国の所得水準にも影響を受けると考えられます。例えば，国民所得が上昇するに従い，食料に比べ衣服により多くの所得を振り分けるようになるかもしれません。しかしここでは，議論を簡単化するため，相対需要は相対価格のみに依存し国民所得には依存しないとします。衣服の相対価格を一定に保ったまま国民所得を 2 倍にするならば，衣服も食料もこれまでの 2 倍消費され，その結果衣服の食料に対する相対需要は変わらないとするのです。

　このような需要行動は，社会厚生関数が**相似拡大的**であるとき観察されます。関数 u は，$u(x_C', x_F')=u(x_C'', x_F'')$ のとき，任意の $\alpha>0$ に関して $u(\alpha x_C', \alpha x_F')=u(\alpha x_C'', \alpha x_F'')$ が成立するならば相似拡大的であるといいます。つまり，(x_C', x_F') と (x_C'', x_F'') という 2 つの消費の組み合わせが同等に望ましいならば，衣服と食料をそれぞれ α 倍した消費の組み合わせである $(\alpha x_C', \alpha x_F')$ と $(\alpha x_C'', \alpha x_F'')$ も同等に望ましいのです。図 3-12 を見てください。同一の無差別曲線上の 2 点である $A=(x_C', x_F')$ と $B=(x_C'', x_F'')$ では，関数 u は同じ値 u_1 をとります。このとき，それら 2 点をそれぞれ $\alpha>0$ 倍した点である $C=(\alpha x_C', \alpha x_F')$ と $D=(\alpha x_C'', \alpha x_F'')$ が，同一の無差別曲線上にある（つまり関数 u が C 点と D 点で同じ値 u_2 をとる）とき，関数 u を相似拡大的と呼ぶのです。無差別曲線が，原点から離れるに従って相似的に拡大していくことからそのように呼ばれています。

　相似拡大的社会厚生関数の無差別曲線は，原点からの同一直線上でその傾きが全て等しくなるという性質を持っています。図 3-12 では，無差別曲線 u_1 と u_2 の傾きが，原点からの同一直線上にある A 点と C 点において等しくなっています。図 3-13 は相似拡大的でない社会厚生関数の無差別曲線を描いています。原点からの同一直線上にあるにもかかわらず，無差別曲線 u_1

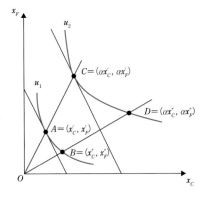

図 3-12　相似拡大的社会的無差別曲線

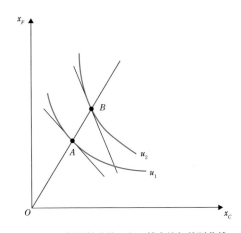

図 3-13　相似拡大的でない社会的無差別曲線

と u_2 の傾きは，A 点と B 点で異なっています。

　相似拡大的社会厚生関数を持つ国では，衣服の相対需要は所得に依存しないことを見ていきましょう。図 3-12 に描かれている 2 本の右下がりの直線は，異なる所得に対応する 2 本の国民所得線と見ることもできます。そのように見ると，衣服の相対価格が一定のまま国民所得が増加したとき，消費点

は A 点から B 点へと移るものの，消費点と原点を結ぶ直線の傾きの逆数である衣服の相対需要は，変化しないことがわかります。

このことは，同一の社会厚生関数を持つ 2 国間にも適用できます。両国の社会厚生関数が同一でしかも相似拡大的ならば，たとえ国民所得が違っていても，財の相対価格が同じである限り，衣服の相対需要は両国で等しくなるのです。そしてもちろん両国で等しいその相対需要が，衣服の世界相対需要量になります。例えばある価格の下で，衣服の相対需要が自国において $x_C/x_F=2$ ならば，外国においても相対需要は $x_C^*/x_F^*=2$ となります。このとき世界相対需要も $(x_C+x_C^*)/(x_F+x_F^*)=2$ となるのです。こうして，衣服の世界相対需要曲線は，各国の所得水準に関わらず一意に定まり，図 3-11 のように右下がりの曲線として描かれることとなります。

3.6　国の経済規模と交易条件

世界相対価格は，世界相対需要が世界相対供給と等しくなるところに決まります。図 3-11 を再掲した図 3-14 では，世界相対需要曲線 D と世界相対供給曲線 S の交点の高さで表される p_C^w/p_F^w が，衣服の均衡世界相対価格となります。図では，曲線 S の垂直部分で曲線 D と曲線 S が交わっています。この均衡では，自国は衣服に，外国は食料に，それぞれ完全特化しています。

国の経済規模と貿易均衡における交易条件の関係を見てみましょう。ここでは，図 3-10 に表されているように，自国の PPF はそのままで，外国のPPF のみ右上に平行移動するとしましょう。各国がそれぞれ比較優位を持つ財に完全特化するケースを考えると，この外国の経済規模の拡大は，衣服の世界生産はそのままで，食料の世界生産のみを増加させます。その結果，図 3-9 の世界相対供給曲線 S の垂直部分は左にシフトします。（曲線 S のその他の部分には変化がないことを確かめてください。）この曲線 S のシフトは，衣服の世界相対価格 p_C^w/p_F^w の $(p_C^w/p_F^w)'$ への上昇を招きます。食料を輸出している外国の経済規模が拡大すると，外国の交易条件（食料の世界相対価格）は悪化し，貿易相手国である自国の交易条件が改善するのです。

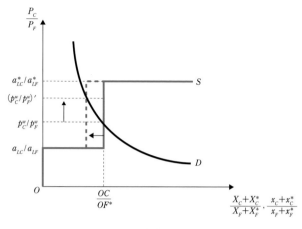

図 3-14　**自由貿易均衡**

　外国の経済規模の拡大により，外国が比較優位を持つ食料の世界生産は拡大します。その結果，食料の世界相対価格は下落（衣服の世界相対価格は上昇）します。外国の経済規模の増加は，外国にとって交易条件の悪化につながるのです。経済規模が拡大するにも関わらず，それに伴う交易条件の悪化があまりに大きければ，外国は経済規模の拡大により損失を被るかもしれません。この現象は，**窮乏化成長**として知られています。窮乏化成長は，経済規模の拡大が国全体の社会厚生を悪化させるというものです。そこまで大きな交易条件効果（交易条件の変化が経済に与える影響）は実際には稀ですが，経済成長が人口増加によるものならば，交易条件の悪化により，一人当たりの GDP は下落し，一人ひとりの効用も下がるでしょう。

　他方，自国から見れば，外国の経済規模の拡大は交易条件の改善につながり，社会厚生を増大させます。外国の経済規模の拡大は，交易条件改善につながる好ましい変化であることは，示唆に富んだ興味深い結果と言えるでしょう。例えば，外国における技術進歩は自国の社会厚生を増加させるのです。ただし，技術進歩による賃金上昇などの直接的影響も受ける外国に比べると，交易条件効果という間接的効果のみによって厚生が改善する自国は，相対的

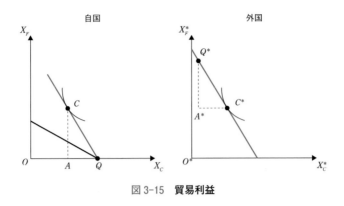

図 3-15　**貿易利益**

には貧しくなっています。

　さて，外国の経済規模が更に拡大していくとどうなるでしょうか？　図 3-14 では，曲線 S の垂直部分が更に左にシフトしていき，そのうち a_{LC}^*/a_{LF}^* の高さを持つ曲線 S の水平部分で，曲線 D と曲線 S が交わるようになるでしょう。このとき，$p_C^w/p_F^w = a_{LC}^*/a_{LF}^*$ となり，自国は衣服に完全特化するものの，外国は両財ともに生産することになります。

　図 3-15 は，この貿易均衡を国別に表したものです。自国は Q 点で衣服のみを生産しつつも PPF より上方に位置する C 点で消費し，貿易利益を得ています。他方，外国では，自国との貿易により生産点 Q^* と消費点 C^* が異なるものの，消費点は PPF 上の閉鎖経済均衡下における消費点と一致しています。つまり，外国は貿易を行っても，相対価格が変化しないため，貿易利益を享受しないのです。自国に比べ外国の経済規模が十分大きいときは，外国が完全特化すると世界的にあまりに大量の食料が供給されることになります。したがって，均衡では経済規模の大きな外国は不完全特化し，貿易利益を受けないのです。

　国際貿易により，経済規模の小さな国は交易条件の大きな変化に直面します。他方，経済規模の大きな国の交易条件はそれほど変化することがありません。貿易利益は交易条件の変化によってもたらされるので，経済規模の小

さな国ほど貿易利益を受けやすくなります。

消費可能性集合，社会厚生，社会的無差別曲線，大国と小国，貿易三角形，貿易収支，交易条件，窮乏化成長

復 習 問 題

(1)　小国における閉鎖経済均衡と自由貿易均衡を考えます。衣服と食料は労働の投入により生産され，衣服と食料の労働投入係数は，それぞれ $a_{LC}=4$，$a_{LF}=2$ です。この国の労働賦存量は $L=24$ です。

　　社会厚生関数は，レオンチェフ型と呼ばれる関数の一種で，$u(x_C, x_F)=$ $\min\{x_C, x_F\}$ で与えられるとしましょう。レオンチェフ型関数 $g(x, y)=$ $\min\{x, y\}$ は，かっこ内の数のうち小さい方をその値として選ぶものです。例えば，$g(2, 3)=\min\{2, 3\}=2$ となります。社会厚生関数が上記のレオンチェフ型関数 $u(x_C, x_F)$ で与えられるとき，ある一定の社会厚生水準を達成する消費の組み合わせ (x_C, x_F) の集合は，図 3-16 で描かれているように原点からの 45° 線上で折れ曲がる L 字型になります。図には，$u=2$ と $u=4$ に対応する 2 本の無差別曲線が描かれています。社会厚生関数が $u(x_C, x_F)=\min\{x_C, x_F\}$ のとき，衣服と食料を無駄なく消費する消費点は，$x_C=x_F$ となります。例えば，$(x_C, x_F)=(2, 2)$ ならば，$u(2, 2)=\min\{2, 2\}=2$ となりますが，その消費点から x_C のみ，または x_F のみ消費量を増やしても，社会厚生は 2 のままです。

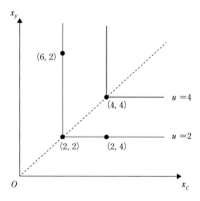

図 3-16　レオンチェフ型社会厚生関数の無差別曲線

（a）自国の PPF を描き，閉鎖経済均衡を図示してください。閉鎖経済均衡における衣服の相対価格，衣服と食料の生産・消費量を求めてください。

(b)衣服の世界価格が $p^w_C/p^w_F=1$ のときの自由貿易均衡を図示してください。そして，この国の生産点，消費点を求めてください。自由貿易均衡において，この国は何を何単位輸出し，何を何単位輸入しますか？

(2) 小国における閉鎖経済均衡と自由貿易均衡を考えます。衣服と食料は労働の投入により生産され，衣服と食料の労働投入係数は，それぞれ $a_{LC}=2$，$a_{LF}=3$ です。この国の労働賦存量は $L=12$ です。

社会厚生関数は，コブ・ダグラス型と呼ばれる関数の一種で，$u(x_C, x_F)=x_C x_F$ で与えられるとしましょう。この社会厚生関数は相似拡大的で，その無差別曲線は，点 (x_C, x_F) において $-x_F/x_C$ の傾きを持つことが知られています。無差別曲線の傾きの絶対値が，消費比率に等しくなるのです。図 3-17 では，点 $(2, 4)$ において，無差別曲線の傾きが -2 となる様子が描かれています。一般的に，関数 $u(x_C, x_F)$ の無差別曲線の傾きは，u を x_C と x_F のそれぞれに関して偏微分した導関数を用いて，$-(\partial u/\partial x_C)/(\partial u/\partial x_F)$ となります。ここでは，$\partial u/\partial x_C=x_F$，$\partial u/\partial x_F=x_C$ なので，無差別曲線の傾きは $-x_F/x_C$ となるのです。

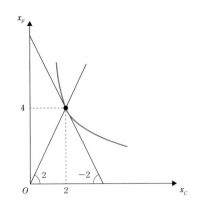

図 3-17　コブ・ダグラス型社会厚生関数の無差別曲線

(a)自国の PPF を描き，閉鎖経済均衡を図示してください。閉鎖経済均衡における衣服の相対価格，衣服と食料の生産・消費量を求めてください。

(b)衣服の世界価格が $p^w_C/p^w_F=2$ のときの自由貿易均衡を図示してください。そして，この国の生産点，消費点を求めてください。自由貿易均衡において，この国は何を何単位輸出し，何を何単位輸入しますか？

発 展 問 題

(1) いずれも大国である自国と外国が自由貿易を行うときの均衡を考えましょう。衣服と食料は，労働の投入により生産されます。各国における各財の労働投入係数は，表 3-1 の通りです。自国には 24 単位の労働が，外国には 12 単位の労

働が賦存しています。また，両国は共通の社会厚生関数を持ち，その社会厚生
関数は，復習問題で考察したコブ・ダグラス型の $u(x_C, x_F) = x_C x_F$ だとします。

	衣服	食料
自国	2	3
外国	2	1

表 3-1　労働投入係数表（発展問題）

　横軸に衣服の世界相対需要・供給量を，縦軸に衣服の相対価格をとり，衣服
の世界相対需要曲線と世界相対供給曲線を描いてください。自由貿易均衡にお
ける衣服の世界相対価格はいくつですか？ また，自国はどの財を何単位外国
に輸出していますか？ 外国はどの財を何単位自国に輸出していますか？
(2)　経済規模の小さい国が貿易自由化を行うとき，大国の場合に比べどういう点
が利点であり，またどういう点が問題となると考えられますか？

| 復習問題・発展問題解答例 |

復習問題と発展問題の解答は，株式会社サイエンス社ウェブサイトの本書サポー
ト情報に掲載されています。

第 4 章

生産要素賦存の国際的差異と貿易パターン

　各国の比較優位は，生産要素賦存の国際間での差異によっても生じます。本章では，要素賦存が国際間で異なる場合，各国は豊富に存在する要素を多く用いて生産する財に比較優位を持ち，その財を輸出し他の財を輸入することを学びます。本章で考察するモデルは，ヘクシャー・オリーン・モデルと呼ばれ，国際経済学で最も重要なモデルの一つです。このモデルから，ヘクシャー・オリーン定理，リプチンスキー定理，ストルパー・サミュエルソン定理，要素価格均等化定理の 4 つの重要な定理を導きます。

本章のポイント

- 生産要素賦存の国際的差異により，国際貿易が生じます。
- ヘクシャー・オリーン定理：各国は，豊富に存在する要素を多く用いて生産する財に比較優位を持ちます。
- リプチンスキー定理：ある要素の賦存量が増加すると，その要素を多く用いて生産する財の生産は要素賦存の増加率を超える率で増加し，他の財の生産は減少します。
- ストルパー・サミュエルソン定理：ある財の価格が上昇すると，その財の生産に多く用いられている要素の価格（報酬率）は財価格の上昇率を超える率で上昇し，他の要素の価格は下落します。
- 要素価格均等化定理：貿易により，要素価格（賃金率や資本レンタル率）は国際間で均等化します。

4.1 生産要素賦存の国際的差異

前章では，生産技術が国によって異なるとき，国際貿易が自然に生じることを学びました。また貿易が可能になると，各国は相対的に生産優位性を持つ財に特化し，貿易利益を得ることもわかりました。

生産技術の差と並び，財貿易の発生に大きな影響を与えるのが，**生産要素賦存の国際的差異**です。インドネシアと比較すると，日本は相対的に労働よりも資本を豊富に有していると言えるでしょう。また，アメリカと比較するならば，資本と労働の比率は日米間でそれほど変わらないものの，土地の賦存量はアメリカの方が圧倒的に多いと言えます。このように，生産要素賦存は国際間で大きく異なります。

他方，生産要素の使用比率は財によって異なります。大規模な工場で最新設備を使って生産される自動車や半導体は，多くの資本を投入して生産されます。それに対して，農業では，土地や労働を多く用いて生産していると考えられます。生産時における資本や労働の投入比率は，財によって異なるのです。

生産要素賦存の異なる国々が，要素投入比率の異なる財を生産するため，国によって生産に適した財とそうでない財が生まれます。労働よりも相対的に資本を多く持つ資本豊富国は資本を相対的に多く使う財に，労働が相対的に豊富な労働豊富国は労働を相対的に多く使う財に比較優位を持つことになるのです。

本章では，生産要素の国際的差異に焦点を絞り，それによって引き起こされる国際貿易の特徴を捉えていきます。特に重要なのは，上述した生産要素賦存と比較優位との関係で，これは**ヘクシャー・オリーン定理**と呼ばれています。その他，**リプチンスキー定理，ストルパー・サミュエルソン定理，要素価格均等化定理**という重要な定理を導きます。リプチンスキー定理は，生産要素の賦存量と生産量を結びつける，ヘクシャー・オリーン定理の基礎となる定理です。ストルパー・サミュエルソン定理は，財価格の変化と生産要素価格の変化を結びつけるものであり，国際貿易と所得分配の関係を教えて

くれます。要素価格均等化定理は，貿易により賃金率や資本レンタル率などの生産要素価格が国際間で均等化するというものです。これから見ていくように，これらいずれの定理も，理論として興味深いだけでなく，現実経済の分析に当たり，重要な視点を提供してくれます。

4.2 ヘクシャー・オリーン・モデル

▶ モデル構造

20世紀前半，エリ・ヘクシャーとバーティル・オリーンは，今なお国際貿易理論において最も重要と言っても過言ではない理論を提唱しました。ヘクシャー・オリーン・モデルと呼ばれるその経済モデルでは，国際貿易の重要な発生要因として，生産要素賦存の国際的差異に注目しています。

自国と外国の2国が，資本と労働の2要素から，パソコンと衣服の2財を生産し消費する世界を考えましょう。生産要素が労働のみだったリカード・モデルに比べ，生産要素の数が増えています。ヘクシャー・オリーン・モデルでは，生産要素の賦存比率が国際間で異なることに焦点を当てるため，生産要素が複数あるのが重要なのです。また，リカード・モデルで注目した生産技術の国際的差異は，ここでは逆に存在しないとします。もちろんこれも，貿易の発生要因として生産要素賦存の国際的差異に注目するためです。

各財の生産は規模に関して収穫一定だとします。したがって，資本と労働をそれぞれ2倍投入すれば，生産量も2倍になります。もちろん両要素を3倍投入すれば，生産量は3倍になります。一般的には，両要素を $\alpha(>0)$ 倍投入すると生産量は α 倍になるのです。このことを少し数学的に表現するならば，財 i（$i=P$ ならばパソコンを，$i=C$ ならば衣服を表します）の生産関数を f_i として，

$$f_i(\alpha L, \ \alpha K) = \alpha f_i(L, \ K)$$

という関係が任意の $\alpha>0$ について成立しているとき，財 i の生産は規模に関して収穫一定です[1]。上式の左辺は，労働と資本の投入量がそれぞれ αL

と αK のときの生産量を表しています。それが右辺と等しいということは、労働と資本をそれぞれ αL と αK ほど投入したときの生産量は、労働投入が L、資本投入が K のときの生産量の α 倍になっていることを示しています。

消費面に関しては、リカード・モデルと同様の設定です。つまり、各国における消費者の嗜好は、相似拡大的な社会厚生関数で表され、その社会厚生関数は両国で同一だとします。その結果、ヘクシャー・オリーン・モデルにおいて2国間で異なるのは、生産要素の賦存のみとなります。

最後に、各財の市場は、リカード・モデルと同様に完全競争の状態にあるとします。

▶ 要素価格と要素集約度

パソコンと衣服は、いずれも資本と労働を用いて生産されます。完全競争下では、どの財についても、生産に携わる多数の企業は全て同一の生産技術を有しているとします。しかし財が異なれば、当然その生産技術も異なってきます。特に重要なのが、生産に用いる資本と労働の比率です。資本と労働の投入量自体は、生産量の多い企業の方が当然多くなります。しかし、同一の技術を有し同一の経済環境の下で操業する企業を比べれば、投入される資本と労働の比率は、生産規模にかかわらず、企業間で等しくなると考えられます。

生産に投入される資本と労働の比率を**要素集約度**と言います[2]。パソコン産業においては、全ての企業が資本と労働を同じ比率で雇用するため、産業全体で使用される資本 K_P と労働 L_P の比率 $k_P = K_P/L_P$ も、個々の企業の資本-労働比率（資本集約度）と等しくなります。同様に、衣服産業の要素集約度は $k_C = K_C/L_C$ であり、衣服産業の個々の企業もこの比率で資本と労働を雇用しています。

各企業の要素集約度の決定に最も大きな影響を与えるのが、賃金率と資本レンタル率の比率である**要素価格比率**です。賃金率 w が労働1単位当たり

1　この条件が成立しているとき、数学的には関数 f_i が一次同次であると言います。生産関数が一次同次であるとき、その財の生産は規模に関して収穫一定なのです。

2　より一般的には、生産要素の投入比率を要素集約度と呼びます。生産要素として土地と労働を考えるならば、要素集約度は土地と労働の投入比率ということになります。

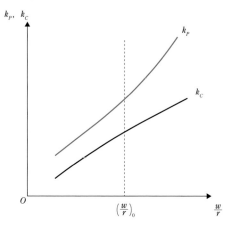

図 4-1　**要素価格比率と要素集約度**

の報酬額であるように，資本レンタル率は資本 1 単位当たりの報酬額であり，r と表します[3]。各財の要素集約度は，要素価格比率 w/r に依存して決まります。

　図 4-1 を見てください。そこには，パソコン産業と衣服産業それぞれについて，要素価格比率と要素集約度の関係が表されています。いずれの産業についても，この関係は右上がりの曲線で示されています。つまり，要素価格比率が上昇すると要素集約度も上昇するのです。賃金率が資本レンタル率に比べ相対的に高くなると，どの企業も労働を節約しようとするでしょう。つまり，資本投入を相対的に高め，労働投入を少なくしようとします。その結果，資本の労働に対する比率である要素集約度は上昇するのです。要素価格と要素集約度のこの正の関係が成立するには，生産要素が代替的である必要

3　資本レンタル率と利子率には密接な関係があります。今，将来に備えて 100 万円を貯蓄するとします。100 万円を銀行に預ければ，毎年 100（万円）×利子率の利子がもらえます。銀行に預ける代わりに，100 万円の機械を購入し生産者に貸し出すこともできます。このときは，毎年 100（万円）×資本レンタル率の資本報酬を受け取ります。人々は報酬の高い方へ投資しようとするため，結果的にいずれの投資機会も同等に魅力的となります。つまり，資本レンタル率と利子率は，全く等しくなることはないにしても，同水準に落ち着くと考えられます。

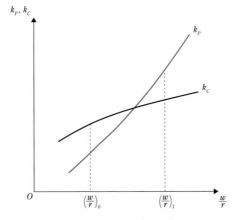

図 4-2　要素集約度の逆転

があることに注意してください。労働を資本で代替できなければ，つまり資本と労働を常にある一定比率で雇用する必要があるならば，その産業では要素集約度は w/r にかかわらず一定となり，図 4-1 の線は水平線となります。

図 4-1 では，w/r の値にかかわらず，常に k_P の方が k_C より高くなっています。（例えば要素価格比率が $(w/r)_0$ のときに，$k_P > k_C$ となることが示されています。）どんな状況下でも，資本-労働比率はパソコン産業の方が衣服産業より高いのです。このようなとき，パソコン産業は**資本集約的**だと言います。この概念も比較優位と同じく相対的な概念であり，衣服産業は**労働集約的**となります。

このように，常にいずれかの産業の要素集約度が，他の産業の要素集約度より高ければ問題ないのですが，実際問題としては**要素集約度の逆転**が起こることも考えられます。図 4-2 で描かれているように 2 本の曲線が交わる場合は，要素集約度の逆転が起こっています。ここでは，w/r が $(w/r)_0$ のように低い値をとるときは $k_P < k_C$ となりますが，逆に $(w/r)_1$ のようにその値が高くなると，$k_P > k_C$ となっています。本書では，議論を簡単化し問題の本質を捉えるために，要素集約度の逆転は起こらないとして話を進めます。

▶ 要素制約と生産可能性集合

　ヘクシャー・オリーン・モデルから導かれる４つの基本定理を導くために，まずは生産可能性集合とその境界線である生産可能性フロンティア（PPF）を求めていきましょう。ある財の組み合わせが生産可能かどうかは，その組み合わせが要素制約を満たしているかどうかによって決まります。リカード・モデルでは生産要素は労働だけでしたが，ここでは資本という第２の生産要素も存在するため，労働制約だけでなく資本制約も考えなくてはなりません。

　パソコンを１単位生産するのに必要な労働量を，これまで通り労働投入係数と呼び，a_{LP} と書きましょう。そしてパソコンを１単位生産するのに必要な資本量である**資本投入係数**を a_{KP} で表します。衣服産業に関しても同様に，労働投入係数を a_{LC}，資本投入係数を a_{KC} と表します。

　先に述べたように，これらの要素投入係数は，要素価格比率の変化に応じて変わってきますが，まずは仮に要素投入係数が一定だとしましょう。そうすると，資本制約と労働制約は

$$a_{KP}X_P + a_{KC}X_C \leq K \tag{4-1}$$

$$a_{LP}X_P + a_{LC}X_C \leq L \tag{4-2}$$

と書き表せます。各財の生産が規模に関して収穫一定のため，X_P 単位のパソコンを生産するには，資本を $a_{KP}X_P$ 単位，労働を $a_{LP}X_P$ 単位投入することになります。同様に，X_C 単位の衣服を生産するには，$a_{KC}X_C$ 単位の資本と $a_{LC}X_C$ 単位の労働が投入されます。したがって，X_P 単位のパソコンと X_C 単位の衣服を生産するには，$a_{KP}X_P + a_{KC}X_C$ 単位の資本と $a_{LP}X_P + a_{LC}X_C$ 単位の労働が必要になります。それらがそれぞれ資本賦存量 K と労働賦存量 L 以下でなくてはならないというのが，（4-1）式と（4-2）式の意味するところです。

　この２本の制約式は図 4-3 に図示されています。図では，資本制約式を等号で満たす (X_P, X_C) の集合を資本の完全雇用線 AB で，労働の完全雇用線を CD で表しています。資本の完全雇用を示す式（等式で成立している（4-1）式）を X_C について解くと

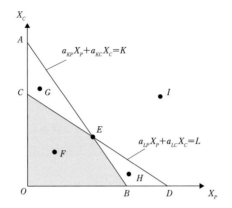

図4-3　要素投入係数一定の下での生産可能性集合

$$X_C = \frac{K}{a_{KC}} - \frac{a_{KP}}{a_{KC}} X_P$$

となるので，資本の完全雇用線 AB の傾きは $-a_{KP}/a_{KC}$ となるのがわかります。同様に，労働の完全雇用線 CD の傾きは，$-a_{LP}/a_{LC}$ となります。

図 4-3 では，AB 線の方が CD 線より急な傾きを持つので，$a_{KP}/a_{KC} > a_{LP}/a_{LC}$ という不等式が成立しています。この不等式は，$a_{KP}/a_{LP} > a_{KC}/a_{LC}$ と書き換えられることに注意してください。パソコンを生産するときの資本-労働比率 $k_P = a_{KP}/a_{LP}$ が衣服生産の資本-労働比率 $k_C = a_{KC}/a_{LC}$ を上回っているこの状況は，パソコン産業が資本集約的で衣服産業が労働集約的であることを表しています。

要素制約式（4-1）式，（4-2）式を同時に満たす点 (X_P, X_C) の集合は，AB 線の下側であり CD 線の下側でもある領域 $CEBO$ になります。そしてこの領域が，要素投入係数が一定であるときの生産可能性集合となります。例えば，F 点は生産可能性集合に入っていますが，G 点と H 点はそれぞれ（4-2）式と（4-1）式を満たさないため生産可能ではありません。また，I 点はいずれの制約式も満たさず，やはり生産可能性集合の外側に位置します。生産可能性集合の境界線である PPF は，2つの直線からなる曲線 CEB とな

ります。

▶ 生産可能性集合（生産要素が代替可能なケース）

　資本と労働が代替可能（代替的とも言います）でないならば，各企業は資本と労働を常に一定比率で雇用しなくてはなりません。このときの生産可能性集合は，2本の直線からなる PPF の下側の領域として求められました。これからは，企業が技術的制約の下で，最適な資本と労働の雇用比率を選択できるより一般的なケースを考え，資本と労働が代替可能なときの生産可能性集合を求めていきます。

　生産要素が代替可能なときの PPF は，図 4-4 に描かれているように，原点に対して凹のなめらかな曲線となります[4]。そしてその下側の領域がこの場合の生産可能性集合です。まず，資本と労働が代替可能なとき，PPF は右下がりのなめらかな曲線となることを見ていきます。

　図 4-5 に示されている PPF 上の A 点に注目しましょう。そこでは資本・労働ともに完全雇用されており，

$$a_{KP}X_P + a_{KC}X_C = K \tag{4-3}$$

$$a_{LP}X_P + a_{LC}X_C = L \tag{4-4}$$

の両式が成立しています。ここでもし生産要素が代替的でないならば，(4-3) 式と (4-4) 式における a_{KP} などの要素投入係数は全て定数となり，その結果，PPF は，A 点を頂点として，(4-3) 式を表す KK 線の一部と (4-4) 式を表す LL 線の一部から構成される折れ曲がった線となるでしょう。このとき，例えば A 点から衣服生産を減らしパソコン生産を増やそうとすると，生産点は KK 線上を右下に移動することになります。

　しかし，生産要素が代替的ならば，各財の生産量の変化は要素価格の変化をもたらし，それによって引き起こされる要素投入係数の変化により，PPF はなめらかに変化していきます。A 点から衣服生産を減らし，代わりにパソコン生産を増やしてみましょう。労働集約的な衣服の生産が減少し，資本集約的なパソコンの生産が増加すると，労働に対する需要が減少し労働市場の

4　原点から見たとき凹んでいるように見える曲線を，原点に対して凹である曲線と呼びます。

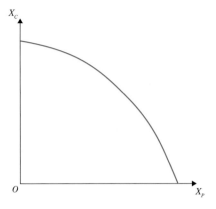

図 4-4　一般的な生産可能性集合

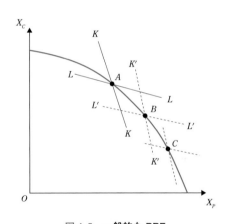

図 4-5　一般的な PPF

需給はゆるみますが，逆に資本への需要が上昇するため資本市場は逼迫しま
す。労働の超過供給と資本の超過需要は，要素価格比率 w/r の減少につな
がります。そしてその結果，図 4-1 に表されているように，企業は資本-労
働比率を引き下げるでしょう。つまり，a_{KP} と a_{KC} は下落し，a_{LP} と a_{LC} は上
昇するのです。(4-3) 式からわかるように，X_P と X_C の係数がともに減少す

81

れば，同じ K からより多くの財が生産されます。このことは，資本制約式を表す線の KK 線から $K'K'$ 線への上方シフトとして，図 4-5 に表されています。逆に，(4-4) 式においては X_P と X_C の係数がともに上昇するため，労働制約式を表す LL 線は $L'L'$ 線へと下方にシフトします。A 点からパソコンの生産を増やそうとすると，要素価格比率 w/r が減少し，その結果，生産点は KK 線と LL 線の間に位置する B 点のような点に移動するのです。ここからさらにパソコン生産を増加させると，生産点は図 4-5 の C 点へと移っていきます。そしてこれらの生産点を結んだ PPF は，図示されているようになめらかな曲線となるのです。

▶ 生産要素の代替性と企業の要素雇用選択

生産要素が代替的ならば，PPF 上での生産点の移動は要素価格と要素投入係数の変化をもたらすことがわかりました。ここでは，企業の資本と労働の雇用選択について少し詳しく考察し，PPF が原点に対して凹になる理由を探っていきましょう。

ここで重要なのは，要素価格と要素投入係数の関係です。図 4-6 を見てください。この図は生産者の要素雇用選択を描いていて，そこには A, B, C の各点を通る等量線と，B 点においてその等量線と接する等費用線が描かれています。等量線は，ある財をある一定量生産するのに必要な労働と資本の組み合わせの集合です。図で描かれている等量線は，パソコンを $1/p_P$ 単位生産するときの資本と労働の組み合わせを表しています[5]。つまり，$f_P(L, K)=1/p_P$ を満たす全ての (L, K) を描いています。この線上のどの点で示される (L, K) を雇用したとしても，企業はパソコンを $1/p_P$ 単位生産できるのです。ここで，企業は $1/p_P$ 単位のパソコンを価格 p_P で売ることにより，$p_P \times (1/p_P)=1$ の収入を得ることに注意してください。この等量線は，1 円の収入を得るために必要な労働と資本の投入量を示しているのです[6]。

---

[5] 例えばパソコンの価格が $p_P=2$ だとすると，この等量線上の点で労働と資本を雇用すると，1/2 単位のパソコンが生産されます。

[6] 価格の単位は自由に選択できます。ここでは，円単位ではなく十万円単位とした方が実感に合うかもしれません。その場合は，この等量線は十万円の収入を得るために必要な労働と資本の投入量を示すことになります。

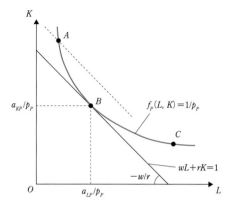

図4-6　最適な要素雇用

　ある一定量の財を生産するための生産方法は一通りではありません。B 点のように労働と資本をバランスよく用いることもできれば，A 点や C 点のように，いずれかの要素を他の要素に比べ格段に多く用いる生産方法もあります。ここでは，この等量線上のどの点でも生産可能としていますから，A 点や B 点などだけでなく，無限の生産方法があることになります。

　また，等量線が原点に対して凸であるように描かれていることに注意してください。例えば，A 点のように資本−労働比率が高い生産方法から，少しだけ労働を増やすならば，資本はかなり節約できるでしょう。それは，A 点では労働雇用が相対的に過小であり，労働雇用を増やすことは大きな意味を持つからです。このことは，等量線の A 点での傾きが急であることを意味しています。しかし，B 点のように労働と資本をバランスよく雇用している状況では，労働雇用の上昇は大幅な資本雇用の減少をもたらさないでしょう。ましてや C 点のように労働雇用が相対的に過剰なときは，労働をより多く雇用しても資本雇用はほとんど減少させることができないと考えられます。したがって，等量線は原点に対して凸であり，要素雇用点が等量線上を右下に移動していくにつれ，等量線の傾きは緩やかになっていくのです。

　他方，等費用線は，生産費用が一定値となる要素雇用点 (L, K) の集合で

す。図 4-6 に描かれている等費用線は，生産費用が 1 のときに対応しており，$wL+rK=1$ を満たす要素雇用点 (L, K) の集合です。図にも表されているように，等費用線の傾き $-w/r$ は，要素価格比率を反映しています。また，このケースのように，生産費用が 1 のときの等費用線は，**単位費用線**と呼ばれています。

さて，企業は，数ある生産方法からどの生産方法を選択するのでしょうか。例えば X_P 単位生産しようとするパソコン生産者は，生産費用を最小化するよう労働と資本の雇用量を選択するでしょう。その要素雇用点は，X_P 単位の生産に対応する等量線が $-w/r$ の傾きを持つ等費用線と接する点で与えられます。$X_P=1/p_P$ のケースを描いた図 4-6 の A 点では，点線で表されている等費用線が，等量線を横切っています。このとき，企業は A 点より少し右下に位置する等量線上の点で生産要素を雇用することにより，$1/p_P$ 単位のパソコンをより低い費用で生産することができます[7]。したがって，費用を最小化する要素雇用点では，等量線と等費用線が接しているのです。

生産費用を最小化する要素雇用点は，図 4-6 では等量線と単位費用線の接点である B 点となります。B 点では，企業は労働を a_{LP}/p_P 単位，資本を a_{KP}/p_P 単位雇用し，$1/p_P$ 単位のパソコンを生産しています。パソコンを 1 単位生産するのに必要な労働と資本の量がそれぞれ a_{LP} と a_{KP} なので，両要素の投入を $1/p_P$ 倍すれば，$1/p_P$ 単位のパソコンが生産されるのです。そしてその結果，企業は 1 円の収入を得ます。他方 B 点は単位費用線上にあるので，生産費用も 1 円です。したがって，このとき企業の利潤（収入から費用を引いた額）はゼロとなります。B 点で生産要素を雇用する企業は，生産費用を最小化しつつも，利潤はゼロになるのです。利潤がゼロになるのは，完全競争下で操業する限り避けられない結果です。企業利潤が正ならば，その産業には新たな企業が参入してきます。その結果，やはり最終的な企業利潤はゼロになります。

ところで，図 4-6 を用いて図 4-1 で示された要素価格比率と要素集約度（資本–労働比率）の関係を導くこともできます。図 4-6 から明らかなように，要素価格比率 w/r が上昇すると，等費用線の傾きが急になり，等量線との

7　原点に近い等費用線の方が低い費用に対応していることに注意してください。

接点は等量線上を左上に移動します。つまり，企業が採用する資本-労働比率は上昇するのです。資本に比べ労働がより高価になれば，企業は比較的安価な資本を相対的に多く用いて生産しようとするのです。

▶ PPF はどうして原点に対して凹なのか？

図 4-4 で示されている PPF の原点に対する凹性も，やはり図 4-6 から導かれます。もう一度，図 4-5 を見てください。生産点の A 点から B 点への移動は，要素価格比率 w/r の減少を引き起こし，各産業における資本投入係数 a_{KP} と a_{KC} の低下と労働投入係数 a_{LP} と a_{LC} の上昇を伴うことを見てきました。

ここで更に，資本集約的なパソコン生産を拡大させてみましょう。そうすると，やはりその結果，資本に対する超過需要と労働に対する超過供給が生まれます。それは更なる要素価格比率 w/r の低下につながり，a_{KP} と a_{KC} は低下し a_{LP} と a_{LC} は上昇するでしょう。しかし，図 4-6 の A 点から B 点，そして B 点から C 点への動きに表されているように，a_{KP} と a_{KC} の減少幅は徐々に小さくなり，a_{LP} と a_{LC} の増加幅は徐々に大きくなっていきます。資本から労働への代替が進むにつれ，投入量が減っている資本を，投入量が増えている労働で置き換えるには，より多くの追加的労働投入が必要となってくるのです。

図 4-6 の生産点 A 点，B 点，C 点は，それぞれ図 4-5 の A 点，B 点，C 点に対応しています。生産点の A 点から B 点，B 点から C 点へと移動（図 4-5）は要素雇用点の A 点から，B 点，そして C 点への移動（図 4-6）を伴い，生産点が移動するにつれて，a_{KP} と a_{KC} の減少幅は減少し，a_{LP} と a_{LC} の増加幅は増加していきます。その結果，図 4-5 の KK 線の右方へのシフトはその幅が徐々に小さくなり，LL 線の下方へのシフト幅は徐々に大きくなります。その結果，それらの直線の交点である生産点は，原点に対して凹となる軌跡を描いて移動していきます。

▶ 生産点と相対供給曲線

ヘクシャー・オリーン・モデルにおける PPF と生産可能性集合を求めた

ので，パソコンと衣服の価格が与えられたときの生産点を，リカード・モデルと同様に導くことができます。ここでもやはり，生産点は生産可能性集合の中で国民所得を最大化する点となります。国民所得は，

$$Y = p_P X_P + p_C X_C$$

と表され，そのグラフである国民所得線は，横軸にパソコンの生産量 X_P，縦軸に衣服の生産量 X_C をとった図 4-7 において，傾きが $-p_P/p_C$ の直線として描かれます。そして均衡における生産点は，生産可能性集合に属している点で，その点を通る国民所得線が最も原点から遠いところに位置する Q 点となります。生産点は，PPF と国民所得線の接点として求められるのです。

　パソコンと衣服の価格が変化すると生産点も変化します。生産点が Q 点である状態から，パソコンの相対価格 p_P/p_C が上昇したとしましょう。その結果，国民所得線の傾きは急になり，PPF との接点は，Q 点から Q' 点のような点へと PPF 上を右下に移動します。つまり，p_P/p_C が上昇すると，X_P は上昇し，X_C は下落するのです。相対的に価格が上がったパソコンの生産量は増加し，相対的に価格が下がった衣服の生産量は減少します。また，パソコンと衣服の価格がそれぞれ変化しても，相対価格 p_P/p_C が変わらなければ，生産点も変化しないことに注意してください。どの財をいくら生産するかは，各財の絶対価格ではなく，パソコンと衣服の相対価格によって決まるのです。

　以上の分析から，ヘクシャー・オリーン・モデルでは，相対供給曲線が，図 4-8 で描かれているような右上がりの曲線になることがわかります。パソコンの相対価格 p_P/p_C が上昇すると，X_P は上昇し X_C は下落するので，X_P/X_C は増加します。リカード・モデルにおける相対供給曲線は，全体的には右上がりであるものの，折れ曲がった直線からなっていました。ヘクシャー・オリーン・モデルでは，リカード・モデルと違い PPF がなめらかな曲線であるため，相対価格の変化に伴い，相対供給もなめらかに変化していくのです。

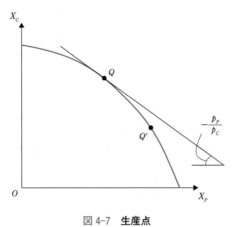

図 4-7　生産点

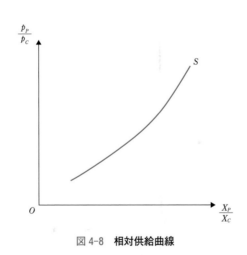

図 4-8　相対供給曲線

4.3　要素賦存と財生産：リプチンスキー定理

　それでは，国際貿易理論の重要な定理の一つであるリプチンスキー定理を導きましょう。

　財価格 p_P と p_C を所与とし，資本か労働のいずれかの要素賦存が増加するケースを考えます。経済成長により資本が増加するケースや人口成長により労働が増加するケースが考えられます。ある要素の賦存量の増加により，その国の財生産がどう変わるのかを見ていきます。

　財価格 p_P と p_C が所与のとき，図 4-7 で表されているように，生産点は PPF 上の一点に決まります。そこで例えば資本の賦存量が増加したならば，その結果生産点も移動するでしょう。しかしその移動は同じ PPF 上の移動ではありません。資本の増加により生産性可能性集合は拡大し，図 4-9 に表されているように，PPF 全体が右上にシフトするからです。図 4-9 では，資本賦存の増加により，生産点が Q 点から Q' 点に移動する様子が描かれています。財価格が一定のため，Q 点と Q' 点でそれぞれの PPF に接する 2 本の国民所得線は，その傾きが同一であることに注意してください。

　ある財価格の下でパソコンと衣服が生産されているとき，資本と労働はそれぞれ各財の生産に投入され，いずれも完全雇用されています。つまり，資本と労働の完全雇用条件

$$a_{KP}X_P + a_{KC}X_C = K \tag{4-3'}$$

$$a_{LP}X_P + a_{LC}X_C = L \tag{4-4'}$$

が成立しています。これらの式は，生産要素間に代替性がない場合の完全雇用条件である (4-3) 式と (4-4) 式と全く同じです。実際，後に示すように，財価格が所与で要素価格が変わらないならば，要素賦存や生産量が変化しても，a_{KP} や a_{KC} の資本投入係数，a_{LP} や a_{LC} の労働投入係数は変化しません。つまり，これらの投入係数は定数となり，生産要素間の代替性がないときと同様に扱えるのです。

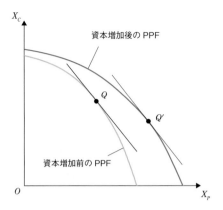

図 4-9　資本賦存増加の生産への影響

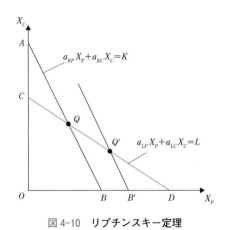

図 4-10　リプチンスキー定理

　図 4-3 と同様に，図 4-10 では，資本の完全雇用条件（4-3′）式が相対的に急な直線 AB で，労働の完全雇用条件（4-4′）式が直線 CD で表されています。ここでは，パソコンが資本集約的（もしくは衣服が労働集約的）であるため，資本の完全雇用線の方が労働の完全雇用線より急になっています。そしてこのときの生産点は，これらの直線の交点である Q 点です。この Q 点は，図 4-5 の A 点に対応するものであり，直線 AB と CD は図 4-5 の KK

線と LL 線にそれぞれ対応していることに注意してください。また，この Q 点は資本増加前の生産点であり，図4-9の Q 点と同一です。

　さてここで，資本の賦存量が増加したとしましょう。(4-3′) 式からわかるように，K の上昇は資本の完全雇用線の右方へのシフトとして表されます。資本の完全雇用線は，AB 線から，右方へ平行移動し，その結果生産点は Q 点から Q' 点へと移動します（この Q' 点は，図4-9の Q' 点と同一です）。資本の賦存量が増加すると，資本集約的なパソコンの生産が増加し，労働集約的な衣服の生産が減少するのです。資本の増加は，資本集約的なパソコン産業の拡大を促します。しかし，パソコン産業の拡大には，資本の増加分を吸収するだけでなく，労働雇用も増やす必要があります。その労働は労働集約的な衣服産業から引っ張ってくるしかないので，衣服産業は縮小するのです。

　また，パソコンの生産量は資本賦存量の増加率より高い率で増加します。衣服産業の縮小に伴い，労働だけでなく衣服産業に雇用されていた資本も，パソコン産業へ移動します。その結果，資本賦存量の増加率より高い率で，パソコン生産は拡大するのです。別の観点からこのことを見てみましょう。資本が例えば20%増加したとき，パソコン生産も資本と同じ20%の率で増加したとしましょう。このとき (4-3′) 式で表されている資本の完全雇用を達成するためには，衣服生産も20%ほど増加しなければいけません。しかし，衣服生産は20%増加するどころか減少するので，パソコン生産は20%を超える率で増加していなくてはなりません。

　同様に，資本ではなく労働の賦存量が増加するならば，労働集約的な衣服の生産量は労働の増加率を超える率で増加し，資本集約的なパソコンの生産量は減少します。

　このことは，その定理を唱えた人の名前を冠しリプチンスキー定理と呼ばれています。

　リプチンスキー定理：2国・2財・2要素のヘクシャー・オリーン・モデルにおいて，ある生産要素の賦存量が増加するならば，その要素を集約的に投入している財の生産量は要素賦存の増加率を超える率で増加し，他の財の生産量は減少する。

4.4 要素賦存と比較優位： ヘクシャー・オリーン定理

▶ 相対供給曲線のシフト

リプチンスキー定理は，ヘクシャー・オリーン定理につながる重要な結果を提供してくれます。図4-11では，自国のパソコンの相対供給曲線Sが外国の相対曲線S^*の右方に位置するよう描かれています。ここではリプチンスキー定理を応用し，自国の方が外国に比べ相対的に資本が豊富ならば，資本集約的なパソコンの相対供給曲線は，自国の方が外国のそれより右方に位置することを示します。

リプチンスキー定理によると，資本の存在量が増加すればパソコンの衣服に対する相対供給X_P/X_Cは増加し，労働の存在量が増加するとX_P/X_Cは減少します。資本-労働比率K/Lを一定に保つよう資本と労働がともに上昇するならば，X_P/X_Cは変化しません（このことは，（4-3′）式と（4-4′）式の右辺を，それぞれ例えば2倍にするとき，X_PとX_Cがそれぞれ2倍になれば，

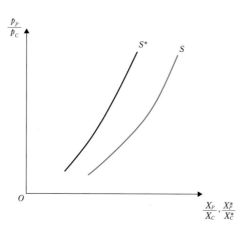

図4-11 2国の相対供給曲線

両式が成立し続けることからわかります）。

　少し視点を変えて，ある1国において要素賦存を変化させるのではなく，資本-労働比率が異なる2国を比較してみましょう。自国の資本-労働比率が外国のそれより高いとき，つまり $K/L > K^*/L^*$ であるとき，自国は**資本豊富**（もしくは外国は**労働豊富**）であると言います。もちろん逆に，$K/L < K^*/L^*$ が成立しているとき，自国は労働豊富国であり，外国は資本豊富国となります。この労働豊富・資本豊富という概念もやはり，相対的なものであることに注意してください。

　さてここでは，自国の方が資本豊富だとしましょう。リプチンスキー定理を応用すると，両国が同じ財価格（パソコンについては p_P，衣服については p_C）に直面しているならば，資本豊富な自国の方が，外国よりもパソコンの相対供給が高くなることがわかります。つまり，図4-11で描かれているように，任意の相対価格 p_P/p_C の下で，$X_P/X_C > X_P^*/X_C^*$ となるのです。このことはもちろん，自国の相対供給曲線 S が外国の相対曲線 S^* より右方に位置することを意味しています。

　図4-12には，自国と外国のPPFが描かれています。ここでは，労働賦存量は両国で同じとしつつ，資本は自国の方が外国より多く賦存しているケースを想定しています。（同一国内で資本量が異なるケースを描いた図4-9と基本的に同じであることを確認してください。）自国の方が資本賦存の絶対量が多いため，自国のPPFは外国のPPFより外側に位置します。これらの国が労働集約的な衣服のみを生産する場合でも（つまり縦軸との切片を比べてみても），要素の存在量が多い自国の方が，より多くの衣服を生産できることに注意してください。しかし，任意の財価格の下での生産点を比較するならば（つまり自国の生産点 Q と外国の生産点 Q^* を比較すると），自国の方が外国よりも，より多くのパソコンを生産し，少ない量の衣服を生産することがわかります。労働賦存が同一の場合，共通の財価格の下（したがって国民所得線の傾きが共通の下）では，資本賦存が多い自国の方が，資本集約的なパソコンの生産量が多く，労働集約的な衣服の生産量は少なくなるのです。もちろんそれは，図4-11で描かれている関係と整合的となっています。

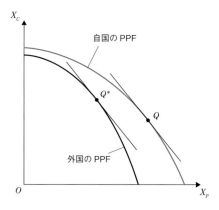

図 4-12　2 国の PPF と生産点

▶ 閉鎖経済均衡の比較

それではここで，相対供給曲線と相対需要曲線の交点として表される閉鎖経済均衡を，各国について求めていきましょう。

ヘクシャー・オリーン・モデルでは，リカード・モデル同様，各国における消費者の嗜好は相似拡大的な社会厚生関数で表され，その社会厚生関数は両国で同一だとします。第 3 章で見た通り，両国の消費者が同じ相対価格に直面するならば，消費比率は両国で同じになり，その結果図 4-13 で描かれているように，両国の相対需要曲線は一致します。

各国の閉鎖経済均衡を求めましょう。自国の閉鎖経済均衡は，自国の相対供給曲線 S と相対需要曲線 D の交点で表されます。その交点の高さ p_P^A/p_C^A が，自国の閉鎖経済均衡相対価格です。同様に，外国の閉鎖経済均衡相対価格は，外国の相対供給曲線 S^* と相対需要曲線 D^* の交点の高さである p_P^{A*}/p_C^{A*} となります。図 4-13 から明らかなように，ここでは $p_P^A/p_C^A < p_P^{A*}/p_C^{A*}$ となっています。自国のパソコンの相対供給曲線が外国のそれより右方に位置しているため，パソコンの閉鎖経済均衡相対価格は自国の方が低くなるのです。

ヘクシャー・オリーン・モデルでは，パソコンの閉鎖経済均衡相対価格が

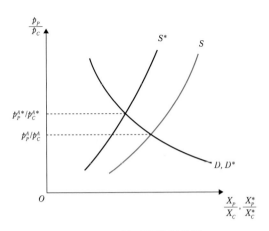

図 4-13　　2国の閉鎖経済均衡

外国より自国の方が低いことをもって，自国はパソコンに比較優位を持って
いると言います。もちろんこのとき，外国は衣服に比較優位を持っています。
　衣服と食料の2財を扱ったリカード・モデルでは，PPFの傾きである機
会費用を両国で比べ，衣服の機会費用が低い国を，衣服に比較優位を持つ国
と認定しました。しかし，ヘクシャー・オリーン・モデルでは，PPFの傾
きは，生産点をどこに取るかに依存して変わってきます。したがって，パソ
コン（もしくは衣服）の機会費用は一意に定まらず，機会費用を単純に2国
間で比較できないのです。このため，パソコンと衣服の2財を扱うヘクシャ
ー・オリーン・モデルでは，閉鎖経済均衡下でのパソコンの相対価格を比較
し，その相対価格が低い国はパソコンに，高い国は衣服に，比較優位を持つ
とするのです。閉鎖経済均衡相対価格は，閉鎖経済均衡生産点における
PPFの傾きですから，閉鎖経済均衡生産点を基準としたパソコンの機会費
用の比較が比較優位構造を決めるとも言えるでしょう。

▶ 自由貿易均衡価格

　自由貿易均衡を見ていきましょう。国際貿易が自由に行われるようになる

と，もはや一国内で各財の需給が一致する必要はなくなります。パソコンと衣服それぞれにつき，世界全体の需要量が世界全体の供給量に一致すればよく，そのとき自由貿易均衡が実現するのです。

図 4-14 を見てください。そこには，自国の相対供給曲線 S と外国の相対供給曲線 S^* の間に位置する世界全体の相対供給曲線 S^w が描かれています。世界相対供給曲線 S^w は，様々な相対価格 p_P/p_C 対する世界全体のパソコンの相対供給量 $(X_P+X_P^*)/(X_C+X_C^*)$ を表したものです。

この世界相対供給曲線は，自国の相対供給曲線と外国の相対供給曲線の間に位置します。任意の相対価格の下で，自国の相対供給 X_P/X_C は外国の相対供給 X_P^*/X_C^* を上回っていますが，世界全体の相対供給 $(X_P+X_P^*)/(X_C+X_C^*)$ は常にそれらの間にあるのです。世界全体の相対供給が両国の相対供給の間の値をとるのは直観的にもわかりやすい話ですが，この相対供給を

$$\frac{X_P+X_P^*}{X_C+X_C^*}=\frac{X_C}{X_C+X_C^*}\left(\frac{X_P}{X_C}\right)+\frac{X_C^*}{X_C+X_C^*}\left(\frac{X_P^*}{X_C^*}\right) \tag{4-5}$$

と書き直すと，よりはっきりします。世界相対供給は，自国の相対供給と外

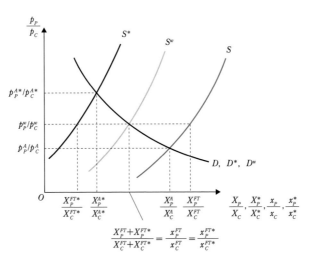

図 4-14　**自由貿易均衡**

国の相対供給の加重平均になっていることを，（4-5）式は示しています。

　図 4-14 には，相対需要曲線 D，D^*，D^w も描かれています。自国の相対需要曲線 D と外国の相対需要曲線 D^* は一致します。このとき，世界全体の相対需要を表す世界相対需要曲線 D^w も，D と D^* に一致することになります。このことは，（4-5）式の各変数を需要とみなせばすぐにわかります。自国の相対需要と外国の相対需要が，任意の相対価格の下で等しいならば，それらの加重平均である世界相対需要もまた，その共通の値に等しいのです。

　自由貿易均衡は，世界相対供給曲線 S^w と世界相対需要曲線 D^w の交点で決まります。各財について世界供給と世界需要が一致するときは，両財の世界供給比率と両財の世界需要比率も一致するからです。

　この交点の高さである p^w_P/p^w_C は，自由貿易下で各国が直面するパソコンの相対価格です。図 4-14 に描かれているように，自由貿易均衡相対価格は，自国の閉鎖経済均衡相対価格と外国のそれとの間に決まります。つまり，

$$\frac{p^A_P}{p^A_C} < \frac{p^w_P}{p^w_C} < \frac{p^{A*}_P}{p^{A*}_C} \tag{4-6}$$

という関係が成立します。リカード・モデルでは，自由貿易均衡相対価格はいずれかの国の閉鎖経済均衡相対価格と一致する可能性がありましたが，資本と労働が代替的なヘクシャー・オリーン・モデルでは，PPF が原点に対して凹のなめらかな曲線となっているため，自由貿易均衡相対価格は，いずれの国の閉鎖経済均衡相対価格とも異なっています。

　自由貿易均衡相対価格が，2国の閉鎖経済均衡相対価格の間に決まることはわかりましたが，それが自国の閉鎖経済均衡相対価格に近いのか，それとも外国の閉鎖経済均衡相対価格に近いのかは，各国にとってとても重要です。リカード・モデルで見たように，ここでもやはり，交易条件の変化が貿易利益の源泉だからです。

　図 4-14 からわかるように，世界相対供給曲線 S^w が自国の相対供給曲線 S の近くに位置すれば，自由貿易均衡相対価格は自国の閉鎖経済均衡相対価格に近い値をとります。（4-5）式に示されているように，世界相対供給量は両国の相対供給量の加重平均です。したがって，自国の加重 $X_C/(X_C+X^*_C)$ が大きいほど，世界相対供給曲線 S^w が自国の相対供給曲線 S の近くに位置し，

自由貿易均衡相対価格は自国の閉鎖経済均衡相対価格に近くなります。自国の経済規模が外国に比べ大きいならばこの加重も自然と大きくなるため，大国の交易条件は貿易によりそれほど変化しないことがわかるでしょう。リカード・モデル同様，交易条件が大きく変化する小国の方が，大きな貿易利益を享受するのです。

▶ ヘクシャー・オリーン定理

自由貿易均衡において，各国の各財への需給はどうなっているのでしょうか？ まず，閉鎖経済下では，各国において各財の需給が一致していたことを思い出してください。(4-6) 式に表されているように，自国では，貿易によりパソコンの相対価格が上昇します。そのとき，パソコンの生産量は増加し，衣服の生産量は下落するでしょう。また，パソコンの需要量は減少し，衣服の需要量は増加します。その結果，自国では，貿易によりパソコンの超過供給と衣服の超過需要が起こります。図 4-14 は，p_P^w/p_C^w の相対価格の下で，パソコンの均衡相対供給量 X_P^{FT}/X_C^{FT} がパソコンの均衡相対需要量 x_P^{FT}/x_C^{FT} を上回っていることを示しています。

外国についても同様です。外国では，貿易によりパソコンの相対価格が下落し，パソコンの超過需要と衣服の超過供給が生じています（$X_P^{FT*}/X_C^{FT*} < x_P^{FT*}/x_C^{FT*}$）。

自由貿易均衡では，各国は超過供給にある財を輸出し，超過需要にある財を輸入します。したがって，自由貿易均衡では，自国がパソコンを外国に輸出し，外国は自国に衣服を輸出することになります。

自国は資本豊富国で，パソコンは資本集約的であることに注意すると，以上の分析からヘクシャー・オリーン定理が導かれたことがわかります。

> ヘクシャー・オリーン定理：各国は，その国に豊富に存在する生産要素を集約的に用いて生産する産業に比較優位を持ち，その財を輸出し他の財を輸入する。

ヘクシャー・オリーン・モデルで導き出されるいくつかの重要な定理の中でも，このヘクシャー・オリーン定理はその中核をなすものです。各国の政府は，しばしば国の産業構造をその国にとって望ましいと思われる方向に導

こうと政策を立てます。しかしそれがその国の生産要素賦存が示唆している方向に沿っていないならば，その政策の遂行は困難を極めるでしょう。自然に導かれていく産業構造は何かを知ることは，とても重要なことなのです。

4.5 自由貿易が各国経済に与える影響

　貿易が各国経済に与える影響について見ていきましょう。図 4-15 は，自由貿易下での各国の生産点と消費点を描いています。まずは自国の PPF は外国の PPF に比べ，全体的に傾きが緩やかなことに注意してください。リカード・モデルのときほど鮮明には現れていませんが，それは自国がパソコンに比較優位を持っていることを反映しています。

　両国は共通の自由貿易均衡相対価格 p_P^w/p_C^w に直面するので，それぞれ傾きが $-p_P^w/p_C^w$ である国民所得線を最も原点から遠くに位置させる PPF 上の点が，各国の生産点となります。それが，自国では Q 点，外国では Q^* 点です。そして自国と外国の消費点は，それぞれ国民所得線と社会的無差別曲線との接点である C 点と C^* 点になります。

　図 4-15 には，両国の貿易三角形 CAQ と $Q^*A^*C^*$ が描かれています。自国におけるパソコンの超過供給 AQ は外国における超過需要 A^*C^* に等しく，自国の衣服の超過需要 CA は外国の超過供給 Q^*A^* に等しいので，2 国の貿易三角形は合同です。図 4-16 は，この両国間の貿易パターンを示しています。

　図 4-15 は，両国ともに貿易利益を享受していることを示しています。両国ともに，消費点を通る無差別曲線は，閉鎖経済均衡で到達する無差別曲線（PPF に接する無差別曲線）より右上に位置しているのです。

　(4-6) 式に表されているように，一般的なヘクシャー・オリーン・モデルでは，自由貿易均衡相対価格は，両国の閉鎖経済均衡相対価格の間にあり，どちらの国も貿易により相対価格は変化します。両国ともに，輸出財の相対価格が閉鎖経済均衡下に比べ上昇する（つまり交易条件が改善する）ので，貿易により利益を得ます。もちろん，小国の方がその交易条件の変化は大き

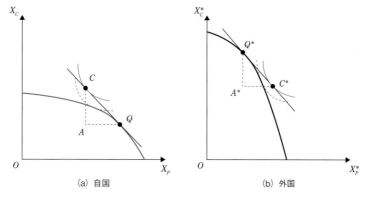

図 4-15　**自由貿易均衡と各国経済**

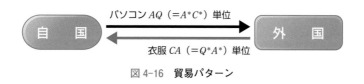

図 4-16　**貿易パターン**

くなり，貿易からの利益もまた大きくなります。

4.6　要素価格均等化定理

　それではここで，図 4-17 を用いて，現実経済で大きな意味を持つ要素価格均等化定理を導きましょう。PPF が原点に対して凹であることを示すのに用いた図 4-6 を思い出してください。そこでは，1 円分のパソコン生産に対応する等量線と 1 円の費用に対応する等費用線（単位費用線）の接点として，1 円分のパソコンを完全競争下で生産する生産者の最適雇用選択が示されました。図 4-17 は，パソコン生産についてだけではなく，衣服生産についても同様の図を描いたものです。

　先に見たように，ここでは 1 円分のパソコン生産に対応する等量線と単位

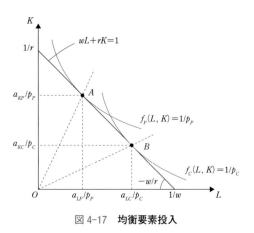

図 4-17　均衡要素投入

費用線が A 点で接しています。完全競争均衡においてパソコンが生産されるならば，各企業は資本と労働を最も生産費用が低くなるよう雇用し，そしてその結果得られる利潤はゼロになるからです。衣服についても同様です。完全競争下で衣服が生産されるならば，衣服を1円分生産する等量線と単位費用線が，B 点で表されているように接します。A 点と B 点は，それぞれ1円分の各財を効率的に生産するために投入される資本量と労働量を示しています。単位費用線の傾きの絶対値で表されている要素価格比率 w/r の下で，パソコン産業の企業は1円分のパソコンを生産するのに a_{LP}/p_P 単位の労働と a_{KP}/p_P 単位の資本を投入します。同様に，衣服産業では，a_{LC}/p_C 単位の労働と a_{KC}/p_C 単位の資本から1円分の衣服を生産しています。

　単位費用線 $wL+rK=1$ は，両産業に共通です。ある雇用点 (L, K) が単位費用線上にあるならば，それがどの産業のどの企業が雇用しようとも，その雇用に対して支払う報酬額は1円になるからです。したがって，ある価格 p_P と p_C の下で両財ともに生産されているならば，$1/p_P$ 単位のパソコンを生産する等量線と $1/p_C$ 単位の衣服に対応する等量線は共通接線を持ち，その共通接線が単位費用線となっていなければなりません。つまり，2つの等量線の共通接線として単位費用線が決まり，その横軸の切片 $1/w$ と縦軸の切

片 $1/r$ から，均衡における賃金率 w と資本レンタル率 r が求められるのです。各企業は w と r を所与として各要素の雇用比率を決めますが，一国全体としては，そういった企業行動を前提として，パソコンと衣服の両財の価格が与えられると，w と r が決定されると考えられます[8]。

　財価格が与えられると，賃金率と資本レンタル率が決まり，その結果各財の資本投入係数と労働投入係数が決定されます。言い換えれば，財価格が変化しなければ，資本投入係数と労働投入係数はいずれも変化しないのです。リプチンスキー定理を証明したときに，「財価格が所与の下ではこれらの投入係数も所与のものとして考えられる」としましたが，そのことがここで裏付けられたのです。

　さて，自由貿易をしている自国と外国を考えましょう。自由貿易下では，パソコンと衣服の価格はそれぞれ両国で等しくなります。したがって，図4-17 に描かれている各財の等量線は両国で共通となり，それらの共通接線である単位費用線もまた，両国で共通となります。そしてそのことは，賃金率 w と資本レンタル率 r がそれぞれ，両国で等しいことを意味しています。自由貿易に従事する2国間では，要素価格が均等化するという驚くべき定理が示されたのです。

　　要素価格均等化定理：**自由貿易に従事する2国間では，生産要素価格が均等化する。**

　ただし，この定理が成立するのは，両国ともに両財を生産している場合に限ることに注意してください。例えば，外国が衣服に完全特化しているならば，図4-18 に描かれているように，外国の単位費用線 $w^*L^*+r^*K^*=1$ は，衣服の等量線に B 点で接するものの，1円分のパソコンを生産する等量線より下に位置することになります。1円分のパソコンを生産する等量線上のどの点を選んでも生産費は1円を超えるため，外国企業はパソコンを生産しないのです。このとき，自国が両財生産しているならば，要素価格は2国間で異なることは，図から明らかです。

---

8 より厳密に言えば，財価格である p_P と p_C や要素価格 w と r などは，均衡をもたらすように同時決定されると考えるべきです。経済モデルというシステム内で決まってくるこのような変数を内生変数と呼びます。システム外で決まる外生変数（例えば小国モデルの世界価格）が与えられたときに，均衡をもたらすようにシステム内で決まってくる変数が内生変数なのです。

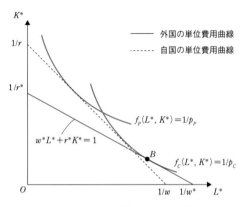

図 4-18　完全特化している外国

4.7　貿易と生産要素移動の代替性

　要素価格均等化定理によると，貿易さえ行われるならば，賃金率と資本レンタル率はそれぞれ２国間で均等化することになります。もちろん貿易の代わりに資本が２国間で自由に移動したとしても，その結果資本レンタル率は両国で均等化します。また，労働が２国間で自由に移動すれば，賃金率が両国間で等しくなります[9]。つまり，財か生産要素のいずれかが国際間を自由に移動するならば，要素価格は両国で均等化することになります。財貿易と要素移動は，要素価格への影響について完全に代替的なのです。

　閉鎖経済均衡では，資本豊富国である自国の方が外国よりも，資本レンタル率は低く，賃金率は高くなっています。価格は需要と供給を一致させるように決まるため，資本供給が多い資本豊富国は資本レンタル率が低く，供給

9　さらに付け加えるならば，実は資本か労働のいずれかが国際間で自由に移動するだけで，資本レンタル率と賃金率はそれぞれ両国間で等しくなります。いずれかの生産要素が移動するだけで，国全体の資本-労働比率は両国で等しくなり，各要素価格と各財の価格も国際間で均等化するのです。

が相対的に少ない労働の対価である賃金率が高くなるのです。この状態で貿易を開始すれば，資本豊富国では，資本集約的な財の生産が増え資本需要が増加します。豊富な資本供給に見合うように需要も増加するのです。そしてその結果，資本レンタル率は上昇します。逆に，労働集約的な財の生産は縮小し，労働需要は減少し賃金率は下落していきます。もちろん労働豊富国では逆の現象が起こり，賃金率は上昇し資本レンタル率は下落します。こうして，貿易により要素価格は両国間で均等化していくのです。

　要素価格均等化定理は，重要な意味を持っています。例えば日本と中国が自由貿易を行ったとしましょう。この定理によると，貿易により日中間で賃金率は均等化することになります。もちろん現実には，生産技術の同一性や貿易障壁の欠如といった定理の前提条件が十分には満たされていないと考えられますが，貿易により要素価格が均等化していく傾向は認められるでしょう。つまり，貿易により日中間の賃金率は近づいていくのです。それは現実に中国における賃金率の上昇として現れていますが，それだけではなく，日本の賃金率が中国の低賃金率に引っ張られるという面も見逃せません。グローバリゼーションの進展により，多くの発展途上国と通商面で一体化していく先進国では，これからも賃金率が伸び悩むと考えられます。

4.8　財価格と要素価格： ストルパー・サミュエルソン定理

▶ ストルパー・サミュエルソン定理

　それでは，ヘクシャー・オリーン・モデルにおける最後の定理を紹介しましょう。ストルパー・サミュエルソン定理と呼ばれるこの定理は，財価格と要素価格を結びつけるとても重要な定理です。

　ストルパー・サミュエルソン定理：２国・２財・２要素のヘクシャー・オリーン・モデルにおいて，ある財価格が上昇するならば，その財に集約的に投入されている要素の価格は財価格の上昇率を超える率で上昇し，他の要素の価格は下落する。

　ここでは，パソコンが資本集約的だとしているので，この定理によると，パソコン価格が上昇すると，資本レンタル率がパソコン価格の上昇率を上回る率で上昇し，賃金率は下落することになります。他方，もしパソコンではなく衣服の価格が上昇すると，賃金率は衣服価格の上昇率を超える率で上昇し，資本レンタル率は下落します。

　ストルパー・サミュエルソン定理は，リプチンスキー定理とよく似た構造をしていることに注意してください。実際，その証明もまたリプチンスキー定理のものとよく似ています。

　完全競争下で両財ともに生産されるときは，以下の2式が成り立ちます。

$$wa_{LP}+ra_{KP}=p_P \tag{4-7}$$

$$wa_{LC}+ra_{KC}=p_C \tag{4-8}$$

　(4-7) 式の左辺はパソコンを1単位生産するときの費用を表しています。パソコンを1単位生産するには，a_{LP} 単位の労働と a_{KP} 単位の資本を雇用しますが，そのとき労働に対して支払う報酬額は wa_{LP} で，資本に対する報酬額は ra_{KP} となるからです。そして右辺は，パソコンを1単位生産し販売することによって得られる収入を表しています。したがって (4-7) 式は，パソコンを1単位生産するときの生産費と収入が等しい，つまり利潤がゼロになることを示しています。(4-7) 式を，完全競争均衡で成立するゼロ利潤条件と呼びましょう。完全競争下では，全ての企業が同一の技術を持ち参入・退出が自由なので，操業する企業の利潤はゼロになります。同様に，(4-8) 式は衣服を1単位生産する場合のゼロ利潤条件です。

　これらの条件が成立するとき，各企業は何単位生産しようとも利潤がゼロになることに注意してください。例えばパソコンを2単位生産するならば，企業は労働 $2a_{LP}$ 単位と資本 $2a_{KP}$ 単位を投入し，生産費は1単位だけ生産するときの2倍の $2wa_{LP}+2ra_{KP}$ となります。もちろん2単位生産すれば収入も $2p_P$ と2倍になるので，(4-7) 式が成立しているならば，パソコンを2単位生産するときの利潤もゼロになるのです。(4-7) 式と (4-8) 式のゼロ利潤条件を同時に満たす (w, r) の下では，いずれの産業におけるどの企業も利潤がゼロとなり，そのときの (w, r) は均衡要素価格となります。

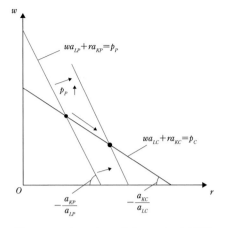

図4-19　ストルパー・サミュエルソン定理

さて図4-19には，(4-7) 式を満たす (w, r) の集合と (4-8) 式を満たす (w, r) の集合が，それぞれ右下がりの直線として描かれています。(4-7) 式を w について解くと

$$w = \frac{p_P}{a_{LP}} - \frac{a_{KP}}{a_{LP}} r \qquad (4\text{-}9)$$

となるので，(4-7) 式を表す直線の傾きは $-a_{KP}/a_{LP}$ となるのがわかります。同様に，(4-8) 式を表す直線の傾きは $-a_{KC}/a_{LC}$ となります。ここでは，パソコンが資本集約的なので，$a_{KP}/a_{LP} > a_{KC}/a_{LC}$ が成立し，衣服のゼロ利潤条件を示す直線よりも，パソコンのゼロ利潤条件を示す直線の方が，傾きが急になります。そしてこれらの直線の交点が，均衡要素価格となります。

　ここでパソコン価格が上昇したとしましょう。(4-7) 式や (4-9) 式からわかるように，p_P が上昇するとパソコンのゼロ利潤条件を示す直線が右上にシフトします。その結果交点は，衣服のゼロ利潤条件を示す直線上を右下に移動します。パソコン価格 p_P の上昇が，資本レンタル率 r の上昇と賃金率 w の下落につながるのです。また，この図がリプチンスキー定理を証明するときに用いた図4-9と同じ構造を持っていることに注意すると，r の上

105

昇率は p_P の上昇率を上回ることもわかります。もちろん同様に，パソコン価格ではなく，衣服価格が上昇するならば，衣服生産が集約的に用いる労働への報酬率である賃金率が，衣服価格の上昇率を上回る率で上昇し，資本レンタル率は下落することが示せます。

　より厳密には，要素価格の変化によって引き起こされる要素投入係数の変化を，考慮に入れなくてはなりません。例えば，p_P の上昇は r の上昇と w の下落につながりますが，この要素価格の変化は a_{KP} と a_{KC} の引き下げと a_{LP} と a_{LC} の引き上げにつながります。しかしそれらの変化は無視できるほど小さく，（4-7）式や（4-8）式のそれらの投入係数を定数として扱った上述の議論に，大きな修正を加える必要はありません。

▶ ストルパー・サミュエルソン定理の意味するところ

　ストルパー・サミュエルソン定理を現実経済に応用し，保護貿易の所得分配に与える影響と，その裏返しの議論である貿易自由化の影響について考えてみましょう。

　衣服を輸入している国を考えます。衣服は労働集約的で自国は資本豊富国としていますから，自国がその衣服輸入国となります。衣服輸入国である自国が，衣服産業保護のため輸入関税を課すとしましょう。自国が輸入関税を課すと，自国内での衣服価格が上昇します（このことは第6章で詳しく考察します）。ストルパー・サミュエルソン定理によると，その結果賃金率は上昇しますが，資本レンタル率は下落することになります。一見すると，衣服産業の保護は，衣服産業に従事している労働者とそこに資本を投じている資本家の双方に利益を与えるように思えます。しかしこの定理によると，労働者がどの産業に働いているか，資本がどの産業に投入されているかは問題ではなく，輸入関税の賦課により，賃金率は上昇し資本レンタル率は下落するのです。したがって，例えば衣服産業に投資している投資家が自らの利益を上げようと政府に働きかけ，その結果衣服産業の保護を勝ち取ったとしても，それは自らの利益に反する結果となってしまいます。

　どうしてこのような結果になるのでしょうか。それは以下のように考えると理解できます。確かに，産業保護の結果，衣服価格は上昇し，短期的には

衣服生産に従事する労働者の賃金率を上げ，衣服産業に投資されている資本に対するレンタル率を上げるでしょう。しかし，長期的には労働や資本は産業間を自由に移動するため，結局は，各要素に対する需給の変化が要素価格水準を決めることになります。この場合，衣服産業の保護によるパソコン生産から衣服生産への特化は，衣服生産に集約的に用いられている労働への需要を増加させ，パソコン生産に集約的に使用されている資本への需要を減少させます。その結果，賃金率が上昇し，資本レンタル率は下落するのです。

　続いて，貿易自由化の利益と所得分配への効果について考えましょう。ここまで，貿易自由化は各国に利益をもたらすことを見てきました。しかし，ストルパー・サミュエルソン定理から，全ての人が同じように貿易利益を享受するのではないことがわかります。まずは，いずれの国でも，貿易自由化により，比較優位を持つ輸出財の相対価格が上昇することを思い出してください。そして，ヘクシャー・オリーン定理によると，輸出財はその国に豊富に存在する生産要素に集約的です。貿易自由化により，その国に豊富に存在する要素を集約的に用いる財の価格が上昇しますので，ストルパー・サミュエルソン定理により，貿易は豊富に存在する要素の価格を上昇させ，稀少な要素の価格を下落させることがわかります。価格が上昇するのはその国に豊富に存在する要素であり，価格の下落を経験する要素の賦存量は相対的に少ないため，国全体とすれば，貿易により利益を得るのです。

　しかし，貿易自由化の利益が個人間で大きく異なることには，注意を払う必要があります。その国に豊富に存在する要素の保有者にとって，貿易自由化は利益をもたらす好ましいことですが，稀少な要素の保有者にとってはそうではありません。資本豊富国の日本にとって貿易自由化は，資本家の利益を向上させるものの労働者の利益を損なうものだと考えられます。先に述べたように，グローバリゼーションの進展により日本の労働者は苦しい立場に立たされるでしょう。貿易自由化の利益を国民全員が享受するためには，それにより利益を得た人から損失を被った人への何らかの補償が必要となります。

ヘクシャー・オリーン・モデル，ヘクシャー・オリーン定理，リプチンスキー定理，ストルパー・サミュエルソン定理，要素価格均等化定理，要素集約度，要素価格比率，資本（労働）集約的，資本（労働）豊富

復習問題

(1) ある国におけるパソコンと衣服の生産関数は，以下のレオンチェフ型関数によって記述されています。

$$f_P(L_P, K_P)=\min\{L_P, 2K_P\}$$
$$f_C(L_C, K_C)=\min\{L_C/3, K_C\}$$

パソコンを1単位効率的に生産するために投入される労働と資本の量（労働投入係数と資本投入係数）は，$f_P(a_{LP}, a_{KP})=1$ を満たす a_{LP} と a_{KP} であり，$\min\{a_{LP}, 2a_{KP}\}$ から $a_{LP}=1$ と $a_{KP}=1/2$ となります。このとき，$\min\{a_{LP}, 2a_{KP}\}=\min\{1, 2\times(1/2)\}=\min\{1, 1\}$ となっていることに注意してください。例えば，$a_{LP}=1$ と $a_{KP}=1$ だったならば，$\min\{a_{LP}, 2a_{KP}\}=\min\{1, 2\}=1$ となり，資本を2倍投入しているにもかかわらず生産量が1のまま変わらないため，資本が無駄に投入されていることになります。衣服の要素投入係数も同様に計算できます。

また，この国には7単位の資本と19単位の労働が賦存しているとします。

この国の閉鎖経済均衡では，資本と労働の完全雇用が達成されています。このときの各財の生産量を求めてください。また，労働賦存量はそのままで，資本の賦存量のみ8単位に増加したとします。このとき，リプチンスキー定理が成立していることを確かめてください。

さらに，当初の閉鎖経済均衡において，財価格が $p_P=4$ と $p_C=10$ だとします。このとき成立する賃金率と資本レンタル率を求めてください。そして，p_C が11へ上昇したとし，ストルパー・サミュエルソン定理が成立していることを確かめてください。

(2) ある国におけるパソコンと衣服の生産は，以下のレオンチェフ型生産関数によって記述されています。

$$f_P(L_P, K_P)=\min\{L_P, K_P/2\}$$
$$f_C(L_C, K_C)=\min\{L_C/2, K_C\}$$

先に見たように，効率的な生産が行われる限り，レオンチェフ型生産関数のかっこ内の2変数の値は常に等しくなるため，各産業の資本労働比率は常に一定で，生産要素間の代替性がないことに注意してください。例えばパソコン産業では，$L_P=K_P/2$ から，要素価格比率にかかわらず $k_P=K_P/L_P=2$ となります。

また，この国には 15 単位の資本と 12 単位の労働が賦存しているとします。

この国の社会厚生関数は，コブ・ダグラス型関数の

$$u(x_P, \ x_C) = x_P x_C$$

で与えられています。前章の復習問題で紹介したように，消費点 $(x_P, \ x_C)$ での無差別曲線の傾きは $-x_C/x_P$ となります。

それでは，この国の PPF を図示してください。この国の閉鎖経済均衡では，両要素とも完全雇用されますが，そのような閉鎖経済均衡におけるパソコンの相対価格を求めてください。

発 展 問 題

(1) 自国と外国の 2 国が貿易している状況を考えます。自国は，上記の復習問題 (2) で記述されている通りだとします。外国は，自国と同じ生産関数と社会厚生関数を持ちますが，要素賦存は異なり，21 単位の資本と 24 単位の労働が賦存しているとします。

前章の発展問題解答例（本書のサポートページ参照）で紹介したように，社会厚生関数がこの様なコブ・ダグラス型の場合，横軸にパソコンの相対需要，縦軸にパソコンの相対価格をとったグラフでは，相対需要曲線は，点 (1, 1) を通る直角双曲線となります。

世界相対供給曲線と世界相対需要曲線を描き，パソコンの自由貿易均衡相対価格を求めてください。そして，自由貿易均衡における各国の貿易三角形を図示し，両国の貿易三角形が合同であることを確認してください。

(2) 生産要素として，資本と労働の代わりに熟練労働と非熟練労働の 2 要素を考えましょう。非熟練労働は肉体労働のような比較的単純な労働であり，熟練労働はいわゆるホワイトカラーといったオフィスワーク労働を含む労働を指します。労働者は，その教育水準等によって熟練労働と非熟練労働に区別されるとします。また，生産される 2 財も，それに応じてコンピューター・ソフトウェアのような熟練労働集約的な財（サービス）と，衣服のような非熟練労働集約的な財を考えることにします。

熟練労働豊富国と非熟練労働豊富国の 2 国が，貿易を開始したとしましょう。貿易により各国の生産構造や要素価格はどう影響を受けるでしょうか。また，長期的には両国の要素賦存比率の差は広がっていくと考えられますが，それはどうしてでしょうか。

復習問題と発展問題の解答は，株式会社サイエンス社ウェブサイトの本書サポート情報に掲載されています。

第 5 章

国際貿易の短期的影響と長期的影響

　どうして農業団体や産業界は，しばしば輸入からの保護政策を求めて政府に対してロビー活動を行うのでしょうか？ ストルパー・サミュエルソン定理によると，輸入制限によって財価格が上昇するときの勝者や敗者は，労働や資本の要素保有者であり，保護を受ける産業そのものではないはずです。例えば，労働集約的な衣服産業が保護されると，労働者が恩恵を受ける一方で，資本家はたとえその資本を衣服産業に投入していようとも損失を被るはずです。この問題を考えるために，特殊要素モデルと呼ばれる経済モデルを考察します。特殊要素モデルは，ヘクシャー・オリーン・モデルの短期バージョンとも言われています。この2つのモデルを通じて，保護政策が与える経済への影響を，短期的影響と長期的影響に分けて考えていきましょう。

本章のポイント

- 労働は産業間を移動するものの資本は移動できないとする特殊要素モデルを考察します。
- ある財の価格が上昇すると，その財に特殊な要素（その財生産にのみ使用される資本）への実質報酬率が上昇し，他の財に特殊な要素への実質報酬率は下落します。労働への実質報酬率に与える影響は不確定です。
- ある産業を保護すると，短期的には，その産業に特殊な要素への実質報酬率は上昇し，他の産業に特殊な要素への実質報酬率は下落します。労働に対する実質報酬率が上昇するかどうかは，物価水準の変化に依存して決まります。

5.1　短期と長期

　前章で学んだストルパー・サミュエルソン定理によると，衣服輸入国が産業保護を目的として労働集約的な衣服の輸入制限を行うならば，衣服の国内価格は上昇し，その結果賃金率は上昇し資本レンタル率は下落します。国内価格の上昇は，衣服生産に従事する労働と資本の双方にとって有益に思えます。しかし，労働集約的な産業が拡大し資本集約的な産業が縮小する結果，産業を超えて労働の超過需要と資本の超過供給が発生し，賃金率の上昇と資本レンタル率の下落が起こるのです。

　このストルパー・サミュエルソン効果は，実は長期的に現れる効果だと考えられます。なぜならば，ストルパー・サミュエルソン効果において重要なのは産業間の生産要素移動であり，それは瞬時に完了するものではないからです。実際，産業間の生産要素移動が起こらない（もしくは不完全な）短期においては，衣服価格の上昇は，衣服産業に従事する労働と資本双方の利益になりそうです。そうであるならば，例えば衣服産業に従事する資本にとって，衣服産業の保護は，長期的には有害であっても短期的には望ましいと言えるでしょう。このとき，それらの資本所有者が衣服産業の保護を望むかどうかは，短期的利益と長期的損失をどう相対的に評価するかにかかっています。

　本章では，生産要素の産業間移動が不完全な短期における，国際貿易・貿易政策の経済効果を見ていきます。一言で生産要素と言っても，資本と労働ではその産業間の移動性に違いがあります。労働者は今日仕事を辞めて，明日から違う産業の企業に勤めることも可能です。平均的に見れば，労働の産業間移動性は高く，短期で産業間を移動できると考えられます。それに対して資本は，産業間を移動するのに時間がかかります。ある産業に従事する資本は，生産設備や工場施設の形をとって生産に寄与しています。その資本が他の産業に移動するには，まずそれらの生産設備や工場施設が売却され，資金の形に戻る必要があります。そしてその資金は移動先の産業に投下され，また別の生産設備や工場施設として生まれ変わるのです。この行程が一朝一

夕には終わらないのは明らかでしょう。

　本章では，労働は産業間を自由に移動するものの，資本は産業間を移動できないとして分析を進めます。貿易構造に何らかの変化が起きたとき，それに合わせて生産要素は産業間を移動することもあるでしょう。ここでは，労働のみが移動できる短期において，貿易構造の変化が，経済にどう影響を与えるのかを見ていきます。

　資本が産業間を移動しないため，資本は産業ごとに区別して考える必要があります。したがって，生産要素は，労働，パソコン産業に特殊な資本（パソコン産業に投入されており，そこでしか使用できない資本），そして衣服産業に特殊な資本の３種類です。産業特殊な資本を考察するため，本章のモデルは，**特殊要素モデル**と呼ばれています。

5.2　特殊要素モデル

▶ モデル構造

　簡単化のため，分析対象国は小国だとします。したがって，財の国内価格は世界価格と同一で，この国の経済にとって所与となります。そしてこれまで通り，パソコンと衣服の２財を考えましょう。前述したように，生産要素は労働，パソコン産業に特殊な資本，衣服産業に特殊な資本の３種類です。この国の労働賦存量を L，パソコン産業に特殊な資本の賦存量を K_P，衣服産業に特殊な資本の賦存量を K_C とします。

　生産関数は，第４章で想定したものと同様に，規模に関して収穫一定で，次のように表します。

$$X_P = f_P(L_P, \ K_P),$$
$$X_C = f_C(L_C, \ K_C)$$

ここで，L_P はパソコン産業に雇用される労働量で，L_C は衣服産業に雇用される労働量です。これらの関数は一次同次関数なので，例えば f_P について，任意の $\alpha > 0$ に対して

$$f_P(\alpha L_P, \ \alpha K_P) = \alpha f_P(L_P, \ K_P) \qquad\qquad (5\text{-}1)$$

が成立します。一次同次関数として経済学でよく登場するのは，コブ・ダグラス型関数です。一次同次関数のコブ・ダグラス型は，

$$f_P(L_P, \ K_P) = AL_P{}^\beta K_P{}^{1-\beta} \ ; A > 0, \ 0 < \beta < 1 \qquad (5\text{-}2)$$

と書き表せます（この関数が一次同次であることを確かめてください)[1]。

（5-1）式が表しているように，労働と資本を同時に α 倍すれば，パソコンの生産量は α 倍になります。しかし今，資本は K_P で与えられていて，それ以上増やすことはできません。資本が K_P のまま，労働のみ増加していくと，パソコンの生産量は増えるでしょう。しかし，資本量が一定なので，「労働を2倍にすれば生産量も2倍に，3倍にすれば3倍に」というわけにはいきません。資本量を一定に保ったまま労働投入を増加していった場合，追加的労働投入による生産の増加分は一般に減少していくのです。図5-1は，資本量が K_P に固定されているケースについて，労働投入量 L_P とパソコンの

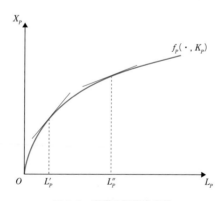

図 5-1　**労働の限界生産物**

1　一般的にコブ・ダグラス型関数は，$f(x, \ y) = Ax^\beta y^\gamma \ (A > 0, \ \beta > 0, \ \gamma > 0)$ と表せます。一次同次関数のときは $\beta + \gamma = 1$ となります。第3章の復習問題における社会厚生関数では，$A = 1$，$\beta = 1$，$\gamma = 1$ となっています。

生産量 X_P の関係を表しています。労働投入量が増加するにつれ生産量は増加するものの，その増加率は低下していく様子が見て取れます。

　労働投入の増加に伴う生産量の増加率は，労働の**限界生産物**（Marginal Product of Labor, MPL）と呼ばれています。労働の限界生産物は，労働を 1 単位追加的に投入したときに得られる生産量の増加分と考えられます。数学的には，労働の限界生産物は，生産関数を労働量で偏微分した導関数で，パソコン産業と衣服産業それぞれについて

$$MPL_P(L_P,\ K_P) = \frac{\partial f_P}{\partial L_P}(L_P,\ K_P), \tag{5-3}$$

$$MPL_C(L_C,\ K_C) = \frac{\partial f_C}{\partial L_C}(L_C,\ K_C) \tag{5-4}$$

となります。ここで例えば $\partial f_P/\partial L_P$ は，f_P の L_P に関する偏導関数と呼ばれ，L_P 以外の他の変数（この場合 K_P）を固定して L_P について f_P を微分したときの導関数です[2]。(5-2) 式で表されるコブ・ダグラス型生産関数の場合，労働の限界生産物であるこの偏導関数は，

$$\frac{\partial f_P}{\partial L_P}(L_P,\ K_P) = \beta A L_P^{\beta-1} K_P^{1-\beta} = \beta A \left(\frac{K_P}{L_P}\right)^{1-\beta} \tag{5-5}$$

となります。

　労働の限界生産物（生産関数の労働に関する偏導関数の値）は，生産関数のグラフの傾きとして表されます。図 5-1 では，L_P が L_P' と L_P'' の場合のグラフの接線が描かれています。$L_P' < L_P''$ のとき，L_P' での接線の方が L_P'' での接線より傾きが急で，$MPL_P(L_P',\ K_P) > MPL_P(L_P'',\ K_P)$ （偏導関数で表すと $(\partial f_P/\partial L_P)(L_P',\ K_P) > (\partial f_P/\partial L_P)(L_P'',\ K_P)$）となっている様子がわかります。労働の限界生産物は労働投入量が増加するに従って逓減していくことが，この図から確認できるのです。この性質は，**限界生産物逓減の法則**と呼ばれています。コブ・ダグラス型生産関数がこの法則を満たしていることは，(5-5) 式で表されている偏導関数が L_P の減少関数（L_P が増加すると偏導関数の値が減少する）であることからわかります。

2　この偏導関数は，微分する前の原関数 f_P と同じ要素（L_P と K_P）の関数であることに注意してください。

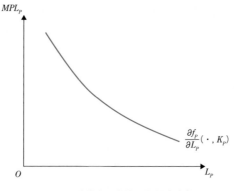

図 5-2　**逓減する労働の限界生産物**

図 5-1 の縦軸はパソコンの生産量をとっていましたが，生産量の代わりに労働の限界生産物をとるならば，限界生産物のグラフは図 5-2 のように描かれます。このグラフは，限界生産物逓減の法則を反映し，右下がりとなっています[3]。

▶ 産業内均衡

それではここで，賃金率を所与としたとき，労働が各産業にどう配分されるかを見ていきましょう。この分析は，各産業の労働需要を導いてくれます。最終的には，両産業からの総労働需要と労働供給を一致させるよう賃金率が決まる様子を考察します。

パソコン産業と衣服産業はそれぞれ，労働の限界生産物から得られる収入（労働の**限界生産物価値**）が賃金率に等しくなるまで労働を雇用しようとします。労働投入の増加による収入の増分と費用の増分が等しくなるところが，最適な労働雇用量なのです。つまり，各産業について

$$p_P MPL_P(L_P, \ K_P) = w, \tag{5-6}$$

3　限界生産物はいつも必ず逓減するとは限りません。章末の発展問題では，限界生産物が一定である生産関数の例を考察します。

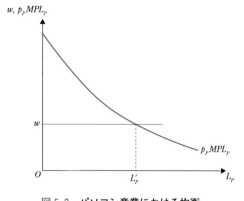

図 5-3　パソコン産業における均衡

$$p_C MPL_C(L_C, K_C) = w \qquad (5\text{-}7)$$

が成立するよう L_P と L_C が決まります。例えば（5-6）式の左辺は，パソコン価格 p_P に労働の限界生産物を乗じた労働の限界生産物価値を表しています。これは，労働を L_P 単位雇用している状況から，さらにもう1単位労働雇用を増やしたときに得られる追加的収入を表しています。それが賃金率 w に等しくなるところで，パソコン産業の労働需要量が決まるのです。図 5-3 には，パソコン産業の労働の限界生産物価値を賃金率に等しくする労働量 L_P' が描かれています。

　もし仮に，（5-6）式の左辺が右辺より大きいとしたらどうでしょうか？ このとき，パソコン産業の企業は，より多くの労働を雇用しようとするでしょう。1単位多く労働を雇用することによって得られる収入増 $p_P MPL_P(L_P, K_P)$ が，その追加的費用 w を上回るからです。逆に左辺が右辺より小さいならば，企業は労働雇用量を減少させるでしょう。それによる費用削減効果が収入の減少を上回るからです。したがって，パソコン産業では（5-6）式を成立させる L_P 単位の労働を需要し，衣服産業では，（5-7）式が成立するよう L_C が決まるのです。

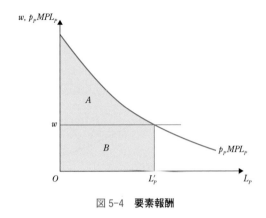

図 5-4　**要素報酬**

　賃金率を所与としたときの各産業の労働雇用量がわかれば，生産量も決まってきます。そして，各産業に特殊な資本に対するレンタル率も決まります。各産業における資本レンタル率を求めるために，完全競争下では各企業の収入は生産費用と等しくなり，利潤はゼロになることを思い出してください。このときもちろん，産業全体でも総収入は総費用と等しくなります。総費用は労働に対する総報酬と資本に対する総報酬の和ですから，総収入と労働に対する総報酬がわかれば，その差として資本の総報酬が決まります。例えばパソコン産業では，総収入から総賃金を差し引いた $p_P f_P(L_P, K_P) - w L_P$ が，パソコン産業に特殊な資本に対する総報酬 $r_P K_P$ となるのです。

　産業全体の総収入は，限界生産物価値を表すグラフの下側の面積として求められます。図 5-4 を見てください。そこには，パソコン産業が賃金率 w の下で，L'_P 単位の労働を雇用する様子が示されており，限界生産物価値曲線の下側の面積が $A+B$ として表されています。さて，グラフの下側の面積は，その関数の積分で与えられます。関数の導関数を積分すると，原関数に戻るという積分の性質から，面積 $A+B$ は以下のように書き換えられます。

$$A+B=\int_0^{L_P'} p_P \frac{\partial f_P}{\partial L_P}(L,\ K_P)dL$$

$$=p_P\int_0^{L_P'} \frac{\partial f_P}{\partial L_P}(L,\ K_P)dL$$

$$=p_P f_P(L,\ K_P)\big|_0^{L_P'} \qquad\qquad (5\text{-}8)$$

$$=p_P f_P(L_P',\ K_P)-p_P f_P(0,\ K_P)$$

$$=p_P f_P(L_P',\ K_P)$$

ここで，最後の等式は$f_P(0,\ K_P)=0$のときのみ成立することに注意してください。これは，資本をいくら投入しても，労働が投入されなければ生産量はゼロであるというものです。以下の議論では，この現実的には当然と思われる状況を想定します。そうすると，(5-8) 式から，$A+B$の面積が，労働をL_P'単位雇用したときに得られるパソコン産業の総収入$p_P f_P(L_P',\ K_P)$を表していることがわかります。

図 5-4 では，労働に対する総報酬wL_P'は，長方形の面積Bに等しくなっています。したがって，資本に対する総報酬$r_P K_P$は，総収入$A+B$から労働に対する総報酬Bを引いた面積Aとなります。資本に対する総報酬は，限界生産物価値曲線の下側で，賃金率の水準wの上側の面積と等しくなるのです。パソコン産業に特殊な資本の賦存量はK_Pなので，パソコン産業に特殊な資本のレンタル率r_Pは，この面積AをK_Pで割った値，つまり$r_P=A/K_P$となります。

▶ 労働市場の均衡

賃金率は，労働市場を均衡させる水準に決まります。両産業からの労働需要の和と労働供給が等しくなるよう，賃金率が決まるのです。図 5-5 は，賃金率が決まる様子を描いています。パソコン産業に雇用される労働量は，O_Pを原点として右方向に測られ，労働の限界生産物価値は右下がりの曲線として表されています。他方，衣服産業に雇用される労働量は，O_Cを原点として左方向に測られています。それに対応して，衣服産業における労働の限界生産物価値曲線は，右上がりの曲線となっています。O_Cから左に行くにつれ，衣服産業に雇用される労働は増加し，衣服産業における労働の限界

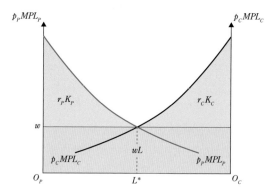

図 5-5　労働市場の均衡

生産物価値は減少していくのです。そして横軸の直線 $O_P O_C$ の長さは，この国における労働賦存量 L を表しています。

　労働市場を均衡させる賃金率 w は，2 本の労働の限界生産物価値曲線の交点の高さとして決まります。賃金率がこの水準にあるとき，パソコン産業では，(5-6) 式を満たすよう，$O_P L^*$ 単位の労働を雇用します。他方，衣服産業では，(5-7) 式を満たすよう，$L^* O_C$ 単位の労働を雇用します。このとき両産業からの総労働需要量は $O_P L^* + L^* O_C = O_P O_C$ となり，労働賦存量 L に等しくなります。賃金率 w の下で，労働市場が均衡するのです。またこの図から，賃金率が均衡賃金率 w を下回れば労働市場で超過需要が発生し，賃金率がこの水準を上回ると労働の超過供給が発生することも見て取れます。

　図 5-5 には，均衡における各要素への総報酬も表されています。労働に対する総報酬は，賃金率 w の下側の長方形の面積として表されます。各産業に特殊な資本に対する総報酬は，それぞれの限界生産物価値曲線の下側で，均衡賃金率の上側の面積となっています。

5.3　財価格上昇の賃金率への影響

▶ 産業構造の変化

　それではここで，衣服の価格が上昇したときの経済への影響を見ていきましょう。特に注目したいのは，衣服価格の上昇が各生産要素価格に与える影響です。この分析により，衣服産業の保護が生産要素価格に与える短期的影響を測ることができ，前章で議論した長期的影響と比較しながら，政府による産業保護政策の是非を語れるようになります。また，貿易自由化が価格変化を通じて所得分配に与える影響についても，短期的視点を含めた総合的な分析が可能となります。もちろんここでの分析は，パソコン価格が変化するケースにも適用可能なのは，言うまでもありません。

　さて，衣服価格が p_c から p'_c へと 50％ 上昇したとしましょう。このとき衣服産業における労働の限界生産物価値 $p_c MPL_c(L_c, K_c)$ も，任意の L_c について 50％ 上昇します。したがって，衣服産業における労働の限界生産物価値曲線は，図 5-6 に描かれているように，50％ ほど上方にシフトすることになります。

　その結果，2 本の労働の限界生産物価値曲線の交点で示される均衡点は，

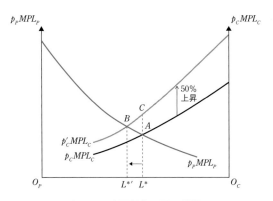

図 5-6　**衣服価格上昇の効果**

A 点から B 点へと左上に移動します。労働配分点は L^* 点から $L^{*\prime}$ 点へと移動し，パソコン産業から衣服産業へ労働が再分配されることがわかります。衣服価格の上昇は衣服産業の増大とパソコン産業の縮小を招くのです。

▶ 要素価格への影響

賃金率への影響はどうでしょうか？ 賃金率は，AL^* の水準から $BL^{*\prime}$ の水準に上昇します。ただし，賃金率の上昇率は，衣服価格の上昇率である 50％を下回っていることに注意してください。変化後の賃金率 $BL^{*\prime}$ は，変化前の賃金率の 1.5 倍である CL^* より低いのです。

賃金率の上昇率が衣服価格の上昇率を下回るので，実質賃金率は上昇するとは限りません。実質賃金率は，賃金率を物価水準で割ったものであり，豊かさの指標ともなる労働者の購買力を測ります。具体的には，物価水準を P とすると，実質賃金率は w/P と書き表せます。ここで物価水準 P は，全ての財の加重平均価格 ($P = s_P p_P + s_C p_C$) で，それぞれの財価格にかかるウェイト (s_P と s_C) は，一般的消費者のその財への支出比率を反映しています。もし消費者がパソコンに多くの支出を向けているのならば，パソコン価格が変化していないこのケースでは，物価水準の上昇率はゼロに近いでしょう。反対に消費者が支出の多くを衣服の購入に使っているのならば，物価水準の上昇率は，衣服価格の上昇率である 50％に近くなります。したがって，前者のケースでは，衣服価格の上昇は実質賃金率の上昇を招き，後者のケースでは実質賃金率は下落することになります。

衣服産業に特殊な資本に対するレンタル率 r_C への影響はどうでしょうか？ 図 5-7 は，図 5-6 の右半分のみに注目したものです。衣服産業に特殊な資本に配分される総報酬は，衣服価格の上昇前は，△ECH の面積で表れています[4]。そして，衣服価格の上昇により，新しい資本レンタル率 $r_C^\prime$ の下で総報酬額は △DAG へと変化します。図から，衣服価格の上昇により，衣服産業に特殊な資本に対する総報酬が増加する様子が見て取れるでしょう。

---

4 労働の限界生産物価値を表す曲線が直線でない限り，資本に配分される総報酬額は三角形の面積とはならず，△ECH と記述するのは正確ではありません。ただしここでは便宜上このように記述することにします。

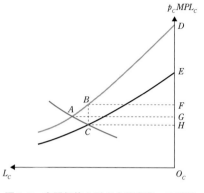

図 5-7　衣服価格上昇の衣服産業への影響

また，

$$r'_C K_C = \triangle DAG > \triangle DBF = 1.5\triangle ECH = 1.5 r_C K_C$$

が成立していることがわかります。ここで $\triangle DBF = 1.5\triangle ECH$ が成立するの
は，曲線 BD の傾きが曲線 CE の傾きの 1.5 倍になっているからですが，こ
のことはこれらの 2 曲線が直線となるケースを考えればわかりやすいでしょ
う。

　さて，上式から $r'_C > 1.5 r_C$ が成立し，衣服産業に特殊な資本に対するレン
タル率は，50％を超える率で上昇することがわかりました。物価上昇率は
50％以下でしたから，衣服産業に特殊な資本に対する実質レンタル率 r_C/P
は，上昇します。衣服価格の上昇は，衣服産業に特殊な資本の所有者にとっ
て朗報なのです。

　逆にパソコン産業に特殊な資本に対するレンタル率は，衣服価格の上昇に
より下落することもわかります。図 5-8 は，図 5-6 の左半分に注目していま
す。そこで表されているように，パソコン産業における資本の総報酬額は，
$\triangle ACD$ の面積から $\triangle ABE$ の面積へと減少します。パソコン産業に特殊な資
本の賦存量は K_P のまま変わらないので，このことはレンタル率 r_P の減少を
意味しています。もちろんこのとき，パソコン産業に特殊な資本に対する実

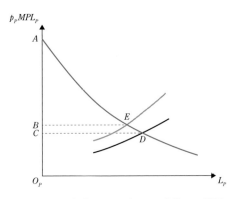

図 5-8　衣服価格上昇のパソコン産業への影響

質レンタル率 r_P/P も減少します。

　これまでの議論をまとめましょう。衣服価格の上昇は，賃金率を上昇させ，衣服産業に特殊な資本のレンタル率の上昇を招き，パソコン産業に特殊な資本のレンタル率の下落を促します。もし産業間を労働さえも移動しないならば，衣服価格の 50% の上昇は，衣服産業に投入されている両要素への報酬率をそれぞれ 50% 引き上げるでしょう。実際は，労働は高い報酬率を求めパソコン産業から衣服産業に移動し，その結果均衡では衣服産業における当初の賃金上昇率である 50% を下回る率で賃金は上昇することになります。また，この労働移動により，衣服産業に特殊な資本はより多くの労働と結びつくため，この資本の生産性は向上します。そのため，資本レンタル率は当初の 50% の上昇を超えてさらに上昇します。逆にパソコン産業に特殊な資本に関しては，結びつく労働量の減少が生産性を低下させ，レンタル率は低下します。

5.4　産業保護政策の所得分配への効果

　前章で学んだストルパー・サミュエルソン定理と本章の特殊要素モデルから得られた結果をもとに，産業保護政策が所得分配に与える影響を分析しましょう。日本のような衣服輸入国が，衣服産業保護のため，関税を課し衣服輸入を制限するケースを考えます。次章で詳しく見るように，この輸入制限は衣服の国内価格を上昇させます。そしてその衣服価格の上昇は，生産要素価格に影響を与え，要素所有者の所得を変化させます。

　表5-1は，衣服価格の上昇が労働と資本の実質報酬率に与える影響を，短期の場合と長期の場合それぞれについて記述したものです。短期では，資本は産業間を移動せず，資本は衣服産業に特殊な資本とパソコン産業に特殊な資本に分けられていることに注意してください。また，衣服産業は労働集約的であることにも注意してください。

　表5-1に表されているように，衣服価格の上昇は，短期的には衣服産業に特殊な資本に対する実質レンタル率を上昇させ，パソコン産業に特殊な資本に対する実質レンタル率を下落させます。労働への実質報酬率である実質賃金率への影響は不確定です。

　資本が産業間を移動可能な長期では，ストルパー・サミュエルソン定理が

	短期 （特殊要素モデル）	長期 （ヘクシャー・オリーン・モデル）
労働	＋/－	＋
衣服産業に特殊な資本	＋	－
パソコン産業に特殊な資本	－	

表5-1　衣服価格上昇の実質要素報酬率への影響

成立します。ストルパー・サミュエルソン定理によると，労働集約的な衣服の価格が上昇すれば，賃金率が衣服価格の上昇率を上回る率で上昇し，資本レンタル率は下落することになります。したがって，実質賃金率は上昇し，実質資本レンタル率は下落します。

衣服産業保護政策の影響を，所得分配の観点から見てみましょう。保護政策の労働所得への影響は，短期的には不確定であるものの，長期的には実質労働所得を増やす方向に働きます。しかし，パソコン産業に投資している資本家は，政府の衣服保護政策により，短期的にも長期的にも損失を被ることになります。

興味深いのは，衣服産業に投資している資本家への影響です。衣服産業の保護は，短期的にはその資本家たちの実質所得を上昇させますが，長期的には実質所得を下落させることになるのです。衣服産業に投資している資本家が，衣服産業保護を政府に訴えかけるケースは現実的にもありそうです。しかし，その訴えが聞き入れられ衣服産業が保護されたならば，確かに短期的にはその資本家たちの実質所得は上昇しますが，長期的には実質所得は下落し損失を被ることになるのです。衣服産業に特殊な資本に対するレンタル率が短期的に上昇すれば，長期的には資本がパソコン産業から衣服産業に移動していくでしょう。ところが資本集約的産業から労働集約的産業へと，資本が移動（そしてそれに伴って労働も移動）していけば，国全体では資本の超過供給が起こり，パソコン産業だけでなく衣服産業においても，資本レンタル率は下落していくのです。長期的視野に立てば，衣服産業に投資している資本家は，衣服産業に対する保護ではなく，パソコン産業の保護を政府に働きかけるべきなのです。

5.5 国際貿易の所得分配への効果

本章の最後に，国際貿易の所得分配への効果を，短期と長期に分けて考えてみましょう。外国との貿易により（もしくは貿易自由化の促進により），各国において比較優位を持つ財（輸出財）の価格が上昇し，比較劣位にある

財（輸入財）の価格が下落します。ここでは，資本豊富国と労働豊富国を別々に考察し，それぞれ国際貿易が所得分配に与える影響を見ていきます。

　まず資本豊富国を考えましょう。国際貿易による輸出財価格の上昇と輸入財価格の下落は，短期的には，いずれも輸出財に特殊な資本の実質レンタル率を上昇させ，輸入財に特殊な資本の実質レンタル率を下落させる方向に働きます。実質賃金率への影響はいずれの価格変化によっても不確定なので，国際貿易により短期的に実質賃金率がどう動くかはわかりません。そして長期的には，ストルパー・サミュエルソン定理から，実質資本レンタル率は上昇し，実質賃金率は下落することがわかります。資本豊富国は，貿易開始前から，多くの資本を輸出財（正確には輸出することになる財）に投入していると考えられます。そうであるならば，その財に特殊な資本の実質レンタル率が短期的に上昇するのは好ましいことでしょう。つまり，資本豊富国は，国際貿易により短期的にも長期的にも利益を得ると考えられるのです。

　他方，労働豊富国は，実質賃金率の上昇により長期的には貿易利益を享受するものの，短期的には資本豊富国ほど利益を受けない可能性があります。短期においては，賦存量の多い労働への実質報酬率は不確定であるだけでなく，実質報酬率が上昇するのは，資本をそれほど必要としない労働集約的な輸出産業に投入されている資本だからです。国際貿易から短期的に確実に利益を得るグループはそれほど大きくないのです。

■ キーワード

短期と長期，特殊要素モデル，限界生産物価値，実質賃金率，実質資本レンタル率，産業保護政策，所得分配

■ 復習問題

(1) 　労働集約的な衣服を輸出し，資本集約的なパソコンを輸入する国を考えます。この国がパソコンの輸入に関税を課しパソコンの国内価格が上昇するとき，労働と資本に対する実質報酬率はどう変化するでしょうか？ 短期的影響と長期的影響のそれぞれについて考察し，表5-1と同様の表を作成してください。短期的効果と長期的効果が異なる生産要素は何でしょうか？

(2) 　パソコン産業と衣服産業における生産関数はいずれも規模に関して収穫一定であり，労働の投入なしでは生産できないとしましょう。各産業での労働の限

界生産物は,

$$MPL_P = 6 - \frac{1}{2}L_P,$$

$$MPL_C = 10 - L_C$$

によって近似されています（上記の条件にあった生産関数に対応する労働の限界生産物は，より複雑な関数形として表されます。発展問題(1)を参照してください）。パソコンと衣服の価格はそれぞれ $p_P=2$, $p_C=1$ です。労働賦存は $L=10$ で，各産業に特殊な資本がそれぞれ $K_P=2$, $K_C=1$ である短期均衡を考察します。

図 5-5 と同様の図を描き，w, r_P, r_C, L_P, L_C を求めてください。また，労働賦存が 14 単位へと増加するとどうなるでしょうか？ 衣服価格が $p_C=2$ に上昇する場合はどうでしょうか？

発展問題

(1) パソコンと衣服の生産関数がそれぞれ

$$f_P(L_P,\ K_P) = 2L_P^{1/2}K_P^{1/2},$$

$$f_C(L_C,\ K_C) = L_C + K_C$$

で与えられています。（各生産関数が規模に関して収穫一定であることを確かめてください。）パソコンと衣服の価格はそれぞれ $p_P=2$, $p_C=2$ だとします。この国には 30 単位の労働が存在しています。ここでは，各産業に特殊な資本がそれぞれ $K_P=10$, $K_C=10$ である短期均衡を考察します。

各産業について，労働の限界生産物価値を資本投入量と労働投入量の関数として求めてください。図 5-5 に対応する図を描き，均衡における w, L_P, L_C を求めてください。そして各産業における総収入を求め，それから各産業に特殊な資本に対するレンタル率を計算してください。

(2) 労働市場が硬直的な日本に比べ，アメリカの労働市場は柔軟で，産業間の労働移動も比較的容易だと考えられています。この点に注目したとき，産業保護を政府に訴えるロビー活動は，どちらの国の方が活発に行われると考えられますか？

復習問題・発展問題解答例

復習問題と発展問題の解答は，株式会社サイエンス社ウェブサイトの本書サポート情報に掲載されています。

第 2 部

貿 易 政 策

第 6 章　輸入関税と非関税障壁

第 7 章　外部経済と貿易政策

第 8 章　GATT/WTO の下での貿易自由化と
　　　　特恵関税協定

第6章

輸入関税と非関税障壁

　世界中の国々は，財やサービスの輸入に対して関税などの輸入障壁を設けています。輸出にも輸出税や輸出割当を課している国もあります。輸入制限を行うのは，対象となる輸入財の国内生産者を保護するためだと考えられています。例えば日本は，農業を保護するために，多くの農産品の輸入に高い関税を課しています。どうして関税は国内生産者の保護につながるのでしょうか？　消費者への影響はどうでしょうか？　国全体の社会厚生に悪影響はないのでしょうか？　本章では，国際貿易をめぐる中核的政策である輸入関税や輸入割当について考察し，輸入保護政策が経済に及ぼす影響を詳しく見ていきます。

本章のポイント

- 財の輸入に関税を課すと，国内価格が上昇し，生産者は利益を得るものの，消費者は損失を被ります。
- 関税により国内価格は世界価格から乖離し，経済に歪みが生じます。そのため，小国が関税を課すとその国の社会厚生は低下します。
- 大国の場合は，関税により交易条件が改善するため，関税率がそれほど高くなければ，社会厚生は上昇します。このことは，最適関税理論として知られています。
- 輸入割当や輸出国による輸出自主規制は，関税と同じ経済効果をもたらします。ただし，輸出自主規制を行ったときの輸入国の社会厚生は，同等の効果をもたらす関税や輸入割当のときより低くなります。

6.1 輸入障壁の経済分析

本章では，**関税**や**非関税障壁**（関税以外の**輸入障壁**の総称）の経済的効果について学びます。まずは，輸入障壁の代表例である輸入関税の効果を，小国のケースと大国のケースについて，それぞれ考察します。そこでは，小国にとって輸入関税は厚生の低下という弊害をもたらすものの，大国の場合は輸入関税により社会厚生が増大する可能性があることが示されます。つまり，社会厚生を最大化する**最適関税率**は，小国の場合はゼロなのに対し，大国の場合は正の値をとるのです。

本章とそれ以降の分析では，これまでのように全ての産業（例えば前章でのパソコン産業と衣服産業）を同時に分析するのではなく，個々の産業に焦点を絞って分析していくことにします。全ての産業を考慮に入れる前者の分析方法は，**一般均衡分析**と呼ばれています。「個々の国がどの財に比較優位を持ち，その結果世界の貿易パターンはどうなるのか」といった問題を解くには，全ての産業に目を配る必要があります。また，産業間を結びつける労働市場や資本市場の役割も大切です。しかし，全ての産業における需給の均衡と全ての要素市場の均衡を，同時に見ていくのは複雑な作業です。そこで，貿易政策を学ぶ本章以降では，各産業を経済から抜き出して考察する**部分均衡分析**と呼ばれる手法を用います。経済全体ではなく，その一部分を構成する産業に注目し，そこでの均衡を考えるのです。

6.2 部分均衡分析

▶ 超過需要曲線と超過供給曲線

部分均衡分析では，一産業，もしくは少数の産業に焦点を絞って分析を進めます。そして，各産業は経済全体の規模に比べて小さく，そこで起こる変化は他の産業に波及することはないとします。一般均衡分析では，例えばある産業における生産量の減少は，生産要素の他産業への移動を通じて，他産

131

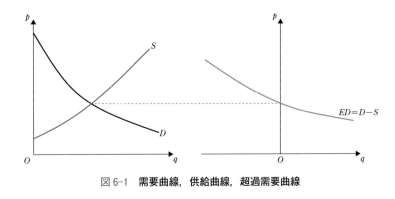

図 6-1　需要曲線，供給曲線，超過需要曲線

業の生産拡大につながります。しかし部分均衡分析では，労働市場や資本市場を通じたそのような影響は無視することになります。

　ある産業を考えましょう。部分均衡分析では，そこで生産される財に対する需要面は，需要関数（もしくは需要関数のグラフである需要曲線）によって完全に記述されるとします。通常，財の価格が上昇すれば需要は減少します。つまり，需要関数はその財の価格の減少関数として表され，対応する需要曲線は，縦軸に価格 p，横軸に数量 q をとった図 6-1 における曲線 D のように，右下がりとなります。他方生産面は，価格の増加関数である供給関数（もしくは供給関数のグラフである供給曲線）で完全に記述されるとします。ここでは，この産業には多数の企業が存在し，完全競争の状態にあるとします。図 6-1 では，供給曲線は右上がりの曲線 S で表されています。

　図 6-1 の右側の図には，この財の超過需要曲線 ED が描かれています。需要量を D，供給量を S とするならば，超過需要は $ED = D - S$ と書き表せます。超過需要曲線は需要曲線と供給曲線の水平方向の差であり，右下がりの曲線です。同様に，超過供給を $ES = S - D$ と定義するならば，$ES = -ED$ という関係が成立し，超過供給曲線は図 6-2 のように右上がりの曲線となります。需要曲線と供給曲線が与えられれば，図 6-1 や図 6-2 のように，超過需要曲線と超過供給曲線を描くことができます。

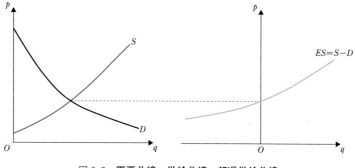

図 6-2　需要曲線，供給曲線，超過供給曲線

▶ 総余剰

　経済政策の究極的目標は，社会厚生の最大化です。一般均衡分析では，社会厚生は人々の嗜好を反映する社会厚生関数で測られるとしてきました。部分均衡分析では，社会厚生はどう測るのでしょうか？

　部分均衡分析では，財の取引から余剰が生まれると考え，その余剰という概念を用いて社会厚生への貢献を測ります。余剰は，**消費者余剰**（Consumer Surplus），**生産者余剰**（Producer Surplus），**政府余剰**（Government Surplus）の 3 種類に分けられ，それらの和である**総余剰**の最大化が，政策目標となります。余剰の概念についてはミクロ経済学の教科書に詳しく載っていますので，ここでは簡単な説明にとどめましょう。

　まず消費者余剰ですが，これは消費者が財の購入・消費から得る満足度を測るものです。図 6-3 には，ある財の需要曲線が描かれています。消費者は価格 p^c に直面し，その価格の下，q^D 単位の財を消費しています。このとき消費者余剰は，需要曲線の下側で価格 p^c の上の面積（色付きの領域）で表されます。

　どうしてこの面積が消費者余剰と呼べるのかを理解するために，q' 単位目を購入する消費者を考えましょう。この消費者は，価格が p' 以下のときのみ財を購入するので，この財への評価額（この財 1 単位の購入のため支払ってもよいと考える最大の金額）は p' となります。つまり，価格が p' を上

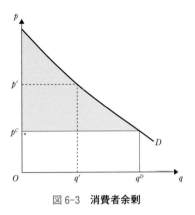

図 6-3　消費者余剰

回れば評価額を上回っているため購入せず，p' 以下ならば評価額以下なので購入するのです。しかしこの財の価格は p^c なので，この消費者は，支払ってもよいと考える金額が，実際支払った金額を $p'-p^c$ ほど上回っています。その分，この消費者はこの財の購入から余剰（財の購入によって新たに生まれる満足感）を得るのです。このように，q^D 単位までの全ての財について，財の購入者は需要曲線の高さで表される評価額と価格 p^c の差の余剰を受け取っています。したがって，それらの総和である図 6-3 の色付きの領域は，財を購入する消費者全体が享受する余剰と考えられるのです。

　生産者余剰についても同様に考えられます。図 6-4 に色付きの領域として表されているように，生産者余剰は生産者が直面する価格 p^s の下側で供給曲線の上側の面積となります。供給曲線の高さはその財を供給するための限界費用，つまり財を追加的に一単位生産するとき発生する追加的費用を表します。供給曲線から，q' 単位目を供給する生産者は，財価格が p' を下回るときは生産せず，財価格が p' 以上になれば生産することが読み取れます。つまり，この生産者は，価格が p' 以上ならば生産してもよいと考えているのです。それはすなわち，価格が p' 以上ならば，追加的費用をかけて生産しても，その費用を上回る価格で財が売れることを意味しています。したがって，価格が p' を上回れば供給する生産者の限界費用は p' であるのがわか

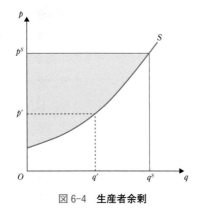

図 6-4　**生産者余剰**

るのです。

　この財の q' 単位目を供給する生産者は，p' の限界費用で生産し価格 p^s で売却するため，この生産から $p^s - p'$ の利益を得ています。価格 p^s の下では，q^s 単位の財が生産されますが，そのそれぞれについて，価格 p^s とそれぞれの限界費用（供給曲線の高さ）の差であるこの利益を足し合わせたものが生産者余剰となります[1]。

　最後に政府余剰ですが，これは単純に政府の純収入となります。例えば，関税を課せば関税収入が政府余剰として計上されますし，生産補助金を出せばそれだけ負の政府余剰となります。

1　完全競争下では，各生産者の利潤はゼロになります。したがって，ここで発生する利益は，生産者の利潤とは異なります。生産が拡大すると，生産に必要な土地などの要素や原材料への需要が拡大し，それらへの支払いが増加し，限界費用が上昇するかもしれません。そのようなときに，供給曲線は右上がりとなります。そして生産によって発生する上述の利益は，それらの生産要素や原材料の供給者のものとなります。もちろん，農業を営む多くの生産者が生産に使用する土地を自ら所有している場合のように，これらの利益は，自らが提供する生産要素や原材料の見返りとして，生産者自身が得る可能性も十分あります。

6.3 閉鎖経済均衡

　それではまず，財が貿易されないときの均衡を見ていきましょう。図6-5は，この産業の閉鎖経済均衡を描いています。財が貿易されないならば，国内で需要と供給が一致しなくてはなりません。したがって，需要曲線と供給曲線の交点で均衡が決まります。図に描かれているように，均衡価格はp^Aとなり，q^A単位の財が生産され消費されます。

　閉鎖経済均衡において，消費者余剰は図6-5のAの面積となり，生産者余剰はBの面積となります。政府はこの財市場に介入していないので，政府余剰はゼロです。したがって，総余剰は$A+B$となります。

6.4 自由貿易均衡

▶ 小国のケース

　続いて小国における自由貿易均衡を考察しましょう。小国にとってこの財の世界価格は所与のものです。つまり，外国にいくら輸出しようとも，あるいは外国からいくら輸入しようとも，取引時の価格は，所与の世界価格となります。この国がこの財を輸出するのか，それとも輸入するのかは，世界価格とこの国の閉鎖経済均衡価格の大小関係に依存します。

　まず，世界価格p^wが閉鎖経済均衡価格p^Aより高い場合を考えましょう。図6-6の左図はこの国におけるこの財の需要曲線と供給曲線を，そして右図はそこから導かれる超過供給曲線を描いています。図示されているように，p^wがp^Aを上回るときは，国内供給q^Sが需要q^Dを上回り，国内ではこの財の超過供給がq^S-q^D単位発生しています。そしてその超過供給分は外国に輸出されることになります。つまり$p^w>p^A$のケースでは，この国はこの財の輸出国となるのです。

　自由貿易均衡での総余剰を求めましょう。まず，左図に示されているように，消費者余剰はAとなり，閉鎖経済均衡のときより減少します。均衡価

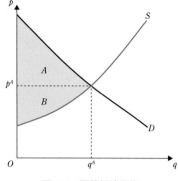

図 6-5　閉鎖経済均衡

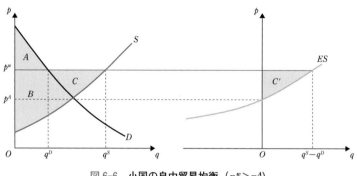

図 6-6　小国の自由貿易均衡（$p^w > p^A$）

格の p^A から p^w への上昇により，消費者は不利益を被るのです。逆に価格の上昇は生産者にとって好ましく，生産者余剰は $B+C$ へと閉鎖経済均衡下の場合より拡大しています。また，自由貿易均衡でも政府余剰は発生しないので，その結果総余剰は $A+B+C$ となります。

　閉鎖経済均衡を描いた図 6-5 と比較すると，自由貿易により，総余剰が C だけ上昇していることがわかります。財の輸出により貿易利益が発生したのです。貿易による価格上昇は，生産者に利益をもたらすものの，消費者にとっては望ましいものではありません。しかし，生産者利益は消費者の損失を上回り，この国全体としては，貿易により利益を得るのです。この貿易利益

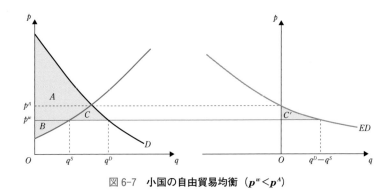

図 6-7 **小国の自由貿易均衡 （$p^w < p^A$）**

は，図 6-6 の右図では C' として表されています。ES 曲線は供給曲線 S と需要曲線 D の水平方向の差として導かれていることに注意すると，領域 C' の面積は C の面積と等しいことがわかります。貿易利益を導くことだけが目的ならば，超過供給曲線が描かれている右図だけ見れば十分なのです。

世界価格 p^w が閉鎖経済均衡価格 p^A より低い場合も同様に考えられます。この場合，図 6-7 に描かれているように，この国では $q^D - q^S$ 単位の超過需要が発生し，その超過需要分だけこの財は輸入されます。閉鎖経済のときと比べると，自由貿易により価格は p^A から p^w へ下落し，それにより消費者余剰は $A + C$ へと増加します。逆に生産者余剰は B となり，貿易により減少します。ここでもやはり政府余剰はゼロなので，総余剰は $A + B + C$ で表されます。興味深いのは，財を輸入するこのケースにおいても，外国との取引により貿易利益 C（右図では C'）が発生することです。輸入により生産者余剰は減少するものの，消費者余剰の増加分がその減少分を上回るのです。

最後に，世界価格 p^w が閉鎖経済均衡価格 p^A と等しい場合を考えましょう。このとき，たとえこの財が貿易可能であっても，世界価格 p^w の下で国内需給は一致し，財の国際貿易は行われません。その結果，もちろん貿易利益も発生しません。第 3 章で見たように，貿易による財価格の変化が貿易利益の源泉なのです。

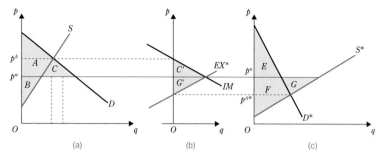

図 6-8　**大国の自由貿易均衡**

▶ 大国のケース

　それでは次に，大国のケースを見ていきましょう。小国のケースとの唯一の，そして大きな違いは，大国の場合は世界価格が所与ではなく，自国の政策等の影響を受けるということです。例えば，自国が貿易を開始すれば，世界価格はそれ以前の水準から変化することになります。

　図 6-8 を見てください。図 6-8(a)はこれまでと同様に，自国の需要曲線と供給曲線を描いています。図 6-8(c)には，外国の需要曲線と供給曲線が描かれています。ここで，外国とは自国以外の世界中の国々をまとめたものだと考えてください。自国が大国であるとは，それ以外の国をまとめて外国と考えたとしても，自国の需要曲線や供給曲線が外国のそれらと比較的同等のスケールで描かれることを意味しています[2]。

　図 6-8(b)には，この財に対する自国の超過需要曲線と外国の超過供給曲線が描かれています。これまで見てきたように，超過需要分は輸入され，超過供給分は輸出されるので，これらをそれぞれ，自国の輸入需要曲線 *IM*，外国の輸出供給曲線 *EX** と呼びましょう。自国が大国の場合は，外国の輸出供給曲線 *EX** は右上がりの曲線となります。自国が十分大きいため，自

2　自国が小国ならば，図 6-8(c)で描かれる外国の需要曲線と供給曲線は，それぞれほぼ水平であるように見えるでしょう。自国の需要量や供給量は，その規模がはるかに大きな外国にとって，微々たる量でしかないのです。したがって，その程度需要量や供給量が変化しても，世界価格はせいぜい無視できる程度にしか変化しないことになります。

国がある程度の量を輸入しようとすれば，外国（自国以外の国々）において
それに見合った量の超過供給が発生しなくてはならず，そのためには外国で
の価格が上昇する必要があるのです。

　ここでは，自国の閉鎖経済均衡価格 p^A が，外国の閉鎖経済均衡価格 p^{A*}
より高いケースが描かれています。図 6-8 (b) では，p^A は IM 線の縦軸との
交点の高さであり，p^{A*} は EX^* 線の縦軸との交点の高さなので，右下がり
の IM 線と右上がりの EX^* 線は，自国の外国からの輸入量が正の値をとる
点で交差します。実際，世界価格 p^w がこの交点の高さに決まるとき，自国
の輸入需要量と外国の輸出供給量は等しくなり，この均衡世界価格の下で決
まる IM＝EX^* 単位だけ，自国はこの財を外国から輸入します。

　自由貿易均衡価格 p^w は，外国の閉鎖経済均衡価格（自国が貿易をしてい
ないときの世界価格）p^{A*} より高く，自国の閉鎖経済均衡価格 p^A より低く
なっています。つまり，貿易により，自国では価格が下落し外国では価格が
上昇するのです。財は価格の低い方から高い方へと流れていきます。場所に
よって価格差があるときは，価格の低いところで購入し価格の高いところで
売却する裁定取引により，利益を得るからです。この場合，閉鎖経済均衡下
では，外国の方が価格が低いため，貿易が開始されると財は外国から自国に
流れます。その結果，国内供給量の増えた自国では価格が低下し，国内供給
量の減った外国では価格が上昇するのです。

　財貿易は，自国と外国の双方に利益をもたらします。自国では，消費者余
剰が $A+C$ へと閉鎖経済均衡時よりも上昇します。生産者余剰は B となり，
貿易によって減少しますが，総余剰 $A+B+C$ は閉鎖経済均衡時の総余剰
$A+B$ を C ほど上回ることになります。この貿易利益は図 6-8 (b) では，C'
として表されています。他方外国では，消費者余剰は E となり閉鎖経済均
衡時より減少するものの，生産者余剰は $F+G$ へと上昇し，総余剰 $E+F$
$+G$ は閉鎖経済均衡時より G（図 6-8 (b) では G'）だけ上昇します。

　閉鎖経済均衡において自国の均衡価格 p^A が外国の均衡価格 p^{A*} より低い
ケースも，同様に分析できます。この場合，自由貿易均衡価格 p^w は p^A と
p^{A*} の間の水準に落ち着き，自国が外国に財を輸出することになります。ま
た，このときも，両国ともに貿易利益を享受します。

6.5 輸入関税の効果

▶ 関税による国内価格の世界価格からの乖離

それでは，本章の課題である貿易政策の経済効果について学びましょう。まずは，代表的な貿易政策である輸入関税について考察します。

最初に注意しておきたいのは，財の輸入に関税が課されると，国内価格と世界価格が乖離するということです。輸入一単位当たり t 円の関税がかかるとしましょう。国内価格を p^d とすると，このとき $p^d=p^w+t$ の関係が成立します。外国から輸入され自国の港に到着するときは，その財の価格は世界価格と同一の p^w です。しかし，そこで t 円の関税が上乗せされるため，消費者の手に届くときには p^w+t 円になっているのです。例えば，200万円の自動車を輸入するとき，一台当たり10万円の関税（つまり関税率は10万円）がかかるとしましょう。そうすると，消費者が直面する国内価格は210万円となるのです。

このように，輸入一単位当たりの税金が決められている関税は，**従量税**と呼ばれています。それに対し，輸入金額に対して $(\tau\times100)$％分の関税を徴収する**従価税**と呼ばれる課税方法もあります。例えば，自動車の輸入に従価税率5％の関税が課される場合，200万円の自動車を輸入すれば，200×0.05 ＝10万円の関税を支払わなくてはなりません。消費者は，自動車そのものに対する支払い p^w＝200万円に加え，関税 $p^w\tau$＝10万円も負担することになります。したがってこの場合，消費者が直面する国内価格は

$$p^d=200+(200\times0.05)$$
$$=200\times(1+0.05)$$
$$=210$$

となります。従価税率 $(\tau\times100)$％の関税が課される場合は，国内価格と世界価格との間には，$p^d=(1+\tau)p^w$ の関係が成立するのです[3]。

現在ほとんどの輸入関税は従価税方式に則っています。ただし本書では，記述の簡潔性のため，輸入関税は従量税率で定められているとします。

▶ 小国のケース

まずは小国のケースについて，輸入関税の効果を見ていきましょう。財の世界価格 p^w に直面する小国が従量税率 t の関税を課すときの，経済効果を考察します。

先に見たように，国内価格と世界価格の間には，$p^d = p^w + t$ の関係が成立します。この小国にとっては p^w は所与なので，関税率 t の関税を課せば，自由貿易のときと比べ，その分国内価格が上昇することになります。その様子は図 6-9 に描かれています。自由貿易均衡と比較するならば，価格が p^w から $p^d = p^w + t$ に上昇するため，生産量は q^S から $q^{S\prime}$ に増加し，消費量は q^D から $q^{D\prime}$ に減少しています。その結果輸入量も $q^D - q^S$ から $q^{D\prime} - q^{S\prime}$ に減少しています。

関税による国内価格の上昇を受け，消費者余剰は，自由貿易時より $A + B + C + E$ ほど減少します。逆に生産者余剰は A ほど上昇します。政府余剰は，自由貿易均衡ではゼロでしたが，ここでは関税収入が発生するので正の値をとります。関税収入は，輸入量 $q^{D\prime} - q^{S\prime}$ に関税率 t を掛け合わせた $t(q^{D\prime} - q^{S\prime})$ となるので，政府余剰は，図 6-9 の左図では C，右図では $C\prime$ の面積と等しくなります。そしてそれらの和である総余剰は，自由貿易均衡に比べ $B + E$ ほど減少することがわかります。この総余剰の減少分は，右図では G として表されています[4]。

関税を課すことにより，自由貿易に比べ総余剰は減少します。ただし，閉鎖経済均衡と比較するならば，関税が課されながらも財が輸入されているこの状況の方が好ましいことがわかります。閉鎖経済均衡下の総余剰は，需要曲線の下側で供給曲線の上側の面積です。それと比較すると，この関税政策下の均衡では，総余剰が $F + C = F\prime + C\prime$ だけ増加しています。つまり，自由貿易下での総余剰より少ないものの，依然貿易により利益を得ているのです。

3　従量税と従価税のここでの例では，いずれの場合も自動車一単位当たり 10 万円の関税を支払うことになります。しかし，世界価格が例えば 300 万円へと上昇したときに，従量税ならば関税はそのまま 10 万円であるのに対して，関税が従価税に従うときは，関税が 15 万円と世界価格と同様 1.5 倍になることに注意してください。

4　この $G = B + E$ という関係は一般的に成立するものです。需要曲線と供給曲線が直線となる特殊ケースを考えるとわかりやすいでしょう。

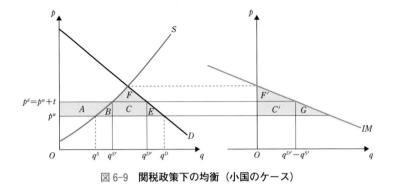

図 6-9　関税政策下の均衡（小国のケース）

　関税を課すと，自由貿易より $B+E=G$ だけ総余剰が減少することが示されました。つまり，小国にとっては自由貿易が最適な貿易政策なのです。関税を課すと国内価格は世界価格から乖離しますが，この価格乖離が経済に歪みを生じさせ，効率性の損失を招くのです。

　この効率性の損失は，生産の歪みにより発生する損失と消費の歪みにより発生する損失に分けられます。

　生産の歪みにより発生する損失は，過剰生産による損失として，図 6-9 では B で表されています。関税により生産量は q^S から $q^{S'}$ に増加しますが，生産量が q^S を上回るところでは，限界費用（供給曲線の高さ）が世界価格 p^w を上回っています。外国から調達すれば 1 単位につき p^w ですむものを，限界費用分のより高いコストで国内調達しているのです。実際，q^S 単位を超える供給の各単位につき，供給曲線の高さと p^w の差だけの損失が発生し，過剰生産による総損失は B となります。

　同様に，図 6-9 の左図の E は消費の歪みを表しています。関税により消費量は q^D から $q^{D'}$ に減少します。その減少分各単位について，関税がなければ p^w を支払って，評価額（需要曲線の高さ）分の効用を，消費者は受け取っていたはずです。評価額と p^w のその差を合計した E の大きさだけ，過少消費による損失となるのです。

143

6.6　最適関税理論

▶ 輸入関税の効果：大国のケース

　小国では自由貿易が最適な関税政策ですが，大国は，関税を課し輸入を制限することで利益を得ます。つまり，社会厚生（総余剰）を最大化する関税率は正の値をとるのです。大国の最適関税率が正であることは，**最適関税理論**として知られています。

　どうして大国は輸入制限により利益を得るのでしょうか？　その原因は交易条件の動きにあります。大国が輸入に関税を課すと，その財の国内価格は上昇します。国内価格の上昇は国内需要の減少と国内供給の増加を招き，その結果，国内超過需要は減少します。しかしこの国が大国ならば，この超過需要の減少は世界的に超過需要が減少することを意味し，世界価格は下落します。その財を輸入しているこの国にとって世界価格の下落は交易条件の改善に他ならず，この交易条件の改善を通して，この国は利益を得るのです。

　図 6-10 は，大国が輸入関税を課したときの均衡を描いています。大国にとって，外国の輸出供給曲線 EX^* は右上がりとなることを思い出してください。均衡は，国内価格 $p^d = p^w + t$ の下での自国の輸入需要量と，世界価格 p^w の下での外国の輸出供給量が等しくなるところで決まります。その均衡輸入量は，図 6-10 の右図では，$q^D - q^S$ として表されています。この均衡輸入量は，曲線 IM と曲線 EX^* の交点で表される自由貿易均衡輸入量よりも小さくなっていることに注意してください[5]。関税により輸入量は減少するのです。

　このことを別の角度から見てみましょう。関税により，国内価格は上昇し，国内超過需要は減少します。つまり輸入需要が減少するのですが，この状態が均衡となるためには外国からの輸出供給も減少しなくてはなりません。そしてそのためには，世界価格は下落する必要があります。輸入関税により，国内価格 p^d は上昇し世界価格 p^w は下落し，その差が関税率と等しいところ

---

[5]　自由貿易は関税率がゼロの場合と考えられるので，曲線 IM と曲線 EX^* との垂直的な差がゼロであるところ，つまりこれらの曲線の交点が均衡を表すと考えられます。

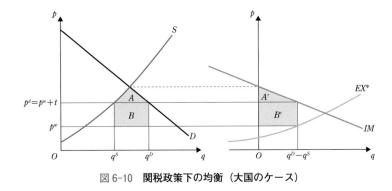

図 6-10　関税政策下の均衡（大国のケース）

で均衡するのです。図 6-10 からは，国内価格 p^d が世界価格 p^w より，関税率 t の大きさだけ上回るときに，輸入需要量と輸出供給量がちょうど釣り合う様子が見て取れます。曲線 IM と曲線 EX^* の間に，t で与えられる関税率分だけの垂直差が生じる輸入量が均衡輸入量となります。

　小国にとって世界価格 p^w は所与ですが，大国の場合は，自国の輸入需要と外国の輸出供給が等しくなるように，p^w が決定されます。その違いを除けば，小国の場合の均衡を表す図 6-9 と，大国の均衡を示す図 6-10 は同じものだと言ってよいでしょう。実際，閉鎖経済均衡と比較した貿易利益は，大国の場合は図 6-10 の $A+B=A'+B'$ となり，小国の場合の図 6-9 における $F+C=F'+C'$ と同様の領域として表されることがわかります。ただし，これから見ていくように，閉鎖経済均衡とではなく自由貿易均衡と比較するならば，小国の場合は関税の賦課により総余剰が減少するのに対し，大国の場合は関税賦課により総余剰が上昇する可能性があるのがわかります。

▶ 総余剰を最大化する最適関税

　図 6-11 には，関税政策下の均衡と自由貿易均衡の 2 つの均衡が同時に示されています。まず注意したいのは，自由貿易均衡価格 p^{FT} より，関税政策下での均衡世界価格 p^w が低くなっていることです。自由貿易均衡価格 p^{FT} は自由貿易下での国内価格であると同時に世界価格でもあるので，このこと

は，関税を課すことにより世界価格が下落することを意味しています。関税を課すことにより交易条件が改善し，大国は利益を得るのです。

　総余剰を比べてみましょう。関税賦課により，世界価格は下落するものの，国内価格は逆に上昇します。その結果，消費者余剰は $A+B+C+E$ だけ減少し，生産者余剰は A ほど増加します。政府余剰は関税収入分に相当する $C+F$ ほど上昇するので，これらを合計すると，総余剰は $F-(B+E)=F'-G$ だけ増加することがわかります。小国のケースで見たように，$B+E=G$ は関税賦課による効率性の損失を表しています。そして，$F=F'$ は交易条件改善による利益を表します。輸入価格が p^{FT} から p^w に下落することにより，その下落幅に輸入量 q^D-q^S を掛けた分だけ，自国は利益を得るのです。

　図6-11では，関税賦課による総余剰の変化 $F-(B+E)=F'-G$ は正の値をとるように見えます。実際，関税率 t が十分小さいならば，この総余剰の変化は正の値をとることが示せます。右図において関税率 t を少し小さくしてみましょう。そうすると，国内価格 p^d が下落し，世界価格 p^w は上昇します。その結果 F' も減少するかもしれませんが，底辺も高さも減少する G はもっと小さくなるでしょう。これから，関税率 t が十分小さいならば $F'-G$ は正の値をとることがわかります。

　より正確に見るために，F' と G をそれぞれ関税率 t の関数として記述してみましょう。図6-11から，t がゼロのときと，t が大きく輸入がゼロになるときは，$F'=0$ となるのがわかります。したがって，t の関数として見た F' のグラフは，図6-12にあるように逆U字形となるでしょう。他方，G は t が大きくなるにつれ加速度的に大きな値をとるようになります。これらのことから，両者の差である $F'-G$ は当初は正の値をとるものの，t が十分大きくなれば負の値をとることがわかります。

　図6-12には，$F'-G$ を最大化する関税率 t^* が描かれています。この関税率が，社会厚生を最大化する最適関税です。図6-12からわかるように，最適関税率を賦課したときの総余剰は，自由貿易（$t=0$）から得る総余剰を上回ります。大国は，関税賦課という形で市場に介入し，自身のマーケット・パワーをフルに活用することにより利益を得るのです。

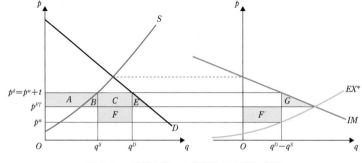

図 6-11 関税政策下の均衡と自由貿易均衡

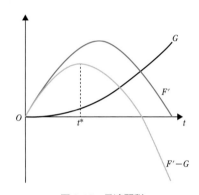

図 6-12 最適関税

6.7 非関税障壁

▶ 輸 入 割 当

　小国であるか大国であるかにかかわらず，関税を課すと国内価格は上昇します。そしてこの国内価格の上昇は，国内産業の利益につながります。そのため関税政策は，しばしば輸入財産業に対する保護政策として認識されています。しかし，産業保護的貿易政策は，輸入関税だけではありません。ここでは，そういった非関税障壁の代表とも言える輸入割当について考えていき

147

ましょう。以下では，議論の簡単化のため，この国は小国だとします。

輸入割当は，ある一定の輸入量を定め，それ以上の輸入を認めないとするものです。この輸入割当量を $\overline{m}$ としましょう。図 6-13 は，割当量 $\overline{m}$ が自由貿易時の輸入量 m^{FT} を下回っているケースを描いています。割当がなければ輸入量は m^{FT} になるので，割当により，この財は限度量の $\overline{m}$ まで輸入されることになります。

さて，実際の輸入量が $\overline{m}$ になるためには，国内価格は図 6-13 の p^d の水準でなくてはなりません。自由貿易均衡下の国内価格は世界価格 p^w と等しいので，輸入割当により国内価格は上昇することになります。輸入量が抑えられると，国内ではこの財に対する超過需要が発生します。超過需要は国内価格の上昇を招き，生産量は増加し消費量は減少します。そして均衡では，輸入量が割当量と等しい $\overline{m}$ となるよう国内価格 p^d が決定されるのです。この図と関税の効果を描いた図 6-9 を見比べれば明らかなように，経済への影響は，従量税率が p^d-p^w の関税政策と等しくなります。

輸入割当のケースでは，関税率に相当する p^d-p^w ほどの内外価格差はどうやって維持されるのでしょうか？ 輸入割当を実行するために，政府は輸入許可証に当たるライセンスを発行し，各輸入業者が扱う輸入量を制限します。輸入業者は，この財を外国から p^w の価格で輸入し，p^d の価格で国内に供給するでしょう。その結果，輸入 1 単位当たり，その差額である p^d-p^w 円だけの利益を得ます。内外価格差 p^d-p^w は，輸入ライセンスという特権を得た輸入業者が受け取ることにより維持されるのです。

次に，輸入割当が各経済主体に与える影響を見てみましょう。まず，この財の生産者は，割当による価格上昇から利益を得るのがわかります。その利益は，図 6-13 において，生産者余剰の自由貿易均衡からの上昇分 A として表されています。その反面，消費者は消費者余剰の減少分 $A+B+C+E$ だけ損失を被ります。そして，領域 $C=C'$ は，輸入業者の利益となります。輸入業者は，全体で $\overline{m}$ 単位の財を輸入しますが，その各単位につき，p^d-p^w の利益を得るからです。自国政府が輸入ライセンスを自国の輸入業者に与えるならば，この輸入業者の利益は総余剰の一部として計上するのが自然です。そうであるならば，輸入割当により，総余剰は $B+E=F$ だけ減

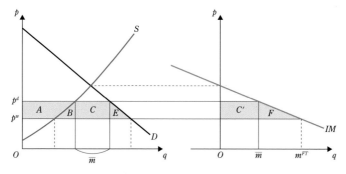

図 6-13　輸入割当政策下の均衡（小国のケース）

少することになります。

　この総余剰の変化は，従量税率が $p^d - p^w$ の関税政策のときと等しくなっています。実際，関税政策との唯一の違いは，関税の場合，C は関税収入として政府が受け取るのに対し，輸入割当の場合は，輸入ライセンスを所持している輸入業者の利益になるということです。しかし，政府が輸入ライセンスを輸入業者に供与する代わりに競売などによって売却するならば，この違いさえもなくなります。輸入業者は，ライセンスを持っているだけで，輸入 1 単位当たり $p^d - p^w$ 円の利益を得ます。1 単位当たりのライセンス料がそれを上回れば誰も競売に参加しませんし，下回ればライセンス料は $p^d - p^w$ 円まで競り上がるでしょう。結局，ライセンス料は $p^d - p^w$ 円となり，輸入業者が得るはずだった利益は，関税のときと同様に，全て政府に帰属することになります。

▶ 輸出自主規制

　非関税障壁としてもう一つ紹介しておきたいのが**輸出自主規制**です。1980年代に，アメリカは多額の対日貿易赤字を抱え，その改善を日本に求めてきました。いわゆる**日米貿易摩擦**です。その対応策の一つとして，アメリカは日本に自動車の対米輸出を「自主的に」制限するよう働きかけました。それを受け日本政府は，日本の自動車メーカー各社に対し，アメリカへの輸出台

数を減らすよう要請したのです。近年では，対米貿易黒字を積み上げている中国が，アメリカに対して輸出自主規制を行う例が見受けられます。

　輸出自主規制は，輸入国が輸出国に輸出割当を要請するものですが，それにより輸入量が制限されることには違いなく，その経済効果も輸入割当とある一点を除き同じになります。輸入割当の経済効果を描いた図 6-13 を用いて，このことを見ていきましょう。

　輸入国が輸出国に対して，輸出を $\overline{m}$ に制限するよう要請したとします。その結果，輸入量は $\overline{m}$ となり，国内価格は p^w から p^d に上昇します。そして，生産者余剰は A ほど上昇し，消費者余剰は $A+B+C+E$ だけ減少します。ここまでは，輸入割当の効果と全く同一です。しかし，輸入割当では輸入業者が得ていた $C=C'$ は，ここでは輸出国の生産者が得ることになります。なぜならば，輸出国の生産者は，輸出国内では p^w の価格で売られている財を，この輸入国では p^d の価格で売ることになるからです。

　自由貿易均衡と比べると，輸入国の総余剰は $B+C+E=C'+F$ だけ減少します。関税や輸入割当による減少分は $B+E=F$ だったので，これらの政策より総余剰の減少幅が大きくなっています。輸入財産業を保護するという効果は同一でも，それにかかる社会厚生のコストは輸出自主規制が最も大きくなるのです。このため，輸出自主規制は，保護政策としては劣っていると考えられています。

　1980 年代の日本の自動車メーカーによる対米輸出自主規制は，結局アメリカの自動車メーカーのためにならなかったと言われています。保護を受けたビッグ 3（GM，フォード，クライスラー）は企業体力の強化を怠り生産性が伸び悩みました。また，輸出台数の制限を受けた日本の自動車メーカーは，対米輸出車を高級車へとシフトさせ，その後の高級車販売の拡大につなげました。対米摩擦の回避策として，現地生産が拡がったのもこの頃です。日米貿易摩擦をきっかけに，日本企業による対米直接投資は大きく拡大したのです。

キーワード

一般均衡分析，部分均衡分析，消費者余剰，生産者余剰，政府余剰，総余剰，輸

法学新刊

ライブラリ 法学基本講義 6

基本講義 債権各論 第4版

潮見佳男 著

債権各論分野における基本書として圧倒的支持を得ているテキストの最新版。実務の世界で通説のように受け取られていた考え方とは異なるものや，判例による法創造と言うに値するものを含む，第3版刊行後に出された重要な基本判例に対応。2017年債権法改正以降の理論の展開，改正後に注目されるようになった新たな論点を見据えて加筆・修正を行った。他方で，現行法をよりスムーズに理解できるよう，関連の薄くなった改正前民法に関する記述を整理し，簡略化した。読みやすい2色刷。

Ⅰ 契約法・事務管理・不当利得　A5判／432頁　本体3,050円

<目次>

契約の基本原則／契約の成立／契約の効力／契約の解除と危険負担／売買（1）／売買（2）／贈与／貸借型契約総論・消費貸借／使用貸借／賃貸借（1）／賃貸借（2）／賃貸借（3）／賃貸借（4）／雇用／請負／委任／寄託／組合／和解／事務管理／不当利得制度／侵害利得／給付利得／特殊の給付利得／三当事者間の不当利得

Ⅱ 不法行為法　A5判／288頁　本体2,480円

<目次>

不法行為制度／権利侵害／故意・過失／因果関係／損害／損害賠償請求権の主体／損害賠償請求に対する抗弁（1）／損害賠償請求に対する抗弁（2）／使用者の責任・注文者の責任／物による権利侵害—工作物責任・営造物責任・製造物責任・動物占有者の責任／共同不法行為・競合的不法行為／差止請求と損害賠償／名誉毀損および人格権・プライバシー侵害／医療過誤・説明義務違反／自動車損害賠償保障法上の運行供用者責任

新法学ライブラリ 2
憲法 第8版
長谷部恭男 著　　　　　　　　　　　　A5判／512頁　本体3,450円

日本において現に機能している憲法が何か，に重点をおいて記述する長谷部憲法学テキスト最新版。NHK受信料訴訟，岩沼市議会議員出席停止事件，孔子廟事件等に関する新たな判例についての記述を加え，平和主義，立法の意義，予算，裁判官の良心等で説明の加除補正を行った。

ライブラリ 民法コア・テキスト 別巻1
コア・テキスト 民法［エッセンシャル版］
平野裕之 著　　　　　　　　　　　　　A5判／776頁　本体4,200円

民法において最も重要となる知識を一冊に凝縮したテキスト。民法全体を鳥瞰し，各領域の要所を的確に解説する。法学部学生の学修における参照用，予備試験・司法試験受験前に必要な知識の確認，公務員試験・公認会計士試験等の民法科目の対策に最適。

ライブラリ 法学基本講義 5
基本講義 債権総論 第2版
角 紀代恵 著　　　　　　　　　　　　A5判／288頁　本体2,450円

2017年の民法（債権関係）改正に対応して大幅に記述を拡充した待望の新版。抽象的で理解しづらい債権総論を図解もまじえて初学者にも親しみやすく解説しつつ，なぜ，そして，どのような改正が行われたのか，法改正の核心を鋭く捉え，疑問点についても言及する。2色刷。

グラフィック［法学］1
グラフィック 法学入門 第2版
青木人志 著　　　　　　　　　　　　　A5判／208頁　本体1,850円

法の人間性・ドラマ性・技術性・歴史性・可塑性という5つの観点から法学の魅力や特質を肉声で語るというコンセプトはそのままに，記載内容をアップデートし，よりわかりやすく解説に工夫を加えた。左頁の本文解説に右頁に図版・コラムを配した左右見開き形式と2色刷。

グラフィック［法学］2
グラフィック 憲法入門 第2版
毛利 透 著　　　　　　　　　　　　　A5判／264頁　本体2,250円

憲法研究の第一線にいる著者の平明で信頼感ある解説と左右見開き構成・2色刷により初学者に好適の書として幅広く好評を得ているテキストの最新版。本文解説の拡充や近時の判例追加のほか，憲法にかかわる新しいトピックを紹介し掲載データのアップデイトを行った。

経済学新刊

入門経済学 第4版

井堀利宏 著　　　　　　　　　　A5判／360頁　本体2,600円

3色刷・充実した解説項目・明快な記述の経済学入門書の最新版。第4版では統計データをアップデートし，さらに最近の日本経済のトピックを取り上げ，経済理論の基本概念を説明し，現実の経済問題を考える際の判断材料を提供するという本書の特徴が一層明確になっている。

ライブラリ 経済学基本講義 9
基本講義 労働経済学

阿部正浩 著　　　　　　　　　　A5判／296頁　本体2,800円

身近なトピックによるStory編から始め，続くTechnical編で労働経済学による理論的解説を行う構成として理解しやすさを配慮。労働をめぐる様々な統計データを紹介し，これからの働き方を考えるヒントも含めて読者のキャリア形成に資する内容となっている。2色刷。

経済学叢書Introductory
基礎から学ぶ 実証分析
計量経済学のための確率と統計

丸茂幸平 著　　　　　　　　　　A5判／344頁　本体2,300円

社会科学分野において重要性を増す実証分析について，その考え方を紹介し，そこで必要となる統計学と計量経済学の基礎を解説したテキスト。ポイントとなる定義・命題・公理・定理などと，例・補足や注意点などを見やすく枠囲みでまとめた構成を採り，一層の理解を配慮した。

ライブラリ 経済学15講 1
経済学入門15講

浅子和美 著　　　　　　　　　　A5判／456頁　本体3,200円

経済学を学ぶ読者に向けた入門テキスト。ミクロ経済学・マクロ経済学の基本解説のみならず，経済学の学問的位置づけや成り立ち，社会との関わり，分析や問題解決のための手法等も取り上げ，必須の15講を構成。経済学全般の鳥観図を描出し，斯学の極意を伝える。2色刷。

テキスト 金融論 第2版

堀江康煕・有岡律子・森　祐司 共著　　A5判／344頁　本体2,500円

1節見開き2頁単位構成でまとめて類書にない理解しやすさを実現した好評テキストの最新版。フィンテックの進展，非伝統的金融政策の進行，そしてコロナ禍の影響などを取り上げ，また金融工学や行動ファイナンスに関する解説を拡充した。見やすい2色刷。

イノベーション入門
基礎から実践まで

具　承桓・森永泰史 共著　　　　　　　　A5判／256頁　本体2,100円

技術進歩と技術競争の時代において，イノベーションを理解することは必須の素養であるといえよう。本書はイノベーションの本質についての解説とビジネスとしてイノベーションをいかに推進していくかという実践面の解説をバランス良くまとめた入門書である。読みやすい2色刷。

ライブラリ 経営学コア・テキスト 15
コア・テキスト 経営情報論

生稲史彦・高井文子・野島美保 共著　　　A5判／336頁　本体2,900円

本書は「情報技術と経営との関わり」について経営学理論との接点や融合を意識しつつ，事例を用い実務にもつながる内容をまとめ経営情報論のコアを解説したテキストである。基本編・基礎編・発展編の3部構成で幅広い読者層に対応。2色刷。

ライブラリ 経営学コア・テキスト 別巻2
コア・テキスト 経営学キーワード

高橋伸夫 著　　　　　　　　　　　　　A5判／200頁　本体1,800円

好評「ライブラリ 経営学コア・テキスト」各巻をもとに経営学各領域の基本概念・用語を体系的に85項目にまとめ，2色刷＋見開き2頁の読み切り形式で解説したキーワード集。学期末試験から公務員試験，資格試験等各種試験対策に最適。

ライブラリケースブック会計学 5
ケースブック コストマネジメント 第3版

加登　豊・李　建 共著　　　　　　　　A5判／304頁　本体2,550円

本領域における様々な手法を平易な記述と図解で説明する。はじめに事例を挙げて課題を示し，課題解決に必要な知識と考え方を流れに沿って解説し，さらに理論と実務を結びつけられるよう，実際の企業事例（全30ケース）を掲載し，章末には確認テストを設けた。読みやすい2色刷。

発行 新世社　　発売 サイエンス社

〒151-0051　東京都渋谷区千駄ケ谷1-3-25　　TEL (03)5474-8500　FAX (03)5474-8900
ホームページのご案内 https://www.saiensu.co.jp　　　＊表示価格はすべて税抜きです。

入関税，最適関税理論，非関税障壁，輸入割当，輸出自主規制

復 習 問 題

(1) ある財の需要関数が $q^D=10-p$，供給関数が $q^S=p$ で与えられています。この財の世界価格は $p^w=2$ に固定されています。閉鎖経済均衡における国内価格と均衡生産・消費量を求めるとともに，消費者余剰，生産者余剰，政府余剰を計算し，総余剰を求めてください。次に，自由貿易均衡について，国内価格，生産量，消費量，輸入量を求め，各余剰を計算してください。そして，従量税率 2 の関税を課した場合について，同様の考察を行ってください。最後に，割当量 4 単位の輸入割当が，その経済効果において，従量税率 1 の関税政策に等しいことを示してください。

(2) ある財に対する大国の関税政策を考察しましょう。この財の需要関数は $q^D=20-p$，供給関数は $q^S=p$ であり，外国の輸出供給関数は $EX^*=2p-4$ で与えられています。この国の輸入需要関数を求め，自由貿易下での均衡価格，生産量，消費量，輸入量を計算してください。そして，このときの，消費者余剰，生産者余剰，政府余剰を計算し，総余剰を求めてください。次に，従量税率 4 の関税が課されたとき，これらの値がどう変化するか計算してください。関税賦課により総余剰は増加しますか？

発 展 問 題

(1) ここでは，財の輸出に課税される輸出税について考えてみましょう。輸出税も輸入関税と同様に分析できます。従量税率 t の輸出課税下で，国内生産者が国内にも外国にも財を供給している状態では，国内価格と世界価格の間に，$p^d=p^w-t$ の関係が成立します。国内に売る場合と外国に売る場合とで 1 単位当たりの収入が等しくなければ，国内か外国のいずれかにしか供給しないからです。この関係を用いて以下の問題に取り組んでください。

  輸出国である自国では，この財の需要関数は $q^D=20-p$，供給関数は $q^S=p$ で与えられています。他方外国では，需要関数は $q^{D*}=28-p$，供給関数は $q^{S*}=p$ となっています。まず，自国の輸出供給関数と外国の輸入需要関数を求めてください。そして，自由貿易均衡における均衡価格と自国の輸出量，各国の総余剰を求めてください。次に，従量税率 2 の輸出税を考察します。自国のこの輸出課税により，世界価格（この場合外国での国内価格に等しくなります）と自国内価格はどう変化しますか？ 両国の総余剰を求め，この輸出税が外国の犠牲の下に自国の厚生を増大させることを示してください。

(2) 最適関税理論の考えを応用し，大国による輸出補助金の効果を考えてください。輸出補助金によって利益を得るのはどの国ですか？ 世界貿易機関（World Trade Organization, WTO）は，加盟国による輸出補助金の支出を禁止していま

す。輸出補助金の経済効果を考えたとき，WTO のこの政策の意図はどう説明できますか？

復習問題・発展問題解答例

復習問題と発展問題の解答は，株式会社サイエンス社ウェブサイトの本書サポート情報に掲載されています。

第 7 章

外部経済と貿易政策

　前章では，輸入関税などの保護貿易政策は経済にひずみを生じさせ，その
ため小国にとっての最適関税はゼロであることを学びました。他方，保護貿
易によって交易条件の改善が見込まれる大国では，輸入に関税を課すことに
より社会厚生が上昇する可能性があることもわかりました。日本などの農産
品輸入国では，「食糧安全保障の観点や，美しい景観を守るために，農業の
保護は必要だ」という議論がよく聞かれます。こうした議論は的を射たもの
でしょうか？ 食糧安全保障論などは，交易条件改善効果とともに保護貿易
政策を正当化する理由になり得るのでしょうか？ 本章では，食糧安全保障
や環境保護といった外部経済が存在する財やサービスについては，関税など
の保護貿易政策が正当化され得ることを示します。

本章のポイント

● ある経済主体の行動が，価格メカニズムを介さず直接他の経済主体に影響を
　与えるとき，外部性（もしくは外部経済）が発生していると言います。

● 外部性が発生しているときは，市場における価格メカニズムに任せるだけでは，
　最適な資源配分は達成されません。このことは市場の失敗と呼ばれています。

● 適切な貿易政策により，市場の失敗を緩和させることができます。

● しかし，貿易政策はあくまでも次善の策です。市場の失敗を引き起こしてい
　る外部性を直接ターゲットにした政策（例えば農業に対する生産補助金）の
　方が，望ましい政策となります。

7.1 外部経済

　ある経済主体の行動が，価格メカニズムを介さず直接他の経済主体に影響を与えるとき，外部性（もしくは外部経済）が発生していると言います。人々や企業は，様々な形で他の人々や企業に影響を与えています。トヨタがハイブリッド車を増産すれば，トヨタのハイブリッド車だけでなくホンダのハイブリッド車の価格も下がるかもしれません。それはホンダにとっては好ましいことではないでしょうが，消費者には歓迎されるでしょう。このように財価格の変化を通じて他の経済主体に影響を与えることもあれば，ある経済主体の行動が，直接他の経済主体に影響を与えることもあります。果実生産者による桃の生産は，開花時期に近隣の住民を楽しませることでしょう。この場合は，桃の生産活動が直接近隣住民に喜びを与えている（効用を増加させている）のです。

　外部性は，生産活動により発生する場合と消費活動により発生する場合があります。また，他の経済主体に好ましい影響を与える場合と，好ましくない影響を与える場合があります。生産活動により発生する好ましい外部性を**正の生産外部性**，好ましくない外部性を**負の生産外部性**と呼びます。また，消費活動によって発生する好ましい外部性と好ましくない外部性を，それぞれ**正の消費外部性**，**負の消費外部性**と呼びます。各タイプの外部性の例は，表7-1に記してあります。養蜂活動が桃の受粉を助けることを通して近隣の桃農家に直接影響を与えるのは，正の生産外部性でよく引かれる例です。インフルエンザ・ワクチンの接種が家族や友人のインフルエンザ罹患率を低下させるのは，正の消費外部性の一例です。

　外部性が存在するとき，市場メカニズムに任せていては資源の最適配分は達成されません。このことを「市場の失敗」と言います。外部性は，価格メカニズムを通さない影響を指すので，市場が効率性の達成に失敗するのは当たり前だと言えます。効率性の達成を市場にゆだねられないこの状況では，政府の役割が重要になります。政府が市場に介入することにより，資源配分の効率性を上げることができるのです。ここでは，正の生産外部性と負の消

	正	負
生産外部性	養蜂活動 → 桃生産	上流の化学工場 → 下流の漁業
消費外部性	ワクチン接種 → 周囲の人々	たばこ → 周囲の人々

表 7-1　外部性

費外部性のケースを例にとり，それぞれについて，最適政策は何かを考えます。

7.2　生産（消費）外部性と 社会的供給（需要）曲線

　生産外部性が発生しているときは，供給曲線の高さは，その財の供給の社会的限界費用を正しく反映しなくなります。そこで，供給の社会的限界費用を示したのが，**社会的供給曲線**です。図 7-1 では，社会的供給曲線 S^s が，供給曲線 S の下方に位置するよう描かれています。

　前章で見たように，供給曲線の高さはその財の供給の限界費用を表します。例えば，図 7-1 では，10 単位目の財を供給するときにかかる追加的費用は 80 円となっています。外部性が存在しないときは，生産費用そのものがその財の供給の社会的費用となるので，この場合，この 80 円がまさに 10 単位目の財生産の社会的費用となります。しかし，外部性が発生している場合は，その外部性も加味して社会的費用を計算しなくてはいけません。

　ここで，10 単位目の財の供給により，他の経済主体が直接 20 円分の利益を得ているとしましょう。つまり，10 単位目の供給により 20 円分の正の外部性が発生している場合です。この 20 円分の外部性を 10 単位目の供給から発生する**限界外部性**と呼びましょう。10 単位目の社会的限界費用は，生産にかかる限界費用からこの限界外部性を引いた 80−20＝60 円になります。

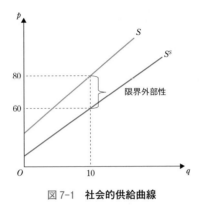

図7-1　社会的供給曲線

それぞれの生産量に関して，生産の限界費用から限界外部性を引いたものが社会的限界費用となります。そして，各生産量に関して社会的限界費用を示した曲線が，社会的供給曲線です。

　正の生産外部性が発生しているときは，図7-1のように，社会的供給曲線は供給曲線の下方に位置します。逆に，負の生産外部性が発生しているときは，生産の社会的費用は，その生産費にその負の外部性を加えたものになり，社会的限界費用は生産の限界費用を上回ります。したがって，負の生産外部性が発生しているときは，社会的供給曲線は供給曲線の上方に位置します。

　消費外部性が発生しているときも同様です。前章で見たように，需要曲線の高さは，消費者のその財に対する評価額を表しています。外部性が発生していないときは，追加的消費の社会的評価はその消費者自身の評価額に等しいと言えます。しかし，消費外部性が発生している場合は，限界的な社会評価は，消費者が与える財の評価額に限界外部性を加えたものとなります。正の消費外部性が発生しているときは，限界的社会評価は消費者の評価額を上回り，限界的社会評価を示す**社会的需要曲線**は需要曲線の上方に位置します。他方，負の消費外部性が発生しているときは，限界的社会評価は消費者の評価額を下回り，その結果，社会的需要曲線は需要曲線の下方に位置します。

7.3 正の生産外部性と政策効果

▶ 最適生産量・消費量

それでは，ある財の生産にあたって正の外部性が発生しているときの最適政策から考察しましょう。まず，政府が直接この財の生産量と消費量を決定できるとして，この国全体で何単位の財が生産され何単位の財が消費されるのが国にとって最適なのかを見てみましょう。本章では，議論を簡単化するため，この国は小国であり，この財の世界価格は p^w に与えられているとします。

図 7-2 には，正の生産外部性が発生しているときの，需要曲線，供給曲線，社会的需要曲線，そして社会的供給曲線が描かれています。正の生産外部性を反映して，社会的供給曲線は供給曲線の下方に位置していることに注意してください。また，消費には外部性が発生していないため，社会的需要曲線は需要曲線と一致しています。社会にとって最適な生産量・消費量を求めるときに重要なのは，社会的供給曲線と社会的需要曲線です。これらの曲線の高さが，それぞれ生産の社会的費用と消費の社会的価値を表しているからです。

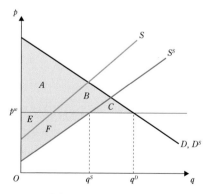

図 7-2　**最適生産量・消費量（正の生産外部性）**

　社会的に最適な生産量は，社会的供給曲線と世界価格 p^w を表す水平線の交点から求められます。図 7-2 では，最適生産量は q^S で表されています。どうして社会的に最適な生産量は社会的供給曲線の高さが p^w になるところに決まるのでしょうか？　生産量が q^S 単位に達しないところでは，社会的供給曲線の高さは p^w を下回っています。この国は，p^w の価格でこの財を外国から輸入することができますが，国内生産の社会的限界費用が p^w より低いこの状況では，輸入するより自ら生産する方が，財供給の社会的費用は低くなります。社会的供給曲線の高さが p^w を下回る限りにおいては，国内で生産して供給する方が社会にとって望ましいのです。逆に，生産量が q^S を上回るところでは，社会的供給曲線の高さは p^w を上回ります。この場合，国内で生産するより輸入する方が，財供給の社会的費用は少なくてすみます。したがって，最適生産量は q^S 単位となり，それを超える分は輸入することになります。社会的に最適な方法（自国生産もしくは輸入）で供給されるときの社会的限界費用は，q^S 単位までは社会的供給曲線 S^S の高さに等しく，q^S 単位を超えると p^w に等しくなります。

　社会的に最適な消費量は，社会的需要曲線の高さが，財供給の社会的限界費用に等しくなるところで決まります。図 7-2 では，社会的需要曲線 D^S と p^w 線の交点から求められる q^D が，社会的最適消費量になります。消費量が q^D を下回るところでは，社会的需要曲線の高さが財供給の社会的限界費用を上回っています。つまり，財に対する社会的評価額が社会的限界費用より高いのです。その場合，財を供給・消費することにより社会厚生は高まります。他方，q^D 単位を超えて消費すると，財に対する社会的評価額は社会的限界費用を下回ります。この場合，消費量を減らすことにより，社会厚生は上昇します。

　外部性が発生しているときも，社会厚生の大きさは総余剰で測ることができます。ただし，この場合は，外部経済の大きさも総余剰に含めて考えます。図 7-2 では，外部経済も含んだ総余剰は，社会的需要曲線の下側で，財供給の社会的限界費用の上側の面積である $A+B+C+E+F$ で表されます。消費量をゼロの状態から限界的に 1 単位ずつ増やしていく状況を考えましょう。財に対する社会的評価が社会的限界費用を上回る限りにおいては，（生産も

しくは輸入による）供給・消費量を増やしていけば総余剰は増加します。総余剰は，社会的評価が社会的限界費用に等しくなるところ（q^D 単位）で消費するとき最大となり，それを超えて消費すると総余剰は減少していきます。

▶ 自由貿易均衡

外部性が発生しているときは，自由貿易によっては総余剰を最大化できません。市場の失敗が起きているため，市場に完全に頼っていては社会厚生が最大化できないのです。

図 7-3 は，正の生産外部性が発生しているときの自由貿易均衡を表しています。自由貿易下では，p^w の価格で自由に財を輸出入できるため，国内価格も p^w になります。したがって，供給曲線 S から国内生産量は q^S 単位，需要曲線 D から消費量は q^D 単位になるのがわかります。生産量は，政府が総余剰を最大化するよう決めるのではなく，あくまで生産者が利潤を最大化するよう決めるため，社会的供給曲線 S^S ではなく供給曲線 S が，その基準となります。図 7-2 との比較からわかるように，供給曲線が社会的供給曲線より上方に位置するこの状況では，生産量 q^S は社会的最適量 q^{S*} より少なくなります。他方，需要曲線は社会的需要曲線と一致しているため，自由貿易均衡消費量は，最適消費量と一致しています。

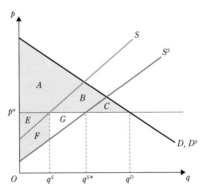

図 7-3　**自由貿易均衡（正の生産外部性）**

自由貿易では，生産が過小となるため，総余剰は最大化されません。外部性が発生しているときの総余剰は，消費者余剰，生産者余剰，政府余剰，そして外部経済の和となります。図7-3において，消費者余剰は需要曲線の下側で p^w 線の上の面積である $A+B+C$，生産者余剰は供給曲線の上側で p^w 線の下の面積である E となります。政府はこの市場に介入していないので政府余剰はゼロです。そして，外部経済は供給曲線と社会的供給曲線に挟まれた q^S 単位までの面積である F となります。生産1単位ごとに追加的に発生する限界外部性をゼロ単位から実際の生産量である q^S 単位まで足し合わせたものが，外部経済全体となるからです。

図7-2で示された総余剰と比較すると，自由貿易均衡下での総余剰は，最大値より G だけ下回るのがわかります。生産者は，自らの生産活動から発生する正の外部性を考慮に入れずに生産量を決定します。その結果，生産は過小となり，総余剰は最大化されないのです。図7-3において，生産量が q^S 単位以上で q^{S*} 単位未満のところでは，国内生産による社会的限界費用（社会的供給曲線 S^S の高さ）が輸入価格 p^w を下回っています。これらの財は，国内生産によって供給した方が社会的費用は低いのにも関わらず，実際は輸入によって供給されるのです。この損失は，1単位ごとに発生する限界損失（p^w と S^S の高さとの差）を q^S 単位から q^{S*} 単位まで足し合わせたときの面積である G で表されます。

▶ 貿易政策の効果

正の生産外部性が発生しているときは，自由貿易下での生産量は過小になり，総余剰は最大化されませんでした。そのようなとき，政府は何らかの貿易政策により，社会厚生を改善できるでしょうか？

生産量が過小になることが問題なので，生産量を引き上げる貿易政策により社会厚生が改善するか見てみましょう。図7-4は，この財の輸入に関税率 t を課し，国内生産量を最適生産量 q^S（社会的限界費用が p^w に一致する生産量）へと誘導したときの均衡を示しています。財の輸入に関税を課すと，国内価格は p^w から p^w+t に上昇し，生産量は最適生産量まで増加します。しかし，財価格の上昇は，消費の減少も招きます。図には，価格の上昇によ

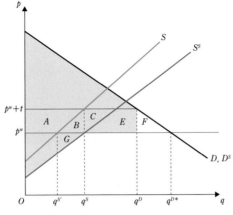

図7-4 関税政策下での均衡（正の生産外部性）

り，最適消費量 q^{D*} であった消費量が q^D 単位まで減少する様子が示されています。生産量を最適にしようと財価格を上昇させると消費量が最適値を下回ってしまうのです。

　この関税政策下での総余剰を自由貿易のときと比べてみましょう。自由貿易時に比べ，消費者余剰は $A+B+C+E+F$ だけ減少し，生産者余剰は A だけ上昇しています。関税政策により関税収入 $C+E$ が生じるため，政府余剰はゼロから $C+E$ に上昇します。そして，外部経済は，生産量が $q^{S\prime}$ から q^S に上昇する結果，$B+G$（G は $q^{S\prime}$ と q^S に挟まれた三角形の面積）だけ増加します。したがって，総余剰は，自由貿易のときと比べ，$G-F$ ほど増加することになります。G は生産増加による効率性の上昇を反映し，F は消費減少による効率性の損失を表しています。自由貿易と比べ総余剰が上昇するかどうかは，そのいずれが大きいかによることになります。ただし，関税率が十分小さければ，消費の減少によって生じる損失 F は無視できるほど小さいため，自由貿易時を上回る厚生を実現できます。

　関税政策により自由貿易よりも高い総余剰を得られるのならば，こうした貿易政策は正当化されるかもしれません。しかし，自由貿易均衡生産量から

生産量を増加させようと関税を課すと，その結果今度は消費が過小になってしまいます。貿易政策に頼る限り総余剰は最大化されないのです。これから学ぶように，外部性を直接ターゲットにした国内政策が，総余剰を最大化する最適な政策となります。

▶ 最適国内政策

関税政策は国内価格を変化させ，その結果生産だけでなく消費にも影響を与えます。したがって，生産量だけを調整したい場合は，そのような貿易政策は最善ではありません。このとき最善となるのは，生産量に直接影響を与える生産補助金のような国内政策です。生産に対して補助金を与えると，生産者が直面する価格（生産者価格）は補助金分だけ消費者が直面する価格（消費者価格）より高くなります。その結果，生産量だけを増加させることが可能になります。

図 7-5 は，生産量が最適値 q^S になるように生産補助金を与えたときの均衡を表しています。生産量を決めるのはあくまで供給曲線なので，財価格が p^w となる自由貿易均衡では，生産量は q^S を下回ってしまいます。生産量を q^S 単位まで引き上げるためには，q^S 単位生産するときの供給曲線 S の高さにまで，生産者価格を引き上げる必要があります。実際，図 7-5 において，生産者価格が p^w+s であれば，生産量は q^S になるのがわかります。

他方，生産補助金は消費者価格に影響を与えません。消費者は，外国から直接この財を p^w の価格で購入できるため，消費者価格は自由貿易時と同じ p^w となるのです。政府が生産者に生産 1 単位当たり s 円の生産補助金を与えると，生産者価格は消費者価格より s ほど高くなります。消費者価格が p^w であるこの状況では，生産者価格は p^w+s となり，図 7-5 が示すように，生産量 q^S と消費量 q^D はそれぞれ総余剰を最大化させる最適水準に等しくなります。

生産補助金により生産・消費量を最適な水準に誘導できるため，総余剰は最大化されます。自由貿易均衡下の総余剰と比較することにより，総余剰が最大化されることを示しましょう。消費者価格が自由貿易時と同じであるため，消費量も同一となり，その結果消費者余剰は自由貿易のときと変わりま

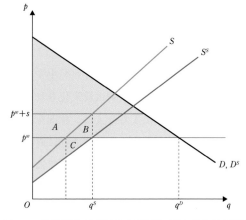

図 7-5　生産補助金政策下での均衡（正の生産外部性）

せん。これに対して，生産者価格は p^w から p^w+s へと上昇しますので，その結果，図 7-5 の A の部分だけ，生産者余剰は増加します。また，生産補助金額は補助金率 s と生産量 q^s の積で表されるため，政府余剰は $-(A+B)$ と負の値をとり，政府余剰がゼロであった自由貿易均衡時より $A+B$ だけ減少します。そして，補助金によって生産量が増加する結果，外部経済は $B+C$ だけ増加します。これらの変化を全て足し合わせると，生産補助金によって，総余剰は C だけ増加することがわかります。他方，自由貿易均衡における総余剰は生産量・消費量が最適に調整されるときに実現する最大値よりも C（図 7-3 では G）だけ低いため，この生産補助金政策は総余剰を最大化するのがわかります。正の生産外部性によって生じる過小生産を生産補助金政策により解消することにより，総余剰が最大化されるのです。

7.4 負の消費外部性と政策効果

▶ 最適生産量・消費量

　生産活動ではなく消費活動によって外部性が発生する場合も同様のことが言えます。つまり，自由貿易では総余剰は最大化されず，政府による市場介入が正当化されます。貿易政策による介入は，状況を改善するものの最適な政策ではありません。外部性が発生する消費活動に直接働きかける消費税や消費補助金が，最も有効な政策となります。ここでは，負の消費外部性が発生しているケースを分析し，このことを確認していきましょう。

　図 7-6 には，負の消費外部性が発生しているときの需要曲線，供給曲線，社会的需要曲線，そして社会的供給曲線が描かれています。負の消費外部性があるため，この財の消費に対する社会的評価（社会的需要曲線の高さに相当）は，消費者自身による評価（需要曲線の高さに相当）より限界外部性だけ低くなっています。他方，供給には外部性が発生していないため，社会的供給曲線は供給曲線に一致します。

　社会的に最適となる生産量は，国内生産による社会的限界費用（社会的供給曲線の高さに相当）が p^w と一致する q^S です。そして，外国からの供給可能性も踏まえた供給の社会的限界費用は，生産量が q^S 単位までは社会的供給曲線の高さに一致し，それ以降は p^w となります。社会的に最適となる消費量は，この財に対する社会的評価額と供給の社会的限界費用が一致する量なので，D^S 曲線と p^w 線が交わる q^D となります。

　そしてこのときの（外部経済も含む）総余剰は，社会的需要曲線の下側で，供給の社会的限界費用の上側の面積である $A+B+C$ で表されます。

▶ 自由貿易均衡

　負の消費外部性が発生しているときの自由貿易均衡は，図 7-7 に示されています。自由貿易下では，この財の国内価格は p^w となり，生産量と消費量はそれぞれ供給曲線 S と需要曲線 D から，q^S と q^D になります。図 7-6 の最適生産・消費量と比べると，生産量は最適値と一致するものの，消費量は最

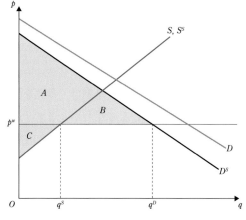

図7-6　**最適生産量・消費量（負の消費外部性）**

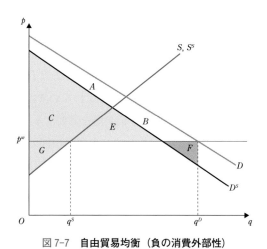

図7-7　**自由貿易均衡（負の消費外部性）**

適値より多くなっています。これは，自らの消費によって生じる負の外部性を，消費者は考慮することなく消費活動を行うからです。そのため，社会的に最適な量を超えて消費してしまうのです。

　自由貿易では，消費が過大になるため，総余剰は最大化されません。図7-7において，消費者余剰は需要曲線の下側で価格 p^w の線の上側の面積で

165

ある $A+B+C+E$，生産者余剰は p^w 線の下側で供給曲線の上側の面積である G となります。政府余剰はゼロで，負の消費外部性は $A+B+F$ となります。外部性は負の値をとることに注意すると，総余剰は

$$TS=(A+B+C+E)+G-(A+B+F)=C+E+G-F$$

と計算されます。図7-6と比べると，総余剰は，最適な生産・消費が行われるときより，F だけ小さくなっているのがわかります。最適値を超える消費量については，供給の社会的限界費用 p^w が財の社会的評価を上回っています。その分（F の部分）だけ，社会的損失が発生するのです。

▶ 貿易政策の効果

負の消費外部性による過大消費を解消するための貿易政策としては，輸入関税の導入が考えられます。関税により国内価格は上昇し，それによって消費が抑えられるからです。

図7-8は，輸入関税の賦課により最適消費量 q^D が実現する様子を描いています。ここでは，最適消費量 q^D における需要曲線 D の高さと国内価格 p^w+t が等しくなるように，関税率 t が選ばれています。このとき，価格 p^w+t に直面する消費者は，実際 q^D 単位の財を需要するのがわかります。生産者も同じく p^w+t に直面しているので，生産量は図の q^S になります。この生産量 q^S は，最適生産量を上回っていることに注意してください。

自由貿易均衡と比較すると，消費者余剰は $A+B+C+E+F$ だけ減少し，生産者余剰は A だけ上昇しています。関税政策により関税収入 $C+E$ が生じるため，政府余剰はゼロから $C+E$ に上昇します。また，消費量が減少するため，外部不経済は $F+G$ だけ減少（社会厚生の外部経済分は $F+G$ だけ上昇）しています。したがって，総余剰は，自由貿易のときと比べ，$G-B$ だけ増加します。関税政策は，過大消費を解消する反面，過大生産を引き起こします。自由貿易時に比べ，総余剰が増加するかどうかは，過大消費の解消による利益 G が，関税政策による生産面での効率性の損失 B を上回るかどうかによります。

関税政策下における総余剰は，自由貿易均衡下での総余剰に $G-B$ を加え

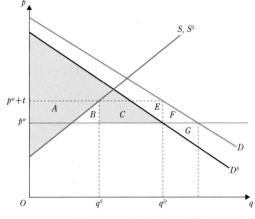

図 7-8　関税政策下での均衡（負の消費外部性）

たものなので，図 7-8 の色付き部分の面積となります。最適生産・消費が実現するときと比べ，B の面積だけ小さくなっています。

▶ 最適国内政策

　生産外部性のときと同様に，最適政策は外部性が発生しているところに直接働きかける国内政策となります。具体的には，消費量を抑える消費税が有効です。

　最適な消費量を実現する消費税率 τ は，図 7-9 で示されているように，最適消費量 q^D における需要曲線と社会的需要曲線の高さの差で表されます。このとき，生産者価格は世界価格と同じ p^w となりますが，消費者価格はその生産者価格より消費税率分だけ高い $p^w + \tau$ となります。図 7-6 との比較からわかるように，この政策下で実現する生産量と消費量は，ともに総余剰を最大化する最適値と等しくなります。

　自由貿易均衡と比べると，消費者余剰は消費者価格の上昇により $A + B + C + E$ だけ減少します。生産者価格は変化しないため，生産者余剰は自由貿易時と同じです。政府余剰は，ゼロから消費税収入分である

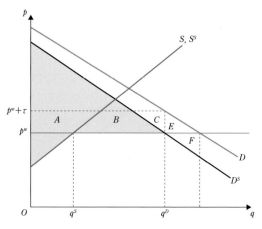

図7-9　消費税政策下での均衡（負の消費外部性）

$A+B+C$ へと増加します。そして外部経済は，消費量の減少を反映し，$E+F$ だけ大きくなります。したがって，総余剰は自由貿易時よりも F だけ大きくなり，その結果，総余剰は色付きの部分で表され，最大化されていることがわかります。

キーワード

保護貿易政策，外部経済，生産外部性，消費外部性，市場の失敗，社会的供給曲線，社会的需要曲線

復習問題

(1)　ある財の需要関数が $q^D=12-p$，供給関数が $q^S=p-2$ で与えられています。この財の世界価格は $p^w=4$ に固定されています。また，この財の生産には正の外部性があり，財を1単位生産するごとに，外部性が2だけ発生します。（これは限界外部性が2であることを意味します。）

　　(a) 外部経済を含んだ総余剰を最大化する生産量と消費量はそれぞれいくつですか？　そのとき最大化された総余剰を計算してください。

　　(b) 自由貿易を行ったときの生産量と消費量を求め，そのときの総余剰を計算してください。この総余剰は最大化されていますか？

(c)生産量を最適な値に導く貿易政策は何ですか？ その貿易政策が施行されたときの生産量と消費量，そして総余剰を計算してください。このときの総余剰は最大化されていますか？

(d)総余剰を最大化する産業政策（生産・消費への課税や生産・消費への補助金）を求めてください。

(2) ある財の需要関数が $q^D = 12 - p$，供給関数が $q^S = p$ で与えられています。この財の世界価格は $p^w = 4$ に固定されています。また，この財の消費には負の外部性があり，財を1単位消費するごとに，負の外部性が2だけ発生します。（これは限界外部性が -2 であることを意味します。）

(a)外部経済を含んだ総余剰を最大化する生産量と消費量はそれぞれいくつですか？ そのとき最大化された総余剰を計算してください。

(b)自由貿易を行ったときの生産量と消費量を求め，そのときの総余剰を計算してください。この総余剰は最大化されていますか？

(c)消費量を最適な値に導く貿易政策は何ですか？ その貿易政策が施行されたときの生産量と消費量，そして総余剰を計算してください。このときの総余剰は最大化されていますか？

(d)総余剰を最大化する産業政策を求めてください。

発展問題

(1) ここでは，生産の限界外部性が生産量によって変化するケースを考察しましょう。ある財の需要関数が $q^D = 12 - p$，供給関数が $q^S = p$ で与えられています。この財の世界価格は $p^w = 4$ に固定されています。また，この財の生産には負の外部性があり，q 単位目の生産から q の外部性が発生するとします。（これは限界外部性が $-q$ であることを意味します。）例えば3単位目の生産から発生する外部性は3です。

(a)外部経済を含んだ総余剰を最大化する生産量と消費量はそれぞれいくつですか？ そのとき最大化された総余剰を計算してください。

(b)自由貿易を行ったときの生産量と消費量を求め，そのときの総余剰を計算してください。この総余剰は最大化されていますか？

(c)生産量を最適な値に導く貿易政策は何ですか？ その貿易政策が施行されたときの生産量と消費量，そして総余剰を計算してください。このときの総余剰は最大化されていますか？

(d)総余剰を最大化する産業政策を求めてください。

(2) 日本政府によるコメの保護貿易を考えましょう。食糧安全保障や景観などの生産外部性を考慮に入れた場合，コメの輸入に高い関税率を賦課することは正当化されますか？ コメ生産を保護することが好ましい政策だとした場合，最適な政策は何でしょうか？ また，コメ生産を保護する方法として，コメの輸

入に関税を賦課するのではなく，生産者に直接所得補償（生産者への所得の移転）を行った方がよいという議論があります。それはどうしてでしょうか？また，その直接的な所得補償は，外部性を考慮に入れた総余剰を最大化するという観点で，正当化されますか？

復習問題・発展問題解答例

復習問題と発展問題の解答は，株式会社サイエンス社ウェブサイトの本書サポート情報に掲載されています。

第 8 章

GATT/WTO の下での貿易自由化と特恵関税協定

　第2部のここまでは，各国が自らの社会厚生を最大化するための貿易政策について学んできました。しかし実際は，関税などは，二国間協議や WTO（World Trade Organization，世界貿易機関）などで，多国間協議を通じて決められることが多々あります。本章では，貿易政策に関する国際協調を考えていきます。国際協調の表舞台である WTO の役割について概観した後，協調的関税引き下げを簡単なゲーム理論を用いて分析します。そして，EU（European Union）や USMCA（United States-Mexico-Canada Agreement, North American Free Trade Agreement の後継貿易協定），TPP（Trans-Pacific Partnership）といった特恵関税協定（自由貿易地域（Free Trade Area，FTA）と関税同盟）について考察してきます。

本章のポイント

- 大国同士が1回限りの関税ゲームを行うならば，その均衡では，いずれの国もそれぞれの最適関税を輸入に対して課すことになり，協調的関税引き下げは実現しません。
- しかし，その関税ゲームを繰り返し行うならば，各国は協調的に自らの関税率を引き下げる可能性があります。
- 特恵関税協定には，貿易を促進する貿易創出効果と，社会厚生を低下させる可能性がある貿易転換効果の2つの効果があります。
- 貿易転換効果は，域内国の社会厚生に負の影響を与えるだけでなく，域外国経済にも負の影響を与えます。

8.1 GATT/WTO 体制下での協調的関税削減

第1次世界大戦と第2次世界大戦の2つの大戦に挟まれた時期は，世界的に保護主義が台頭したときでもありました。その反省を踏まえ，1947年にGATT（General Agreement on Tariffs and Trade，関税及び貿易に関する一般協定）が国際間協定として締結されます。GATT はその名の通り，国際貿易を円滑に行うために定められた，関税や貿易に関する取り決めです。

GATT には大きな柱となる二大原則があります。それは，**「相互性」**（GATT 前文）と**「無差別の原則」**です。「相互性」は，ある特定の国だけが利益を得るのではなく，各種取り決めに関わる全ての国が利益を得ようという考え方です。「無差別の原則」は，さらに2つの原則に分けられます。まずは，関税賦課などにおいて，ある外国を他の外国に比べ差別的に扱ってはならないとする**「最恵国待遇」**（GATT 第1条）です。2つめの無差別の原則は，外国で生産された財がひとたび国境を越えて入ってきたならば，その財を国内で生産された財と差別的に扱ってはならないとする**「内国民待遇」**（GATT 第3条）です。

GATT を軸とした GATT 体制の下で，加盟国は8回の **GATT 交渉ラウンド**を行い，関税を始めとする貿易障壁を引き下げてきました。そして8回目のラウンドであるウルグアイ・ラウンドの終結とともに，1995年に WTO が発足します。WTO は，GATT 体制下で進められた貿易自由化・円滑化の流れを，さらに促進させるための国際機関です。GATT の継続とともに，サービス貿易に関する協定である **GATS**（General Agreement on Trade in Services，サービスの貿易に関する一般協定）も締結され，国際貿易を推進していこうという気運が高まりました。

本章では，まず GATT/WTO 体制下で進められた協調的貿易自由化（相互的な関税引き下げ）を理論的に考察します。大国が選択する最適関税率は，その国の社会厚生を最大化しますが，その財を輸出する国にとっては，社会厚生を引き下げる障壁以外の何物でもありません。ここでは，大国2国がそ

れぞれの関税率を選択するゲームを考え，両者が最適関税率を課し合う状況はパレート最適（ある経済主体の効用を下げることなくしては，いずれの経済主体の効用も上げることができない状況）でないことを示します[1]。ただし，このゲームが何回も繰り返されるならば，2国が協調的に関税を引き下げることも可能になってきます。これは，GATT/WTO体制下で，関税が徐々に引き下げられた状況をうまく説明しています。

次に，「最恵国待遇」の例外としてGATT第24条で認められている特恵関税協定について考えます。GATT/WTO体制下でのラウンド交渉は，回を進めるにつれ難航するようになり，それに呼応するように特恵関税協定が盛んに結ばれるようになりました。加盟国間だけで貿易を自由化する特恵関税協定は，本来GATTの精神である「無差別の原則」に反するものです。そのような特恵関税協定が，加盟国，そして域外国に，どのような影響を与えるのか考えていきます。

8.2 協調的関税設定：関税ゲーム

多国間で協調的に関税を削減していくのは可能でしょうか？ ここでは，各国がそれぞれの関税率を決める状況を，大国2国の間でプレーされる関税ゲームとして分析します[2]。大国2国による関税ゲームでは，いずれの国も交易条件を改善しようと高い関税率を選択します。しかし，この状態はパレート最適でなく，いわゆる囚人のジレンマの状態にあります（囚人のジレンマについては後で説明します）。このとき，相互に関税を引き下げれば，両国の社会厚生が上昇することを示します。

▶ 関税ゲームの構造

財aを輸出するA国と財bを輸出するB国が貿易をしている状況を考え

1　ゲーム理論やパレート最適性については，経済学入門やミクロ経済学の標準的な教科書を参照してください。

2　2国間ゲームでの帰結は，そのまま多国間へ応用することができます。

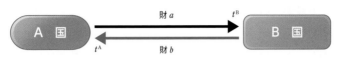

図 8-1　二国間の貿易構造

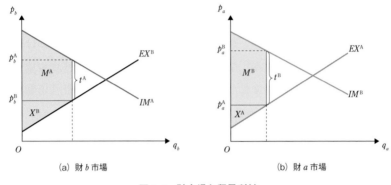

(a) 財 b 市場 　　　　　　　　(b) 財 a 市場

図 8-2　財市場と貿易利益

ます。図 8-1 で表されているように，A 国は財 b の輸入に対して従量税率 t^A の関税を課し，B 国は財 a の輸入に対して従量税率 t^B の関税を課しています。

　二国間貿易は，各国の輸入需要曲線と輸出供給曲線によって記述されます。図 8-2(a) は，財 b の市場，図 8-2(b) は財 a の市場を表しています。そこでは，A 国の財 b に対する輸入需要の状況が輸入需要関数 IM^A で表され，A 国の財 a に対する輸出供給の状況が輸出供給関数 EX^A で表されています。同様に，B 国の財 a の輸入と財 b の輸出は，それぞれ輸入需要関数 IM^B と輸出供給関数 EX^B で表されています。

　第 6 章で見たように，輸入関税により，輸入量が減少するとともに，輸入価格と輸出価格が乖離します。例えば，図 8-2(a) では，輸入国である A 国での財 b の国内価格 p_b^A は，輸出国である B 国での国内価格 p_b^B より，関税率 t^A の分だけ上回っています。また，図には，各国が貿易から得る余剰も描かれています。輸入から得られる余剰は，輸入需要曲線の下側で輸出国内

価格の上側の面積で表されます。A国の財 b の輸入から得られる余剰は M^A,
B国の財 a の輸入から得られる余剰は M^B です。また,輸出国内価格の下側
で輸出供給曲線の上側の面積で表される輸出から得られる余剰は,A国とB
国でそれぞれ X^A と X^B になります。これらの余剰は,関係する関税率によっ
てその大きさが変わってきます。輸入から得られる余剰は自国の関税率の関
数となり,輸出から得られる余剰は貿易相手国の関税率の関数となります。
例えば図 8-2 (a) では,A国の輸入から得られる余剰 M^A とB国の輸出から
得られる余剰 X^B は,いずれもA国が課す関税率 t^A の関数となっています。

ここでは,A国とB国それぞれが相手国からの輸入に関税を課す様子を
ゲームとして捉え,2国がどのような関税を賦課するのか分析します。ゲー
ム理論では,各プレーヤー（ここではA国とB国の2国）が最大化しよう
とする効用や社会厚生を利得と呼びます。この関税ゲームでの利得は,各国
の貿易利益,すなわち輸入から得られる余剰と輸出から得られる余剰の和で
す。したがって,A国の利得は $M^A(t^A)+X^A(t^B)$,B国の利得は $M^B(t^B)+$
$X^B(t^A)$ となります。

いずれの国の利得も,自国の関税率だけではなく,相手国の関税率にも依
存する関数であることに注意してください。第6章で学んだ最適関税理論に
よると,最適関税率に到達するまでは,関税が上がるにつれ自国の利得は上
昇するでしょう。逆に,最適関税率を超えると,関税の上昇は利得の減少に
つながります（図 6-12 を参照）。また,図 8-2 からわかるように,相手国の
関税率が上昇すれば,自国の利得は減少します。

▶ 関税ゲームの利得関数

ここでは,各国の輸入需要関数と輸出供給関数を特定化し,A国とB国
の利得関数を導きます。また,簡単化のため,両国は対称的だとします。つ
まり,A国の財 b に対する輸入需要関数 IM^A とB国の財 a に対する輸入需
要関数 IM^B は同一であり,さらにA国の財 a に対する輸出供給関数 EX^A と
B国の財 b の輸出に対する輸出供給関数 EX^B も同一だとします。

各国の輸入需要を示す輸入需要関数は $p=4-q$,輸出供給を示す輸出供給
関数は $p=1+q$ で与えられるとしましょう。また,各国 i は $t^i=0$ か $t^i=1$

B 国

		$t^B=0$	$t^B=1$
A 国	$t^A=0$	$M^A(0)+X^A(0)$ $\quad\quad M^B(0)+X^B(0)$	$M^A(0)+X^A(1)$ $\quad\quad M^B(1)+X^B(0)$
	$t^A=1$	$M^A(1)+X^A(0)$ $\quad\quad M^B(0)+X^B(1)$	$M^A(1)+X^A(1)$ $\quad\quad M^B(1)+X^B(1)$

表 8-1　**関税ゲームの利得行列**

（i＝A，B）のいずれかの関税率を選択するとします。各プレーヤーの選択肢を，ゲーム理論では戦略と呼びます。この関税ゲームの戦略は，両プレーヤーともに，$t^i=0$（自由貿易）と $t^i=1$（最適関税）です[3]。

　両プレーヤーはそれぞれ2つの戦略を持つため，各プレーヤーの利得関数は，表 8-1 のように 2×2 行列で表現できます。このように利得関数を表す行列は利得行列と呼ばれ，ここでは，行は A 国の戦略に対応し，列は B 国の戦略に対応しています。利得行列の要素は，各プレーヤーの利得を表します。例えば，表 8-1 の2行1列は，A 国が $t^A=1$，B 国が $t^B=0$ という戦略をとったとき，A 国の利得は $M^A(1)+X^A(0)$，B 国の利得は $M^B(0)+X^B(1)$ となることを示しています。各要素の最初の利得が行を選択するプレーヤー（この場合は A 国）の利得，2番目の利得が列を選択するプレーヤー（この場合は B 国）の利得を表します。

　それでは，それぞれの関税率の下で M^i と X^i がとる値を特定化し，利得行列を完成させましょう。A 国と B 国は対称的なため，B 国が輸出し A 国が輸入する財 b の市場を分析すれば，全ての利得を導くことができます。

　まず，A 国が財 b の輸入に関税を課さないケース（$t^A=0$）を考えましょう。図 8-3 では，A 国の輸入需要曲線 $p_a=4-q_a$ と B 国の輸出供給曲線 $p_a=1+q_a$ が描かれています。輸入需要曲線と輸出供給曲線の交点で与えら

3　この例では，$t^i=1$ のとき，$M^i(t^i)$ が最大になります。

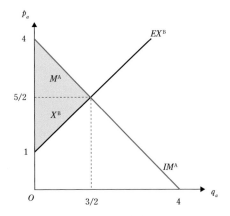

図 8-3　財 *b* 市場（$t^A=0$ のケース）

れる $p_a=5/2$ と $q_a=3/2$ は，それぞれ $t^A=0$ のときの均衡価格と均衡数量になります。輸入関税率がゼロのときに A 国が輸入から得る余剰 $M^A(0)$ と B 国が輸出から得る余剰 $X^B(0)$ は，それぞれ大きさの等しい三角形の面積として，$M^A(0)=9/8$，$X^B(0)=9/8$ と計算されます。

　また，A 国が輸出し B 国が輸入する財 *a* の市場における $t^B=0$ のケースについても，図 8-3 と同様の図が描け，B 国が輸入から得る余剰と A 国が輸出から得る余剰は，それぞれ $M^B(0)=9/8$，$X^A(0)=9/8$ となるのがわかります。

　次に，$t^A=1$ のときの財 *b* の市場均衡と，各国が得る余剰を計算しましょう。図 8-4 は，A 国が輸入関税 1 を課したとき，A 国内の財 *b* 価格は $p_a^A=3$，B 国内の財 *b* 価格は $p_a^B=2$ となり，その結果，B 国は A 国に 1 単位の財を輸出することを示しています。図より，A 国が輸入から得る余剰は $M^A(1)=(1/2)\times(1+2)\times1=3/2$，B 国が輸出から得る余剰は $X^B(1)=1/2$ となるのがわかります。

　また，先ほどのゼロ関税のときと同様に，財 *a* 市場についても同様に考えられるため，B 国が輸入から得る余剰は $M^B(1)=3/2$，A 国が輸出から得る余剰は $X^A(1)=1/2$ となります。

　この結果は，第 6 章で考察した最適関税理論を反映しています。例えば A

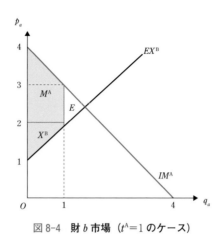

図8-4 **財 b 市場**（$t^A=1$ のケース）

国は，財 b の輸入に関税を課すことにより，交易条件を改善し，輸入から得る余剰を $M^A(0)=9/8$ から $M^A(1)=3/2$ に上げようとするでしょう。しかし，そうすると，財 b の輸出国である B 国の輸出から得る余剰は $X^B(0)=9/8$ から $X^B(1)=1/2$ に下がってしまいます。輸入国にとっての交易条件の改善は，輸出国にとっては交易条件の悪化に他なりません。大国にとって輸入関税は，自らの社会厚生を上げるために貿易相手国の社会厚生を下げる**近隣窮乏化政策**なのです。また，図 8-3 と図 8-4 を比較すると，A 国の関税賦課により，財 b の取引から得る両国の余剰の和が，図 8-4 の E の面積だけ減少しているのがわかります。関税賦課による両国間での財価格の乖離が市場の効率性を低下させたのです。

　それでは関税ゲームの利得行列を完成させましょう。上記の結果を表 8-1 に反映させると，このゲームの利得行列は表 8-2 のように求まります。まずは，A 国と B 国の利得が対称的になっていることに注意してください。

　次に，どの戦略の組み合わせが各国にとって望ましいのか見てみましょう。それぞれのケースにおける利得を比較すると，$21/8>9/4>2>13/8$ となっていることから，各国にとって最も望ましい結果は，自国は最適関税率 1 を選択するものの，相手国の関税率は 0 であるケースです。次に望ましいのは，

B国

		協力：$t^B=0$		非協力：$t^B=1$	
A国	協力： $t^A=0$	$\dfrac{9}{4}$,	$\dfrac{9}{4}$	$\dfrac{13}{8}$,	$\dfrac{21}{8}$
	非協力：$t^A=1$	$\dfrac{21}{8}$,	$\dfrac{13}{8}$	2,	2

表8-2　関税ゲームの利得行列（数値例）

両国ともにゼロ関税を選択し，自由貿易が実現するケースです。両国ともに最適関税率1をとるケースがそれに続き，最悪なのは，自国はゼロ関税政策をとるにもかかわらず，相手国が最適関税率1を課してくるケースです。こうしてみると，関税率をゼロに設定するのは，相手国に優しい協力的な政策であり，最適関税率1を課すのは，非協力的な政策であるのがわかります。各国のそれぞれの戦略を，表8-2で「協力」，「非協力」と呼んでいるのはそのためです。

▶ 関税ゲームのナッシュ均衡

この関税ゲームのナッシュ均衡を求めましょう。ナッシュ均衡は，ゲーム理論で最もよく用いられる均衡概念です。他のプレーヤーの戦略を所与とした上で，各プレーヤーが自らの利得を最大化する最適な戦略をとっているとき，その戦略の組み合わせをナッシュ均衡と言います。表8-2の利得行列で表現されるゲームのナッシュ均衡は，$(t^A=1, t^B=1)$ となります。A国は，B国が $t^B=1$ という戦略をとるとき，$t^A=0$ の戦略をとって利得13/8を得るよりも，$t^A=1$ を選択して利得2を得ようとするでしょう。同様に，B国も，A国が $t^A=1$ を選択するならば，$t^B=0$ ではなく，$t^B=1$ をとる方が望ましくなります。したがって，$(t^A=1, t^B=1)$ という戦略の組み合わせがナッシュ均衡になるのです。ナッシュ均衡は，「どのプレーヤーもそこから逸脱するインセンティブがない戦略の組み合わせ」と言うこともできます。ひとたび $(t^A=1, t^B=1)$ という戦略の組み合わせが決まったならば，いずれの国も，

179

自分だけがゼロ関税に戦略を変更しようとは思わないでしょう。

　このゲームのナッシュ均衡では，いずれの国も非協力的な戦略をとり，結果的に双方ともに最適関税率1を相手国に課す非効率的な結果となります。両国ともに協力的な戦略をとれば，ナッシュ均衡の下での利得2を上回る利得9/4を得るにもかかわらず，そのような結果は実現しません。各国が，自らの利得を最大化しようと行動すれば，自由貿易は実現しないのです。

　ここで考察した関税ゲームは，いわゆる囚人のジレンマの構造を持っています。囚人のジレンマとは，全てのプレーヤーが協力すれば全員にとって望ましい結果になるにもかかわらず，いずれのプレーヤーも均衡では非協力的な戦略をとってしまう状況を指します。表8-2では，相手国がどの戦略をとろうと，自らは非協力的な戦略をとるのが望ましいことがわかります。しかし，その結果実現する状況では，各国の利得は2となり，両国が協力した場合に得られるはずだった利得9/4を下回るのです。囚人のジレンマ構造を持つ関税ゲームでは，「自由貿易が実現しない」という悲観的な結論が導かれることになります。

▶ 協調的貿易自由化

　関税ゲームの均衡では，自由貿易は実現しませんでした。しかし，現実には，GATT/WTO体制下で協調的に関税が引き下げられています。このギャップはどう説明したらよいのでしょうか？

　関税ゲームは一度きりのゲームです。しかし，国際貿易は長い年月継続して行われ，各国は貿易相手国との協調を探りながら，関税を始めとする貿易政策を毎年のように修正し続けます。このように，相手国との関係が永続すると考えられるときには，繰り返される関税ゲームにおいて，協調的な均衡が生まれる可能性があります。

　両国ともに協力的な戦略であるゼロ関税をとっているときに，ある国が非協力的な戦略に切り替えたら何が起こるでしょうか？　きっと，相手国も非協力的な戦略に切り替えてくるでしょう。そのような状況では，いずれの国もゼロ関税をとり続けるかもしれません。「報復」を恐れて，協力的な戦略をとり続けるのです。表8-2で表されている関税ゲームを繰り返す状況を考

えましょう。協調から逸脱し、自分だけが最適関税を課すと、一時的に利得は 9/4 から 21/8 に上がります。しかし、すぐに相手国も最適関税に切り替えてくるならば、利得は結局 2 に下がってしまいます。両国ともに将来を重視するならば、自由貿易によって持続的に得られる利益を、一時的な利益のために犠牲にしようとは思わないでしょう。そのようなときは、どちらの国も協力的な戦略であるゼロ関税をとり続け、自由貿易が永続することになります[4]。

　世界各国は GATT/WTO 体制下で長い年月をかけて関税を引き下げてきました。貿易関係は一度きりのものでなく、長年にわたり継続していくものであることを思えば、現実の貿易自由化の流れも理解できます。

8.3　特恵関税協定[5]

　加盟国間だけで貿易自由化を進める特恵関税協定は、1990 年代から盛んに締結されるようになりました。ウルグアイ・ラウンドに続くドーハ開発アジェンダと呼ばれるラウンド交渉での多国間貿易自由化協議の停滞を受け、その勢いはさらに増しています。2022 年 1 月時点で発効している協定は、GATT 第 24 条に基づくものが 304、発展途上国に認められている緩やかな協定も含めれば、360 協定にものぼります。多国間協議を重視するあまり特恵関税協定には消極的だった日本も、2002 年 11 月に発効したシンガポールとの FTA を皮切りに積極姿勢に転じました。2021 年 1 月時点では ASEAN、EU、イギリスなどとの経済連携協定や TPP、そして中国や韓国を含む RCEP（Regional Comprehensive Economic Partnership）など合計 21 件の FTA が発効もしくは署名済みです（外務省ウェブサイト）。ここでは、特恵

4　実際、関税ゲームのような囚人のジレンマ・ゲームを無限回繰り返せば（もしくはいつ終わるかわからない形で繰り返せば）、「協力的な戦略から始め、他のプレーヤーが協力的戦略をとり続ける限り協力的戦略をとり、他のプレーヤーが非協力的戦略をとれば次回から非協力的戦略をとる」という（繰り返しゲームにおける）戦略の組み合わせが、全てのプレーヤーが十分将来を重視するときに、ナッシュ均衡になることが知られています。

5　本節のデータは WTO および財務省のウェブサイトより入手したものに基づいています。

関税協定が加盟国，非加盟国の双方に与える影響を，特に貿易創出効果と貿易転換効果に注目しながら，分析していきます。

▶ GATT/WTO 体制のおける特恵関税協定の位置づけ

外国同士を差別的に扱ってはいけないという最恵国待遇の原則は，GATT/WTO 体制の二大原則の一つである「無差別の原則」の柱の一つです。関税に関して言えば，同一品目（例えば自動車）の輸入に際し，ドイツからの輸入に対しては 10％の関税を課すと同時にアメリカからの輸入に対しては 5％にするといった差別的取り扱いを禁じています。しかし，WTO は，GATT 第 1 条でこの原則を明記する反面，第 24 条でこの原則に対する例外を認めています。それが特恵関税協定です。

特恵関税協定は，南米の国々による MERCOSUR（メルコスール）や EU などの関税同盟と，北米 3 国による USMCA などの自由貿易地域（FTA）の 2 つに分けられます。加盟国間で相互に輸入関税を撤廃するという点が，関税同盟と FTA の共通点です。GATT 第 24 条は，加盟国間でほぼ全ての財に関して相互に輸入関税を撤廃するならば，非加盟国に対して関税を賦課し続けるのを認めています。つまり，「加盟国間でそれほどまでの貿易自由化に踏み込むのならば，GATT/WTO 体制の大原則である最恵国待遇の例外として，加盟国間だけで（域外国に対して差別的に）貿易自由化を行ってもよい」ということです。ただし，域外国に対する関税（域外関税）は，特恵関税協定締結前より引き上げてはいけません。

関税同盟と FTA は，非加盟国に対する関税設定方法によって区別されます。関税同盟では，域外関税率を加盟国間で統一しなくてはなりません。例えば，関税同盟である EU が自動車を域外国から輸入する場合，ドイツが輸入車に 10％の関税率を課すのならば，フランスの関税率も 10％でなくてはなりません。これに対して FTA では，この域外関税率に対する縛りがありません。FTA 加盟国は加盟国間で域外関税率を調整する必要がなく，自由に設定できます。例えば，USMCA 加盟国の自動車（排気量 1.5 l から 3 l）に対する関税率では，2021 年時点で，アメリカは 2.5％，カナダが 6.1％，メキシコでは 35％と大きな違いがあります。

統合の進み具合で見ると，域外関税を統一している関税同盟の方が上だと言えます。しかし，FTA の方が，各国がより柔軟に対応できるため，締結しやすいのも事実です。実際，GATT 第 24 条に基づく 304 の特恵関税協定中，実に 293 協定が FTA となっています。

▶ 貿易創出効果と貿易転換効果

特恵関税協定は，域内だけで行われる貿易自由化です。域外への差別的性質から，その経済効果も良い面と悪い面があります。それらは，それぞれ貿易創出効果と貿易転換効果として説明されます。

特恵関税協定の締結により，域内で大幅な貿易自由化が進みます。それにより，域内貿易は活発化し，協定加盟国はより多くの貿易利益を享受します。これが貿易創出効果です。文字通り，域内の貿易自由化が貿易を創出し，域内国は利益を得るのです。

それに対して，貿易転換効果は特恵関税協定の負の効果として知られています。特恵関税協定では，加盟国間で関税を撤廃する反面，域外に対しては関税を課し続けます。その結果，各加盟国は，域内からの輸入を増やし，域外からの輸入を減らすでしょう。この貿易転換は，輸入を転換させた域内国自身に負の影響を与えます。例えば，日本とチリの FTA により，日本がサーモンの輸入をノルウェーからチリに切り替えたとしましょう。ノルウェーとチリが同じ関税率に直面していた FTA 以前にノルウェーから輸入していたことを考えると，ノルウェーのサーモンの方がチリのサーモンよりも価格競争力が高いと考えられます。しかし，チリとの FTA により，日本は，価格競争力が低いチリ産のサーモンをあえて買うことになるのです。

貿易転換効果を，図 8-5 を用いて確かめましょう。A 国が，B 国もしくは C 国からある財を輸入する状況を考えます。A 国のこの財に対する輸入需要曲線は，IM^A で表されています。この財の生産性は B 国より C 国の方が高く，C 国から輸入するときの輸入価格 p^C は B 国から輸入するときの輸入価格 p^B より低いとしましょう。

A 国が従量税率 t の関税を B 国と C 国の両国に課しているときは，$p^C + t < p^B + t$ より，A 国はこの財を C 国から q^C 単位輸入します。このとき

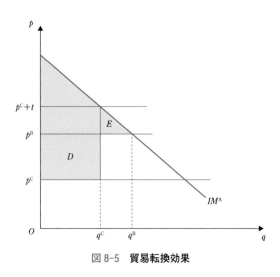

図 8-5　**貿易転換効果**

の輸入から得られる余剰は，IM^A 線と p^C 線に挟まれた q^C までの面積となります。A 国が B 国と FTA を締結したらどうなるでしょうか？ そうすると，C 国からの輸入に対してのみ関税が課されるため，A 国内でのこの財の価格は，B 国から輸入する場合は p^B，C 国から輸入する場合は p^C+t となります。図 8-5 で描かれている状況では，$p^B<p^C+t$ より，FTA 締結後は，A 国は，C 国からではなく B 国から q^B 単位の財を輸入するでしょう。その結果 A 国が得る輸入余剰（IM^A 線と p^B 線に挟まれた面積）は，FTA 以前と比べると，$D-E$ だけ小さくなります。

　輸入余剰の変化は，貿易創出効果と貿易転換効果に分解できます。B 国に対する輸入関税の撤廃により，輸入量は q^B-q^C 単位ほど増加します。この輸入増加は関税による歪みを緩和し，その結果輸入余剰は E だけ増加します。この輸入余剰の増加がこの場合の FTA の貿易創出効果です。他方，FTA 締結以前は，A 国は q^C 単位の財に対して p^C の価格で C 国から輸入していましたが，FTA 締結後は B 国から p^B の価格で輸入するようになりました。この価格上昇による損失が貿易転換効果で，図では面積 D に相当します。

　図 8-5 の例では，貿易転換効果による損失 D が，貿易創出効果による利

益 E より大きくなっています。B 国との FTA により，A 国の余剰は減少するのです。もちろん，いつも FTA により輸入余剰が減少するわけではありません。B 国と C 国の生産性がそれほど変わらず p^B と p^C の差が小さければ，貿易創出効果が貿易転換効果を上回り，FTA により A 国の輸入余剰が上昇することが，図から容易に読み取れます。

▶ 特恵関税協定の域内外への効果

FTA などの特恵関税協定により，一般的には，域内国の厚生は増加する一方で，域外国の厚生は減少します。域外国を犠牲にして域内国のみが恩恵を受けるという意味で，特恵関税協定も近隣窮乏化政策の一つと考えられます。

図 8-5 に描かれている状況を，域外国である C 国から眺めてみましょう。A 国と B 国の FTA により，C 国の A 国への輸出は完全にストップしてしまいました。A 国の輸入先が C 国から B 国に変わるという貿易転換は，その財を輸出していた域外国にも負の効果をもたらします。域外国である C 国は，A 国から差別的に扱われることにより，経済的損失を被るのです。

図 8-5 では FTA により域外国からの輸入が完全にストップする極端な例

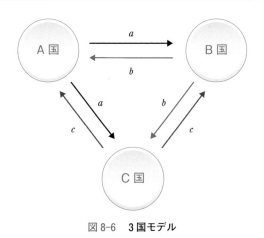

図 8-6　**3 国モデル**

を見ましたが，もう少し一般的な状況を考えてみましょう。図8-6は，A国，B国，C国の3国が，それぞれ財 a，財 b，財 c を他の2国に輸出している状況を表しています。例えば，C国は，財 c をA国とB国に輸出し，財 a をA国から，財 b をB国からそれぞれ輸入しています。各国は，当初，他の2国から輸入する2種類の財それぞれに関税を課しているとします。

ここでA国とB国がFTAを結んだとしましょう。両国がそれぞれFTA相手国から輸入する財への関税を引き下げるため，A国ではB国から輸入する財 b の国内価格が低下し需要が増加します。同様に，B国ではA国から輸入する財 a の需要が増加します。それはこれら両財への世界需要の拡大を意味するため，これらの財の世界価格は上昇します。財 a と財 b の世界価格の上昇は，これらの財を輸入し財 c を輸出するC国にとって，交易条件の悪化に他なりません。A国とB国のFTAは，域外国であるC国の交易条件を悪化させ，C国の社会厚生を低下させるのです。

■ キーワード

GATT，WTO，相互性，無差別の原則，自由貿易地域，関税同盟，貿易創出効果，貿易転換効果

■ 復習問題

(1) A国とB国の間でプレーされる関税ゲームを考えましょう。いずれの国においても財 a と財 b の需要関数は $q^D=12-p$ で与えられています。財 a はA国にのみ8単位賦存し，財 b はB国にのみ8単位賦存しています。つまり，A国における財 a の供給関数とB国における財 b の供給関数はそれぞれ $q^S=8$ であり，A国における財 b の供給関数とB国における財 a の供給関数は $q^S=0$ となります。このとき，A国は財 a を輸出し，B国は財 b を輸出します。また，両国共に，関税率（従量税率）は0か2を選択するものとします。

　(a)各国の輸入需要関数と輸出供給関数を導いてください。

　(b)貿易利益（輸入から得られる余剰と輸出から得られる余剰の和）を利得とした利得行列を求めてください。

　(c)このゲームのナッシュ均衡を求めてください。

(2) 小国であるA国は，ある財をB国もしくはC国から輸入します。この財のA国における輸入需要は $IM=12-p$ で与えられています。また，この財のB国の輸出価格（B国内での価格）を3，C国の輸出価格を1とします。ここでは，

A 国が新たに B 国と FTA を締結するとし，A 国が協定国以外に課す関税率は，従量税率 t だとします（FTA 締結前はこの率の関税を B 国と C 国の両国に課しています）。下記のそれぞれの税率のケースについて，A 国がどの国から何単位の財を輸入し，A 国内での価格がいくらになり，輸入から得られる余剰がいくつになるか，FTA の前後それぞれについて求め，FTA により A 国の社会厚生が改善したかどうか考えてください。

 (a)$t=1$

 (b)$t=3$

 (c)$t=7$

発 展 問 題

(1) A 国，B 国，C 国の 3 国が，それぞれ財 a，財 b，財 c を他の 2 国に輸出している状況を考えます。各国の各財に対する需要関数は，$q^D=10-p$ で与えられています。財 a，財 b，財 c は，それぞれ A 国，B 国，C 国のみに，各 9 単位賦存しています。ここで，A 国と B 国が FTA を締結するとしましょう。この両国間の財の取引に関しては，FTA により関税がゼロとなりますが，FTA 締結前も含めその他の国際取引に関しては全て，従量税率 3 の関税が課されるとしましょう。

 (a)FTA 締結前の各財の均衡世界価格を求めてください。

 (b)FTA 締結後の各財の均衡価格を求め，それぞれ FTA 締結前の価格と比較してください。

 (c)A 国と B 国の FTA により，各国の交易条件はどう変化しましたか？

(2) 世界の多くの国は，1990 年代から一貫して特恵関税協定の締結に動いています。どうしてこれほどまでに特恵関税協定が結ばれるようになったのでしょうか？ 特恵関税協定の「乱立」が引き起こす問題は何でしょうか？ 問題があるとすれば，特恵関税協定の締結は今後抑制されるべきものでしょうか？ また，この流れは，グローバルな貿易自由化につながっていくのでしょうか？

復習問題・発展問題解答例

復習問題と発展問題の解答は，株式会社サイエンス社ウェブサイトの本書サポート情報に掲載されています。

第 3 部

不完全競争と産業内貿易

第 9 章　国際寡占市場と貿易政策

第10章　多様な企業による国際貿易・海外直接投資

第 9 章

国際寡占市場と貿易政策

　第2部までで扱ってきた財やサービスは，無数の生産者により生産され，無数の消費者によって購入されるという，完全競争の世界で取引されるものでした。完全競争下では，技術や要素賦存の国際間の差異が比較優位構造を生み出し，各国は比較優位にある財・サービスを輸出し，比較劣位にある財・サービスを輸入します。このような貿易構造は，輸出品と輸入品が異なる産業（例えば農業と衣服製造業）に属する，いわゆる**産業間貿易**に見られるものです。しかし実際には，**産業内貿易**が，特に先進国間で活発に行われています。日本とヨーロッパが自動車を輸出し合うように，同じ産業内の財やサービスを国際間で取引しているのです。産業内貿易は，自動車産業のように不完全競争下にある産業で観察されます。本章では，国をまたがる少数の生産者のみが財を供給する**国際寡占市場**を考え，不完全競争の存在自体が国際貿易を促すことを見ていきます。そして，国際寡占市場における各国の貿易政策について考察します。

本章のポイント

- 不完全競争は，技術や要素賦存の国際間での差異と同様，国際貿易が起こる原因となります。
- 国際寡占市場では，相互に財を**ダンピング**（海外における安値販売）する状況が容易に発生します。
- 国際寡占市場では，輸出補助金を与えるのが各国の最適貿易政策となることがあります。

9.1 産業内貿易と相互ダンピング

▶ 国際寡占モデル

　本節では，少数の企業が国際的に競争している状況を考えます。もし，各企業が本国の市場のみに財を供給し他国への輸出を行わないならば，各国の市場は，自国企業のみによる寡占状態となるでしょう。競争は抑制され，その財の価格は高止まりします。しかし，その様な市場は外国企業にとって魅力的に映ります。結果として，外国から財が輸出されてきて，その市場は自国企業のみならず外国企業によっても財が供給されるでしょう。

　このように，不完全競争下では，各企業の利潤最大化行動の結果として，同一の財（同じ性質を持つ財）が輸出されると同時に輸入もされるようになります。ここでは，2企業による国際複占状態（2企業による寡占状態）を考え，財が相互に輸出入され，**相互ダンピング**が発生することを見ていきます。

　A国の企業1とB国の企業2は，ある同一の財を生産しています。両企業とも，q単位生産するときの生産費は$C(q)=cq$だとします。つまり，固定費用（生産量がゼロであってもかかる費用）は存在せず，限界費用（1単位多く生産するときにかかる追加的費用）はcとなります。A国とB国でのこの財に対する需要は，それぞれ同一の逆需要関数$P(q)=a-bq$で表されるとします[1]。

▶ 閉鎖経済均衡

　まず，この財が貿易されていない状況を考えましょう。このとき，A国の市場は企業1による独占状態にあり，B国市場は企業2が独占しています。ここではまず，A国市場を考察します。

　A国市場を独占する企業1の収入と生産費は，それぞれ生産量の関数とし

1　需要量を価格の関数として表す需要関数の逆関数として，価格と需要の関係を示すのが逆需要関数です。逆需要関数では，価格が需要量の関数として表されます。ここでは，需要量がqのときに，価格が$p=P(q)$となります。

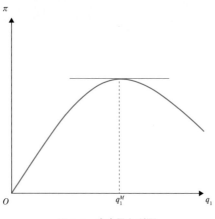

図 9-1　**生産量と利潤**

て次のように表せます。

$$R(q_1)=P(q_1)q_1=(a-bq_1)q_1$$
$$C(q_1)=cq_1$$

企業 1 は A 国市場にしか財を供給していないため，ここでの q_1 は，A 国での需要・供給量です。企業 1 の利潤は，収入から生産費を引いた

$$\pi(q_1)=R(q_1)-C(q_1)$$

となります。この利潤を最大化するよう，企業 1 は生産量 q_1 を選択します。

　収入 $R(q_1)=P(q_1)q_1$ は，生産量をゼロから引き上げると当初は増加しますが，生産量が多くなりすぎると価格下落の影響が強くなり，ある生産量を超えると減少していきます。他方，生産費は生産量 q_1 の増加に従い増えていきます。したがって，利潤関数 $\pi(q_1)$ のグラフは，図 9-1 で表されているように，逆 U 字形となります。図からわかるように，利潤を最大化する生産量 q_1^M では，利潤関数のグラフの接線が水平になっています。グラフの傾きは，その関数の導関数の値に等しいので，そこでは，$\pi(q_1)$ を微分したものがゼロになります。つまり，$\pi'(q_1^M)=R'(q_1^M)-C'(q_1^M)=0$ が成立します。そ

してそれは，利潤を最大化する生産量 $q_1 = q_1^M$ では，限界収入 $MR(q_1) = R'(q_1)$ と限界費用 $MC(q_1) = C'(q_1)$ が等しくなる，つまり

$$MR(q_1) = MC(q_1)$$

が成立することを意味しています[2]。

この関係式から企業1の利潤を最大化する生産量を導きましょう。収入関数 $R(q_1)$ と費用関数 $C(q_1)$ を微分すると，それぞれ

$$MR(q_1) = R'(q_1) = a - 2bq_1$$
$$MC(q_1) = C'(q_1) = c$$

となります。したがって，利潤を最大化する生産量 $q_1 = q_1^M$ は，$MR(q_1^M) = MC(q_1^M)$ を q_1^M について解いた結果である

$$q_1^M = \frac{a-c}{2b}$$

となります。また，A国市場は企業1のみが供給しているので，逆需要関数 $P(q) = a - bq$ にこの q_1^M を代入することにより，A国でのこの財の均衡価格 $p = p^M$ は

$$p^M = \frac{a+c}{2}$$

となるのがわかります。

図9-2は，均衡におけるA国市場の様子を示しています。均衡価格 p^M は限界費用 c を上回り，企業1は1単位当たり $p^M - c = (a-c)/2$ の利潤を得ています。生産量は q_1^M なので，色付きの長方形の面積が企業1の利潤 $\pi_1 = \pi(q_1^M)$ となります。この利潤は，以下のように計算できます。

$$\begin{aligned}
\pi(q_1^M) &= P(q_1^M)q_1^M - cq_1^M \\
&= [P(q_1^M) - c]q_1^M \\
&= \frac{(a-c)^2}{4b}
\end{aligned}$$

---

2 完全競争下であろうと不完全競争下であろうと，利潤を最大化する生産量では，限界収入と限界費用が必ず等しくなります。利潤最大化に関するこの関係は，いつでも成立するルールです。

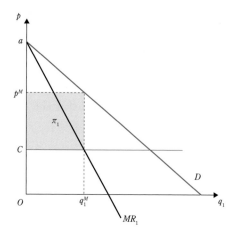

図 9-2 　閉鎖経済下での独占均衡

B 国市場の状況も，同様に考えることができます。A 国と B 国は同一の需要関数を持ち，B 国の企業 2 の生産費用構造も A 国の企業 1 と同一なので，企業 2 の生産量 $q_2 = q_2^M$ は，$MR(q_2^M) = MC(q_2^M)$ となる

$$q_2^M = \frac{a-c}{2b}$$

であり，B 国内のこの財の価格は

$$p^M = \frac{a+c}{2}$$

となります。そして企業 2 の利潤は，企業 1 の利潤と等しい

$$\pi(q_2^M) = \frac{(a-c)^2}{4b}$$

となります。

▶ 国際複占：クールノー競争

A 国と B 国との間でこの財の貿易が可能になったらどうなるでしょうか？　両国のそれぞれの企業は全く同じ財を生産しているので，貿易が可能

となっても財の国際間取引は発生しないように思えます。しかし，**図 9-2** からもわかるように，A 国でのこの財の価格は企業 2 の限界費用でもある c よりも高いため，企業 2 は A 国に進出するインセンティブがありそうです。実際，財を輸出すれば，企業 2 は追加的利潤を得るでしょう。このことは，企業 1 にとっても同様です。企業 1 も，B 国に輸出すれば追加的利潤を得ます。その結果，両国が同一の財を輸出し合う産業内貿易が発生します。

　輸送コストなどの貿易費用が一切かからないとして，両企業が相互に相手国市場に輸出し合う均衡を求めてみましょう。ここでは，相手企業の生産量を考慮に入れながら，各企業が，利潤を最大化する生産量を選択するゲームを考えます。ゲームのプレーヤーは，企業 1 と企業 2 であり，各プレーヤーがゲームで選択する戦略変数は生産量です。生産量を戦略変数とする企業間競争のゲームは，**クールノー競争**と呼ばれます。ここでは，A 国市場，B 国市場それぞれにおいて，企業 1 と企業 2 がクールノー競争を繰り広げるときのナッシュ均衡（各プレーヤーの戦略変数の選択が，他のプレーヤーの戦略変数の選択に対し最適反応になっている状態）を求めます。

▶ クールノー競争のナッシュ均衡

　引き続き，この財に対する逆需要関数は両国共に $P(q) = a - bq$ であり，各企業の生産費は $C(q) = cq$ だとします。そうすると，両国は完全に対称的となるため，いずれか一方の国（ここでは A 国）に焦点を当てて分析すれば十分です。

　それではまず，A 国市場における企業 1 の供給量選択について見ていきましょう。A 国における総供給量は，企業 1 の供給量 q_1 と企業 2 の供給量 q_2 の和となるため，A 国でのこの財の価格は，$P(q_1 + q_2) = a - b(q_1 + q_2)$ となります。したがって，企業 1 が A 国市場から得る収入は，$R_1(q_1, q_2) = [a - b(q_1 + q_2)]q_1$ となり，自らの供給量 q_1 だけでなく，企業 2 の供給量 q_2 にも依存します。企業 1 の A 国での利潤は $\pi_1(q_1, q_2) = R_1(q_1, q_2) - C_1(q_1)$ であり，この利潤を最大化するよう，企業 1 は q_1 を選択します。

　利潤を最大化する q_1 では，企業 1 の限界収入 $MR_1(q_1, q_2)$ と限界費用 $MC_1(q_1)$ が等しくなります。$MR_1(q_1, q_2)$ は，企業 2 の供給量 q_2 を所与とし

て，収入関数 $R_1(q_1, q_2)$ を q_1 について偏微分（他の変数を所与として当該変数に関して微分）したものであり，q_1 だけでなく q_2 にも依存する関数となることに注意してください。これらを計算すると

$$MR_1(q_1, q_2) = \frac{\partial R_1}{\partial q_1}(q_1, q_2) = a - bq_2 - 2bq_1 \tag{9-1}$$

$$MC_1(q_1) = C_1'(q_1) = c$$

となり，$MR_1(q_1, q_2) = MC_1(q_1)$ を q_1 について解いて

$$q_1 = \frac{a-c}{2b} - \frac{q_2}{2} \tag{9-2}$$

を得ます。これは，企業 2 の任意の供給量 q_2 に対して，企業 1 の最適な供給量を示したものであり，企業 1 の**最適反応関数**と呼ばれています。同様に，企業 2 の最適反応関数は，

$$q_2 = \frac{a-c}{2b} - \frac{q_1}{2} \tag{9-3}$$

となります。

　企業 1 が，企業 2 の供給量 q_2 を所与として，最適な供給量 q_1 を選択する様子は，図 9-3 に描かれています。そこには，この財に対する需要曲線 D とともに，それより q_2 だけ需要が少なく，その分左方に位置する需要曲線 D_1 が描かれています。これは，企業 2 の供給量 q_2 を所与とみなした企業 1 が直面する需要曲線です。(9-1) 式に示されているように，この需要曲線と限界収入曲線の縦軸切片が，市場全体の需要曲線よりも bq_2 だけ小さくなっていることに注意してください。企業 1 が直面する需要曲線 D_1 に対応する限界収入 MR_1 と限界費用 c が等しくなるところで，q_2 に対する企業 1 の最適反応生産量 q_1' が決まります。図 9-3 には，このときの財価格 p' と，長方形の面積としての企業 1 の利潤 π_1 も描かれています。

　さて，A 国市場におけるクールノー競争のナッシュ均衡は，各企業の供給量が相手企業の供給量の最適反応になっている状態なので，(9-2) 式と (9-3) 式を同時に満たす (q_1, q_2) となります。その解であるナッシュ均衡は

$$(q_1^N, q_2^N) = \left(\frac{a-c}{3b}, \frac{a-c}{3b} \right)$$

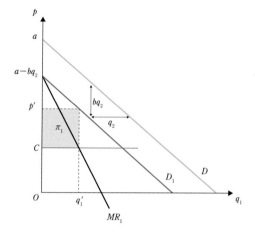

図 9-3　ナッシュ均衡下での企業 1 の選択

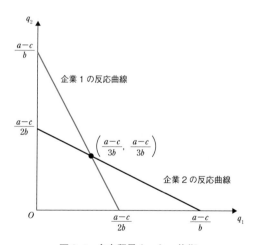

図 9-4　**自由貿易ナッシュ均衡**

と計算されます。ナッシュ均衡では，いずれの企業も $(a-c)/3b$ 単位の財を
A 国市場に供給します。

　図 9-4 は，(9-2) 式のグラフである企業 1 の**反応曲線**，(9-3) 式のグラフ
である企業 2 の反応曲線，そしてそれらの交点であるナッシュ均衡を描いて

いきます。閉鎖経済の独占下での供給量 $(a-c)/2b$ は，$q_2=0$ に対する企業1の最適反応として図示されており，その供給量と比較すると，開放経済下の複占下での各企業の供給量 $(a-c)/3b$ は少なくなっています。ただし，A国市場全体への総供給量 $2(a-c)/3b$ は，閉鎖経済下での供給量を上回ることもわかります。その結果，財価格は $(a+c)/2$ から

$$p=a-\frac{2(a-c)}{3}=\frac{a+2c}{3}$$

へ下落し，A国の消費者は利益を得ます。

A国とB国は対称的なので，B国においても，貿易は市場に同様の変化をもたらすことがわかります。貿易が可能になると，A国に拠点を置く企業1が財を輸出してきます。その結果，市場への総供給量が増え，価格は下がり，B国消費者の利益につながります。

各企業の利潤への影響はどうでしょうか？　両国の市場が対称的なので，貿易が可能な場合，各企業は各国の市場から得る利潤の2倍の利潤を受け取ります。例えば企業1の利潤は

$$\begin{aligned}\pi_1&=2(p-c)q_1^N\\&=2\left(\frac{a+2c}{3}-c\right)\frac{a-c}{3b}\\&=\frac{2(a-c)^2}{9b}\end{aligned}$$

となります。閉鎖経済下での利潤 $(a-c)^2/4b$ よりも，小さくなっていることに注意してください。閉鎖経済下では，各企業はそれぞれの自国市場において独占のうまみを享受していましたが，国際貿易が可能になると，それぞれの市場において相手企業と競争していくことになり，その結果利潤は減少するのです。外国市場が開かれるとはいえ，国際貿易は企業にとって好ましいとは限らないのです。

A国の企業1とB国の企業2は，同一の財をそれぞれ相手国に輸出することになります。例えば，日本で製造された鋼板をアメリカに輸出し，アメリカで製造された同じ種類の鋼板を日本は輸入するのです。この貿易はある意味無駄な行為だと言えます。輸送費が存在する場合は，特にそうでしょう。

しかし，このような無駄に見える貿易は，消費者の利益につながります。外国企業の進出を許すことにより，独占による弊害を緩和するのです。

市場が不完全競争にあるときは，そのこと自体が国際貿易の源泉となります。そして，国際貿易によって，不完全競争によって引き起こされている市場の歪みが緩和されます。市場の歪みを緩和する効果は，重要な貿易利益の一つと考えられます。

9.2 相互ダンピング

▶ ダンピング

これまでは，財の輸出に貿易費用が全くかからないとしてきました。ここでは，例として，貿易費用の一種である関税が，外国からの輸入に対して課されるケースを考えましょう。これから示すように，貿易費用が存在するときは，各国企業は外国市場に財をダンピングしているとみなされることになります。ダンピングとは，自国での価格よりも低い価格で外国に財を販売することです。安く販売すること自体は悪くないように思えますが，ライバル企業を撤退させ市場を独占するために，一時的に価格を下げているだけだとしたら，その行為は結局消費者のためにならないでしょう。そのため，多くの国はダンピングを違法と認定し，外国企業がダンピングしてきた場合は，アンチ・ダンピング税を課すなど対抗手段を講じています。

▶ 一般的クールノー競争のナッシュ均衡

分析の準備として，限界費用が，A国の企業1とB国の企業2との間で異なるケースを考えましょう。ある市場に財を供給するときの限界費用が，企業1は c_1，企業2は c_2 だとします。そうすると，企業1と企業2の最適反応関数は，それぞれ（9-2）式，（9-3）式から

$$q_1 = \frac{a - c_1}{2b} - \frac{q_2}{2} \tag{9-2'}$$

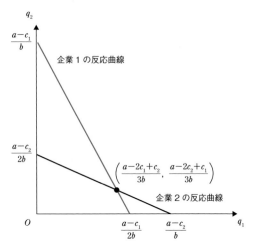

図9-5　限界費用が異なるときのナッシュ均衡

$$q_2 = \frac{a-c_2}{2b} - \frac{q_1}{2} \tag{9-3$'$}$$

となるのがわかります。これらを解くと，ナッシュ均衡

$$(q_1,\ q_2) = \left(\frac{a-2c_1+c_2}{3b},\ \frac{a-2c_2+c_1}{3b}\right) \tag{9-4}$$

を得ます。また，市場価格と各企業の利潤は，それぞれ次のように計算されます。

$$p = a - b(q_1+q_1) = \frac{a+c_1+c_2}{3} \tag{9-5}$$

$$\pi_1 = \frac{(a-2c_1+c_2)^2}{9b} \tag{9-6}$$

$$\pi_2 = \frac{(a-2c_2+c_1)^2}{9b} \tag{9-7}$$

これらの値が，$c_1=c_2=c$ のときは先に導出した対称的な世界におけるものと等しくなることを確認してください（ただし，ここでの π_1 は一国市場の

みからの利潤として定義されていることに注意してください）。企業間で限界費用が異なると，供給量や利潤も企業間で異なることになります。例えば $c_1 < c_2$ のときは，(9-2′)，(9-3′) 式から，図9-5で表されているように，企業1の反応曲線は企業2の反応曲線より外側（原点からより離れたところ）に位置し，その結果 $q_1 > q_2$ となります。また，生産量だけでなく，(9-6)，(9-7) 式からわかるように，限界費用が低い企業の方が，利潤も大きくなります。

▶ 相互ダンピング

それでは，貿易費用の存在が，両企業による外国市場へのダンピングを誘発することを示しましょう。両国共に，従量税率 t の輸入関税を課すとします（この輸入関税が，企業にとっての貿易費用となります）。そして，当初の設定通り，企業1と企業2の限界費用は c だとします。このとき，生産の限界費用が c である企業1が自国市場であるA国に財を供給するときの限界費用は $c_1^A = c$，外国市場であるB国に財を供給するときの限界費用は $c_1^B = c+t$ となります。同様に，企業2のA国への供給の限界費用は $c_2^A = c+t$，B国への供給の限界費用は $c_2^B = c$ となります。

まずは，A国市場の様子を見てみましょう。$c_1^A = c$ と $c_2^A = c+t$ を (9-4) 式の c_1 と c_2 にそれぞれ代入すると，ナッシュ均衡 (q_1^A, q_2^A) は次のように計算されます。

$$(q_1^A,\ q_2^A) = \left(\frac{a-c+t}{3b},\ \frac{a-c-2t}{3b} \right)$$

同様に，(9-5)，(9-6)，(9-7) 式より，均衡価格と各企業の利潤を計算することもできます。ここで重要なのは，A国市場での均衡価格であり，それは，

$$p^A = \frac{a+2c+t}{3}$$

となるのがわかります。

両国は対称的なので，B国市場のナッシュ均衡は，企業1と企業2の立場が逆転して，

$$(q_1^B,\ q_2^B)=\left(\frac{a-c-2t}{3b},\ \frac{a-c+t}{3b}\right)$$

となります。そして，市場均衡価格 p^B は，p^A と等しくなります。

　このナッシュ均衡では，両企業ともに，相手国にダンピングをしている状況にあります。企業1について考えましょう。企業1が生産する財の自国での価格は，p^A です。外国市場で販売されるときの価格は p^B であり，それは p^A と等しくなっています。ただし，外国市場に財が投入される際に，この財には t の関税がかかっているため，企業1が外国への販売から受け取る1単位当たりの収入は p^B-t となります。つまり，企業1は外国へは p^B-t の価格で輸出していることになります。この関税や輸送費などの貿易費用がかかる前の価格（つまり自国の港を出港する時点での財の価格）を f.o.b. (free on board) 価格と呼びます。輸出企業がダンピングしているかどうかは，その財の国内価格とこの f.o.b. 価格との比較によって決まるのです。この場合は，企業1は国内価格 p^A よりも低い p^B-t で外国に輸出しているため，ダンピングをしているとみなされます。同様に，企業2も，国内価格 p^B よりも低い価格 p^A-t で外国に輸出しており，ダンピング認定されることになります。

　ここでは，いずれの企業も，自らの利潤を最大化するよう各市場への供給量を決めているだけであり，相手企業を市場から追い出そうと不当に値下げしているわけではありません。ダンピングを違法とする本来の趣旨からすると，この企業行動は全く問題ありません。現実にも，ダンピング認定される多くの企業は，ただ単に市場で競争していただけということがままあります。アンチ・ダンピング法は，政府が自国産業を保護するために恣意的に利用しているという批判に，しばしばさらされる所以です。

9.3　戦略的貿易政策

▶ 不完全競争下での貿易政策

　第6章では最適関税理論を学びました。大国では，関税賦課により，交易

条件が改善し社会厚生が増大するという理論です。輸入に関税を課すと，その財の国内価格が上昇し，国内の超過需要が減少します。大国における超過需要の減少は，世界的な超過供給の創出を意味するので，輸入財の価格が下落，つまり交易条件が改善するのです。輸出に関しても同様の議論ができます。大国が輸出に対して課税すると，輸出（国内の超過供給）が減少し，世界的な財の超過需要が発生します。それは輸出財の価格を引き上げるので，この交易条件の改善を通じて，この国の社会厚生は増大します。

しかし，この議論は現実と合わないように思われます。航空機産業では，長年にわたり，アメリカと EU がそれぞれボーイングとエアバスを助けるべく補助金政策を繰り広げています。現実には，各国は自国企業の輸出を推進する政策をとっているように見えるのです。本節では，市場が不完全競争状態にある場合，各国政府は，自国企業の輸出を推進する輸出補助金政策をとるのが望ましいことを示します。不完全競争下での貿易政策をめぐる政府間競争は，**戦略的貿易政策**と呼ばれています。完全競争下では交易条件を向上させる輸出税が最適であっても，多くの産業で実際に観察される不完全競争下では，相手国企業から寡占利潤を奪い取ることになる輸出補助金が最適な政策となるのです。

▶ 第 3 国市場モデル

同一の財を生産する A 国の企業 1 と B 国の企業 2 が，第 3 国である C 国のみに財を販売している状況を考えましょう。C 国におけるこの財の需要は逆需要関数 $P(q) = a - bq$ で表されるとします。また，A 国政府は，企業 1 に輸出 1 単位当たり s_1 の補助金を与えるとします。他方，B 国政府は企業に補助金を与える政策はとらないとしましょう。

このとき，企業 1 が C 国に財を供給するときの限界費用は $c_1 = c - s_1$ となり，企業 2 の限界費用は $c_2 = c$ となります。C 国における企業 1 と企業 2 のクールノー競争は，これまで考察してきた状況と基本的に変わらないので，(9-4) 式より，各企業の均衡輸出量は

$$(q_1, \ q_2) = \left(\frac{a - c + 2s_1}{3b}, \ \frac{a - c - s_1}{3b} \right) \tag{9-8}$$

となります。図9-5で表されているように，c_1の方が補助金の分だけc_2より低いため，企業1の反応曲線は企業2の反応曲線より外側に位置します。これらの交点であるナッシュ均衡を補助金がないとき（$s_1 = 0$）と比べると，企業1の輸出は増加し，企業2の輸出は減少するのがわかります。また，各企業の利潤は，(9-6)，(9-7) 式より

$$(\pi_1, \ \pi_2) = \left(\frac{(a-c+2s_1)^2}{9b}, \ \frac{(a-c-s_1)^2}{9b} \right) \tag{9-9}$$

となり，やはり企業1の利潤は補助金によって増加し，企業2の利潤は減少しています。

▶ 最適補助金政策

A国政府による企業1への補助金は，企業2の利潤を減らし，企業1の利潤を増やすことがわかりましたが，最適な補助金率はどの水準に決まるのでしょうか？ このモデルにおけるA国の社会厚生は，補助金部分を除いた企業1の利潤となります。社会厚生を測る総余剰は，消費者余剰，生産者余剰，政府余剰です。この場合，財はC国のみで販売されるので，A国の消費者余剰はゼロです。生産者余剰は企業1の補助金部分を含んだ利潤ですが，政府余剰は補助金分だけ負となります。補助金による生産者余剰への正の貢献と政府余剰への負の貢献は，完全に相殺されます。その結果，総余剰は，補助金収入を除いた企業1の利潤となるのです。

(9-9) 式の起業1の利潤には補助金収入も含まれているので，A国の社会厚生は，$W = \pi_1 - s_1 q_1$ であり，(9-8)，(9-9) 式より，

$$W = \frac{(a-c+2s_1)^2}{9b} - \frac{s_1(a-c+2s_1)}{3b}$$
$$= \frac{(a-c+2s_1)(a-c-s_1)}{9b}$$

と計算されます。これから，社会厚生 W を最大にする s_1 は，W の s_1 についての導関数がゼロとなる $s_1 = (a-c)/4$ となるのがわかります。

A国政府の最適補助金政策を，図9-6を用いて見てみましょう。図9-6には，両企業の反応曲線と企業1の2本の等利潤線が描かれています。企業1

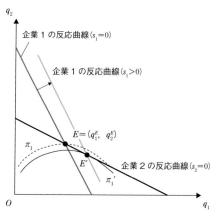

図 9-6　**最適補助金政策**

に関しては s_1 がゼロのときと正の値をとるときの2本の反応曲線が描かれています。原点に近い方の企業1の反応曲線と企業2の反応曲線は，それぞれ補助金がないケースに対応しており，両者の交点 E は $s_1=0$ のときのナッシュ均衡を表しています。

　E 点を通る点線は，このナッシュ均衡における企業1の利潤に対応する等利潤線です。つまり，この点線上のどの (q_1, q_2) でも，企業1の利潤は $s_1=0$ のときのナッシュ均衡利潤と等しくなります。この等利潤線は，企業1の反応曲線上（つまり E 点）で水平となる逆 U 字形をしています。E 点が企業1の反応曲線上にあるということは，$q_2=q_2^E$ に対する最適な生産量 q_1 が q_1^E ということです。したがって，q_1 が q_1^E よりも小さくても大きくても，$q_2=q_2^E$ のままならば，企業1の利潤は減少します。このとき利潤を E 点での水準に保とうとするならば，企業1にとって都合のよい変化が起こらなくてはなりません。それが，q_2 の減少です。つまり，E 点から左右に生産点がずれたとしても，企業2の生産量が減少するならば，企業1の利潤は一定に保たれるのです。このことから，企業1の等利潤線は，企業1の反応曲線上で水平となる逆 U 字形となるのがわかります。(q_1, q_2) 平面上のどの点をと

っても，その点を通る等利潤線を描くことができます。それらの等利潤線は，全て $s_1=0$ のときの反応曲線上で水平となります。また，企業1にとって企業2の生産量は少ない方が都合がよいので，企業1の等利潤線は下方に位置するほど高い利潤に対応しています。

A国政府が自国の社会厚生を最大化する補助金を選択する均衡は，図9-6の E' 点で示されます。そこでは，π_1' の利潤に対応する等利潤線と企業2の反応曲線が接しています。企業1が直面する限界費用は，生産の限界費用から補助金率 s_1 を引いた $c_1=c-s_1$ となるため，図9-5からわかるように，企業1の反応曲線は，s_1 が増加すれば外側にシフトし，減少すれば内側にシフトします。このことは，A国政府は，補助金率を変化させることにより，自由に企業1の反応曲線を動かせることを意味します。企業1の反応曲線を動かせば，ナッシュ均衡点も企業2の反応曲線に沿って動きます。つまり，A国政府は補助金政策によって，企業2の反応曲線上の点を自由に均衡点として選ぶことができるのです。

A国政府は，社会厚生の尺度である総余剰を最大化するのに，E' 点を均衡点として選択します。この財はA国では消費されず，消費者余剰がゼロとなるため，総余剰は，補助金分を除いた企業1の利潤に等しくなっています。補助金分を除いた企業1の利潤，つまり $s_1=0$ のときの利潤を最大化するのが，$s_1=0$ のときの等利潤線と企業2の反応曲線の接点である E' 点です。π_1' の利潤に対応する等利潤線の上方に位置する全ての (q_1, q_2) では，企業1の利潤は π_1' より低くなります。E' 点以外の企業2の反応曲線上の全ての点はこの等利潤線の上方に位置するため，この E' 点が，A国の総余剰を最大化する点であるのがわかります。

A国政府は，企業1の反応曲線がちょうど E' 点を通るように，補助金率 s_1 を決めます。その補助金率が，$s_1=(a-c)/4$ です。最適補助金率が正の値を取るのは，図9-6において，最適補助金率の下での反応曲線は，$s_1=0$ のときの反応曲線より外側に位置していることからも確認できます。自国企業への補助金は，外国企業から自国企業への利潤の移し替えを通じて，その国の社会厚生を増大させます。

A国にとって見れば，自国企業に補助金を与えるのが最適な政策です。し

かし，B国政府も同様のインセンティブがあることを忘れてはなりません。実際，両国ともにそれぞれの国にとって最適な補助金政策をとるならば，自由貿易時と比べ両国ともに社会厚生が低下することがわかっています。補助金合戦は市場のある第3国での財価格を下げ，その結果第3国は利益を得ます。しかし，補助金合戦を行う当事国自身の利益にはなりません。

■ 復習問題

(1) 同一の財を生産するA国の企業1とB国の企業2が，両国で競争する国際複占市場を考えます。A国における需要関数は $q=14-p$ で，B国における需要関数は $q=8-p$ で与えられています。いずれの企業の費用関数も $C(q)=2q$ です。A国政府はこの財の輸入に従量税率 t^A の関税を，B国政府は従量税率 t^B の関税をそれぞれ課しています。

(a) A国市場における企業1の収入と限界収入を，それぞれ各企業の供給量である q_1^A と q_2^A の関数として表してください。また，A国市場における企業1の最適反応関数を求めてください。

(b) A国市場における企業2の収入と限界収入を，それぞれ各企業の供給量である q_1^A と q_2^A，そして t^A の関数として表してください。また，A国市場における企業2の最適反応関数を求めてください。

(c) A国市場の均衡における各企業の供給量を求めてください。この財の均衡価格はいくらですか？ また，企業2がA国市場に輸出するときの f.o.b. 価格はいくらですか？

(d) B国市場についても同様に考察し，均衡における各企業の供給量と財価格を求めてください。企業1がB国市場に輸出するときの f.o.b. 価格はいくらですか？

(e) A国とB国の関税率が $(t^A, t^B)=(1, 1)$ のときと $(t^A, t^B)=(3, 1)$ のときのそれぞれについて，どの企業がダンピングをしていると認定されるか答えてください。

(2) A国とB国による戦略的貿易政策を考えます。A国の企業1とB国の企業2は同一の財を生産し，第3国に財を供給しています。第3国でのこの財の需要関数は $q=12-p$ で与えられています。また，いずれの企業も費用関数は $C(q)=2q$ です。

(a) 自由貿易均衡における各企業の第3国への供給量と利潤を求めてください。

(b)A国政府のみが，企業1に補助金率 s^A の輸出補助金を与えるとします。各企業の第3国への供給量と利潤を s^A の関数として求めてください。また，この財市場から得る総余剰を，A国とB国それぞれについて，s^A の関数として求めてください。そして，A国の総余剰を最大化する補助金率は $s^A=5/2$ となることを示してください。自由貿易時に比べ，A国の総余剰は増加しますか？ B国の総余剰への影響はどうですか？

(c)A国政府が企業1に補助金率 s^A の輸出補助金を与え，B国政府が企業2に補助金率 s^B の輸出補助金を与える状況を考えましょう。各企業の第3国への供給量と利潤，そして各国の総余剰を，それぞれ s^A と s^B の関数として求めてください。両国がそれぞれの補助金率を決定するゲームのナッシュ均衡は $(s^A, s^B)=(2, 2)$ となるのを確かめてください。自由貿易時に比べ，各国の総余剰は増加しますか？

発展問題

(1) 復習問題(2)で考察した戦略的貿易政策について，さらに理解を深めましょう。ここでは，企業1と企業2がいずれもA国企業だとします。いずれの企業の費用関数も引き続き $C(q)=2q$ と与えられています。

 (a)復習問題(2)と同様に，両企業は，$q=12-p$ の需要関数を持つ第3国に財を輸出しているケースを考えます。A国の総余剰を最大化する輸出補助金率は $s^A=-5/2$，つまり税率5/2の輸出税となることを示してください。自由貿易のときの総余剰と比較し，課税により余剰が増加していることを確かめてください。

 (b)両企業は，第3国ではなく，企業が立地しているA国内に財を販売しているとします。A国でのこの財の需要関数は，$q=12-p$ です。このとき，A国の総余剰（ここでは消費者余剰も考える必要があります）を最大化する政策は再び補助金を与えることであり，その生産補助金率は5となることを示してください。また，そのときの総余剰を計算し，自由貿易時のそれと比較してください。

(2) 復習問題(2)と発展問題(1)で見てきたように，寡占状態にある産業に対する最適貿易政策は，補助金のときもあれば課税のときもあります。どうしてこのようにケースによって違うのでしょうか？ これまでの問題それぞれについて，どうしてその答えが補助金または課税になるのか考えてください。産業が完全競争にあるケースも考慮に入れ，現実の貿易政策はどうあるべきか考えてください。

復習問題と発展問題の解答は，株式会社サイエンス社ウェブサイトの本書サポート情報に掲載されています。

第 10 章

多様な企業による
国際貿易・海外直接投資

　前章では国際寡占市場を考察しましたが，そこでは企業は2社しか存在しないとして分析を進めました。本章では，より一般的なケースとして，各産業に多くの企業が操業しているケースを考えます。1つの産業内でも，規模の大きな企業もあれば小さな企業もあります。生産した財を国内市場だけでなく外国にも販売している企業や，生産・販売活動拠点を海外に持つ多国籍企業も存在します。逆に，国内販売に特化している企業もあります。本章では，企業間での生産性の差異が，海外活動形態の違いを生むことを示します。生産性が高い企業ほど，輸出や海外直接投資（Foreign Direct Investment, FDI）といった国際活動を活発に行っています。本章で考察する世界では，各企業は，他の企業が生産する財とは，色や形，そして性能や機能などが異なる差別化された財を生産しています。同じ産業であっても財が差別化されていれば，消費者は自国で生産されたものだけではなく，外国で生産された財も購入するでしょう。つまり，差別化された財が異なる企業によって生産されるということ自体が，産業内貿易を発生させ，消費者は消費の多様性という利益を享受するのです。また，国際貿易が産業の平均生産性を向上させることも見ていきます。

本章のポイント

- 企業ごとに財が差別化されていることが，産業内貿易の源泉となると同時に，貿易による財の多様性向上は貿易利益につながります。
- 生産性の低い企業は国内市場にのみ財を供給する一方で，生産性が高い企業は，輸出や海外子会社による生産により，海外市場でも財を販売します。

- 国際貿易により，産業の平均生産性は向上します。この平均生産性の向上も，重要な貿易利益の一つです。

10.1　多様な企業による多様な国際戦略

　同じ電気製品を作っているからといって，各企業が他の企業と同じ販売戦略をとっているとは限りません。多くの企業は，他の企業のものとは外観や性能の異なる財を製造し，販売しています。国際戦略についても同様です。Bernard, Jensen, Redding, and Schott（2007）は，2002 年のアメリカの製造業では，たかだか 18％の企業しか輸出に携わっていないことを明らかにしました。日本ではそれよりは高いものの，2003 年において，製造業に携わる企業の 30.5％しか輸出をしていないことが報告されています（若杉，2011 年）。同じ産業内にあっても，輸出をしている企業もあれば，国内市場に特化している企業もあるのです。

　国内市場に特化している企業と海外でも財を販売する企業とでは，何が違うのでしょうか？　国内でのみ活動する企業に比べ，海外でも財を販売する企業は，生産性が高く，規模が大きく，資本集約度が高く，高い賃金を支払っていることが，世界各国で観察されています。表 10-1（若杉（2011）から抜粋）は，2005 年時点の日本において，国内でのみ財を販売している企業と比較して，輸出企業と FDI を行っている企業の各項目の数値が何倍になっているかを示しています。例えば，企業規模を雇用者数で測るならば，国内企業に比べ，輸出企業は平均で 2.69 倍，FDI を行っている企業は 4.38 倍の規模であるのがわかります。

　同一産業内においても生産性や海外活動において異なる企業が多数存在することは，どうして重要なのでしょうか？　様々な面で企業が異なっていたとしても，産業全体で見るならば，これまでの分析が適用できるのではないでしょうか？　もちろん，これまでの議論は参考にはなりますが，産業内における企業の多様性を明示的に取り込むことによって，新たに見えてくるものもあります。本章では，この分野の草分けとなったメリッツ・モデル

211

	雇用者数	賃金	資本集約度	生産性(TFP)*
輸出企業プレミアム	2.69	1.25	1.40	1.38
FDI企業プレミアム	4.38	1.24	1.72	1.31

（出典）　若杉（2011）
* TFP（Total Factor Productivity）は全要素生産性と呼ばれる指標です

表10-1　輸出企業・FDI企業プレミアム（日本，2005年）

（Melitz, 2003）を用いて，国際貿易が，異なるタイプの企業に異なった影響を与え，その結果，生産性の低い企業は淘汰され，産業の平均生産性が上昇することを見ていきます。

10.2　メリッツ・モデル

▶ モデル構造：独占的競争

メリッツ・モデルで考察する産業では，多くの企業が，それぞれ，他の企業が生産する財とは差別化された財を生産しています。差別化された財とは，例えば冷蔵庫のように食品を低温で保存するという基本的機能は共通であるものの，その形状，色，補完的機能，性能などが各製品で異なる財のことです。ここでは，各企業がそれぞれ1つの差別化された財を生産しているとします。財が差別化されているため，多くの企業が財を供給しているにもかかわらず，各企業は右下がりの需要曲線に直面します。このように，多数の企業が財を供給しているにもかかわらず，各企業が右下がりの需要曲線に直面する競争状態は，**独占的競争**と呼ばれています[1]。また，一般的な独占的競争の世界では，市場への参入と撤退が自由であり，その結果，各企業の利潤はゼロになると想定されます。

各企業 i は，次のように表される需要関数に直面しているとしましょう。

$$q_i = A p_i^{-\sigma}$$

ここで，q_i と p_i は，それぞれこの企業の財に対する需要量と価格，$\sigma > 1$ は需要の価格弾力性を表します[2]。そして，A は需要の大きさを表す変数で，企業にとっては与えられた定数となります。ただし，各企業が直面する需要の大きさは，産業全体の市場規模や，操業する企業数，それらの企業が選択する財価格などにより大きく左右されます。例えば，貿易により外国企業が進出してくると，市場に財を供給する企業数は増加し A は低下すると考えられます。

財生産における各企業 i の限界費用 c_i は，企業によって異なるとします。この生産性の差異が，企業間での異なる国際戦略につながっていきます。企業の生産性を $z_i = 1/c_i$ と定義しましょう。z_i が高いほど，企業の生産性は高くなります。また，企業は，可変費用 $c_i q_i$ に加え，固定費用 f を負担します。輸出する場合は，輸出市場の開拓にかかる更なる固定費用 f_x がかかるとします。

▶ 閉鎖経済均衡における価格，生産量，利潤

閉鎖経済では，各企業 i は，自国市場における利潤を最大化するよう価格 p_i を選択します。企業の収入は $R_i = p_i q_i = A p_i^{1-\sigma}$，生産費用は $C_i = c_i q_i + f = c_i A p_i^{-\sigma} + f$ なので，利潤は

$$\pi_i(p_i) = A p_i^{1-\sigma} - c_i A p_i^{-\sigma} - f \tag{10-1}$$

となります。利潤を最大化する価格は，第9章で利潤を最大化する生産量を求めたときと同様，（10-1）式の導関数がゼロとなる p_i です。（10-1）式の

1　完全競争の世界では，産業全体では右下がりの需要曲線に直面するものの，全体からすると規模が無視できるほど小さな個々の企業にとっては，直面する需要曲線は市場価格の水準で水平に見えています。このとき，少しでも価格を引き上げると，一気に需要を失ってしまいます。しかし，独占的競争では，個々の企業は他の企業が製造するものと差別化された財を製造しているため，価格を引き上げても全ての需要を失うわけではありません。その財の特定の性質を好む消費者は，多少価格が高くなってもその財を相変わらず需要するからです。このため，独占的競争下では，各企業は，独占者のように右下がりの需要曲線に直面します。

2　需要の価格弾力性は，$\sigma = -(dq_i/dp_i)(p_i/q_i)$ と定義され，価格が1%下落したときに需要が何%上昇するかを表しています。需要の価格弾力性は通常1より大きいとされています。

導関数は,

$$\pi_i'(p_i)=(1-\sigma)Ap_i^{-\sigma}+\sigma c_i Ap_i^{-\sigma-1}$$

となるので, $\pi_i'(p_i)=0$ となる最適価格は,

$$p_i=\frac{\sigma}{\sigma-1}c_i \tag{10-2}$$

となるのがわかります。需要の価格弾力性 σ は 1 より大きいので, p_i は c_i よりも大きくなっています。この価格と限界費用との差はマークアップと呼ばれます。

ここでは, マークアップを価格と限界費用の比として見た場合, そのマークアップ率が $\sigma/\sigma-1$ と定数になっています。需要の価格弾力性 σ が大きいほど, 消費者は価格に敏感になり, 価格を上げたときの需要の減少は大きくなります。このため, 需要の価格弾力性が大きいほど, 企業がつける価格は限界費用 c_i に近い低い値をとるようになります。

(10-2) 式の価格を需要関数に代入すると, 企業の生産量

$$q_i=A\left(\frac{\sigma c_i}{\sigma-1}\right)^{-\sigma}=A\left(\frac{\sigma-1}{\sigma}\right)^{\sigma}c_i^{-\sigma} \tag{10-3}$$

を得ます。また, 企業の収入は

$$R_i=Ap_i^{1-\sigma}=A\left(\frac{\sigma-1}{\sigma}\right)^{\sigma-1}c_i^{1-\sigma} \tag{10-4}$$

となります。さらに, 利潤は, (10-2) 式と (10-3) 式を用いて,

$$\begin{aligned}
\pi_i&=(p_i-c_i)q_i-f\\
&=\left(\frac{\sigma c_i}{\sigma-1}-c_i\right)A\left(\frac{\sigma-1}{\sigma}\right)^{\sigma}c_i^{-\sigma}-f\\
&=\frac{1}{\sigma}A\left(\frac{\sigma-1}{\sigma}\right)^{\sigma-1}c_i^{1-\sigma}-f
\end{aligned} \tag{10-5}$$

となります。また, (10-4) 式から, 利潤は

$$\pi_i=\frac{R_i}{\sigma}-f \tag{10-6}$$

と書けることもわかります。

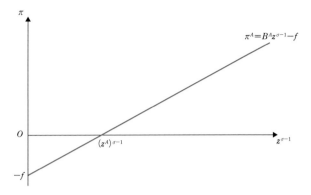

図 10-1　閉鎖経済均衡における企業利潤

企業をその生産性 z で区別し，生産性と利潤の間に正の相関があることを確認しましょう。(10-5) 式に $c_i=1/z$ を代入し，

$$B=\frac{1}{\sigma}A\left(\frac{\sigma-1}{\sigma}\right)^{\sigma-1} \qquad (10\text{-}7)$$

とすれば，$z_i=z$ の生産性を持つ企業 i の閉鎖経済下での利潤は

$$\pi^A=B^A z^{\sigma-1}-f \qquad (10\text{-}8)$$

と書くことができます。閉鎖経済均衡に対応する B ということで，$z^{\sigma-1}$ の係数は B^A と記述しています。また，$\sigma-1$ は正の定数なので，生産性 z が高いほど利潤 π^A も高くなることが確認できます。

(10-8) 式で表されるこの関係は，横軸を $z^{\sigma-1}$ とした図 10-1 に直線として示されています。図 10-1 からわかるように，生産性が z^A を下回る企業が操業すると，利潤は負になります。固定費用を除いた操業利潤 R/σ が固定費用をカバーするほど大きくないため，利潤は負になるのです。その結果，それらの企業は操業することなく市場から退出し，実際の利潤はゼロとなります。他方，操業している全ての企業は，その生産性が z^A を上回っています。そして，それらの企業の中では，生産性が高いほど高い利潤を誇るのです。また，(10-3) 式から，生産性の高い企業ほど生産量も高くなることがわか

ります。

▶ 国際貿易の効果：国内企業と輸出企業

差別化された財が貿易されるとき，その産業にどういう影響があるのか見ていきましょう。ここでは，全てにおいて対称的な2国を考えます。この2国では，この産業の財への総支出額も等しく，操業する企業数や企業の生産性の分布も等しいとします。その結果，閉鎖経済均衡では，各企業の財への需要の大きさを表す A や，その関数である B は両国で同一となっています。

いずれの国の企業も，自国市場と外国市場に財を供給することができます。ただし，外国に財を輸出する際には，輸送費用がかかるとします。具体的には，1単位の財を外国市場に届けるためには，$\tau > 1$ 単位の財を輸出しなくてはならないとします。輸送中に $1-(1/\tau)$ の割合の財が溶けてなくなり，出荷した量の $1/\tau$ しか現地に到着しないという，いわゆる氷塊型の輸送費です。

さて，輸送費のかからない自国市場に供給するための限界費用は，生産にかかる限界費用に他ならず，$c_i=1/z$ であり，固定費用は f となります。他方，外国市場に供給するための限界費用は，生産にかかる限界費用に τ を掛け合わせた $c_i=\tau/z$ です。1単位供給するためには τ 単位生産しなくてはならないからです。輸出の固定費用は f_x です。

貿易均衡において，各企業が自国市場から得る利潤は，(10-8) 式と同様に，

$$\pi_d^T=B^T z^{\sigma-1}-f \tag{10-9}$$

と書けます。貿易による競争環境の変化に伴い，企業にとっての市場の大きさを示す B は，B^A から B^T へと変化しています。輸出から得る利潤も同様に求められます。輸出の固定費用は f_x であることに注意し，外国市場に財を供給するときの限界費用 τ/z を (10-5) 式に代入し，(10-7) 式を用いて整理すると，輸出から得る利潤は

$$\pi_x^T=B^T(\tau/z)^{1-\sigma}-f_x=B^T\tau^{1-\sigma}z^{\sigma-1}-f_x \tag{10-10}$$

と書けることがわかります。

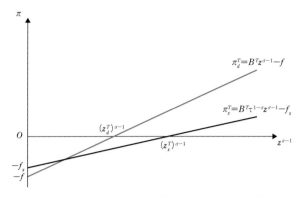

図 10-2　**自国市場から得る利潤と輸出から得る利潤**

　（10-9）式の B^T は自国市場での需要の大きさを表しますが，（10-10）式の B^T は外国市場での需要の大きさを示しています。２国が対称的なため，この２つの変数が同じ値をとることに注意してください。また，B^T は B^A はよりも小さくなります。その主な原因は外国企業が自国市場に参入してくることです。自国製品と代替性のある財が輸入されることにより，自国市場はより競争的になり，各企業が直面する需要は減少します。また，新たに自国企業も参入してくるかもしれません。これから見るように，高い生産性を持つ企業を中心に，輸出機会を得た企業の利潤が増大します。その結果，参入時の期待利潤（利潤の期待値）は上昇するかもしれません。参入時の期待利潤が上昇すれば，自国企業の新たな参入が起こり，既存企業の財への需要はさらに減少することになります。

　図 10-2 には，（10-9）式，（10-10）式で表される各利潤が示されています。自国市場から得られる利潤に比べ，輸出から得られる利潤は，$\tau^{1-\sigma}=1/\tau^{\sigma-1}$ <1 で表される輸送費のため，利潤線の傾きが緩やかになっています。そのため，この例では，f_x の方が f よりも小さいにもかかわらず，利潤線が横軸と交わる点は，輸出利潤線の方が大きくなっています。輸出するかどうかを決める閾値 z_x^T は，自国市場への参入を決める閾値 z_d^T より高いのです[3]。閉鎖経済均衡のときと同様に，生産性が z_d^T よりも低い企業は市場から退出しま

す。生産性が z_d^T よりは高いものの z_x^T より低い企業は，自国市場からは正の利潤を得るものの，輸出をすればそこからの利潤は負になります。したがって，これらの企業は自国市場にのみ財を供給します。そして，生産性が z_x^T より高い企業は，自国と外国の両市場に財を供給し，いずれの市場からも正の利潤を得ます。操業する企業はある程度高い生産性を持つ企業であり，それらの中でもとりわけ生産性の高い企業のみが輸出も行うのです。

▶ 企業利潤に与える多様な効果：勝者と敗者

それでは，国際貿易が企業利潤に与える影響を見てみましょう。これまでの議論と（10-9）式，（10-10）式から，貿易均衡における企業利潤は

$$\pi^T = \begin{cases} 0 & \text{if } z \le z_d^T \\ B^T z^{\sigma-1} - f & \text{if } z_d^T < z \le z_x^T \\ B^T (1+\tau^{1-\sigma}) z^{\sigma-1} - f_x - f & \text{if } z > z_x^T \end{cases} \qquad (10\text{-}11)$$

と表せることがわかります。図 10-3 の色太線は，国際貿易均衡におけるこの利潤線 π^T を描いています。また，この図には，閉鎖経済均衡での利潤線 π^A が点線で描かれています。生産性が z_d^T と z_x^T の間では，利潤線 π^T の傾き B^T は，閉鎖経済下での利潤線 π^A の傾き B^A より小さくなっています。国際貿易による競争激化により，それぞれの市場において各企業が直面する需要は小さくなるからです。他方，生産性が z_x^T を上回る部分では，利潤線 π^T の傾きは $B^T(1+\tau^{1-\sigma})$ となり，B^A より大きくなります。個々の市場から得る利潤は閉鎖経済のときより小さくても，市場が 1 国から 2 国に拡がる効果の方が大きいのです。

閉鎖経済均衡のときと同様，生産性が最も低い企業グループは，市場で操業することはありません。閉鎖経済均衡と比べ，参入の閾値は z^A から z_d^T へと上昇していることに注意してください。国際貿易により，外国企業や新たな自国企業が市場に進出してくるため，自国市場はより競争的となります。最も生産性の低い企業グループは，その結果，市場から締め出されるのです。

---

3 10.1 節で見たように，輸出の方が自国市場参入の場合よりも生産性の閾値が大きいというのは，現実に即した結果です。復習問題では，このような結果をもたらす条件について考えます。

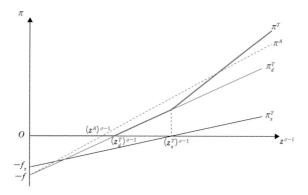

図 10-3　国際貿易が企業利潤に与える影響

z_d^T と z_x^T の間の，そこそこ高い生産性を持つ企業の利潤は，貿易により減少します。これらの企業は，貿易後も相変わらず自国市場にのみ財を供給しており，貿易によって市場が拡がるわけではありません。しかも，自国市場は，外国企業の進出を受け，より競争的になっています。そのため，これらの企業の利潤は，閉鎖経済均衡のときより小さくなります。

生産性が z_x^T を上回る企業は，自国市場からのみならず輸出からも利潤を得ます。生産性がそれほど高くなければ，輸出からの利潤は，国内利潤の減少をカバーしきれず，z_x^T より生産性の低い企業と同様に，貿易により利潤は減少します。しかし，図 10-3 に描かれているように，生産性が十分高いならば，輸出機会を得て，企業は貿易前より高い利潤を得ることになります。

▶ 貿 易 利 益

このように，国際貿易は，その生産性に応じ，各企業に異なったインパクトを与えます。生産性の低い企業にとっては，国際貿易は外国企業の参入による競争の激化に過ぎません。他方，生産性が十分高い企業にとっては，市場が拡がる大きな機会が与えられたことになります。図 10-3 が示すように，生産性が高ければ高いほど貿易の利益が大きく，貿易は，強い企業をより強くすると言えます。「**勝者総取り**」と呼ばれる弱肉強食の世界です。

　国際貿易により，各国内で消費できる財のバラエティーは増加します。自国製品とは差別化された財が外国から入ってくるからです。消費する財の多様性の向上は，一人ひとりの効用を増加させる重要な貿易利益の一つです。

　また，メリッツ・モデルは，これまで語られてこなかった新しいタイプの貿易利益の存在を明らかにしました。それは，産業の平均生産性の上昇です。この平均生産性の上昇は，生産性の低い企業から生産性の高い企業への生産シフトにより，もたらされます[4]。貿易により，最も生産性の低い企業グループは市場から退出します。次に生産性の低いグループは，生産量を減らすことになります。他方，生産性が最も高い企業グループは，海外にも財を供給するため，生産量を増やすことになります。国際貿易により，生産はより効率的な企業の手により行われるようになるのです。

10.3　海外直接投資（FDI）

▶ 海外直接投資とは

　外国市場に財を供給する方法は，本国からの輸出だけではありません。現地に生産拠点を設け，そこで生産した財を直接その市場に売るという方法もあります。また，海外の子会社で生産し，そこから第3国に輸出するケースもあります。経営に携わることを目的に外国企業の株式を取得したり，一から外国に子会社を設立したりすることを**海外直接投資（FDI）**と言います。FDI の前者の形態は **M&A**（Merger & Acquisition），後者はグリーンフィールド **FDI**[5] と呼ばれています。また，FDI には，生産から販売まで本国での機能と同様の機能を持つ子会社を海外に設立する**水平的 FDI** と，部品工場や組み立て工場，販売拠点など，生産・販売活動の一部を海外に移す**垂直的 FDI** の2つの系統があります。ここでは，輸出の代替的方法としての FDI

4　(10-6) 式より，操業利潤 R_i/σ が上昇するときは収入 R_i が上昇しているのがわかります。また，(10-2) 式に示されているように価格が一定なので，そのようなときは生産量も増加しているのがわかります。したがって，貿易により，生産性の高い輸出企業の生産量は増加し，そうでない企業の生産量は減少することがわかります。

5　何もないところから（草原のようなところに）工場などを建設するという意味合いがあります。

の役割を考えるため，水平的 FDI に焦点を絞って，直接投資について考察を加えます。

▶ 企業の海外戦略：輸出と FDI

FDI も考慮に入れると，それぞれの市場で 3 つのタイプの企業が財を供給することになります。まずは，自国企業です。他の 2 つのタイプは外国企業ですが，外国から輸出により財を供給するタイプと，FDI によりその国に子会社を設立し，そこから財を供給するタイプに分かれます。自国企業と輸出企業が直面する費用構造（可変費用と固定費用）は，これまで通りです。FDI 企業の費用構造はどうでしょうか。FDI 企業は販売先となる国に子会社を設立し，そこで財を生産し供給するので，その限界費用は現地企業と同じだと考えられるでしょう。つまり，z の生産性を持つ FDI 企業の限界費用は $c_i=1/z$ となります。他方，外国企業が子会社を設立するときの固定費用は，自国企業の固定費用と同水準か，それ以上だと考えるのが普通でしょう。この固定費用を f_{FDI} と呼べば，FDI 企業のその市場から得る利潤は，

$$\pi_{\mathrm{FDI}}^{\mathrm{FDI}}=B^{\mathrm{FDI}}z^{\sigma-1}-f_{\mathrm{FDI}} \tag{10-12}$$

となります。

国内供給によって得る利潤，輸出から得る利潤，FDI による外国市場への販売から得る利潤は，それぞれ，(10-9) 式，(10-10) 式において B^T を FDI が存在するときの均衡での市場規模を表す B^{FDI} に置き換えたもの，そして (10-12) 式で表されます。輸出だけでなく FDI によっても外国市場に進出できる場合は，各市場での競争がより激化するため，B^{FDI} は，B^A より小さい B^T をさらに下回ることになります。

FDI が存在するときの均衡におけるこれらの利潤は，図 10-4 に描かれています。FDI 企業の利潤線 $\pi_{\mathrm{FDI}}^{\mathrm{FDI}}$ は，$f_{\mathrm{FDI}}>f$ を反映して国内供給の利潤線 π_d^{FDI} の下方に位置しています。また，利潤線 $\pi_{\mathrm{FDI}}^{\mathrm{FDI}}$ は，生産性が $z_{\mathrm{FDI}}^{\mathrm{FDI}}$ のところで輸出の利潤線 π_x^{FDI} と交差し，それ以降は π_x^{FDI} より高い利潤を保っています。このことは，生産性が $z_{\mathrm{FDI}}^{\mathrm{FDI}}$ 以下の企業は輸出により外国市場に財を供給するのに対し，生産性が $z_{\mathrm{FDI}}^{\mathrm{FDI}}$ を上回る企業は外国での子会社から財を供給するこ

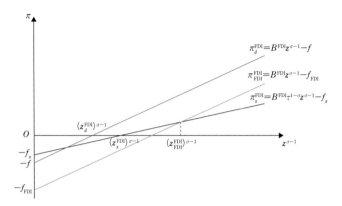

図 10-4　**自国市場から得る利潤，輸出から得る利潤，FDI による利潤**

とを意味しています。

　図 10-4 では，$z_d^{\mathrm{FDI}} < z_x^{\mathrm{FDI}} < z_{\mathrm{FDI}}^{\mathrm{FDI}}$ が成立しています。その結果，生産性が z_d^{FDI} を下回る企業は市場から撤退し，z_d^{FDI} と z_x^{FDI} の間の企業は国内のみに財を供給しています。生産性が z_x^{FDI} を上回れば，企業は外国市場に進出しますが，その進出形態は，生産性が z_x^{FDI} と $z_{\mathrm{FDI}}^{\mathrm{FDI}}$ の間にあれば輸出により，$z_{\mathrm{FDI}}^{\mathrm{FDI}}$ より高ければ FDI によることになります。$z_{\mathrm{FDI}}^{\mathrm{FDI}}$ の方が z_x^{FDI} より高いので，FDI 企業の平均生産性は，輸出企業の平均生産性を上回ることになります。表 10-1 によると，2005 年の日本では，FDI 企業の生産性は輸出企業の生産性を下回っているようです。ただし，表には載せていませんが，他の年ではその順位が逆転しているケースが多くなっています。また，日本以外の国に関して，FDI 企業の平均生産性が，輸出のみを行っている企業の生産性を上回る状況が多く報告されています。

▶ 距離と集中のトレード・オフ

　外国市場への進出に際し，最も生産性の高い企業グループが FDI を選択し，2 番手企業が輸出を選択するのはどうしてでしょうか？　それは，「**距離と集中のトレード・オフ**」によって説明可能です。外国に子会社を設立すると，

そのための固定費用が新たにかかります。それは，自国工場で海外販売分まで含めて生産するという集中の利益を失うことを意味します。しかし，生産場所と販売場所が近くなり，輸送費などの貿易費用を節約するというよい面もあります。図 10-4 では，利潤線 π_d^{FDI} の縦軸切片の絶対値である f_{FDI} が，利潤線 π_x^{FDI} の縦軸切片の絶対値である f_x より大きくなっていますが，これは集中の利益の損失を示しています。他方，利潤線 π_d^{FDI} の傾きは国内企業の利潤線 π_d^{FDI} と同じであり，輸出企業の利潤線 π_x^{FDI} より急になっています。これは近さによる利益を反映しています。生産性が高い企業の方が生産量が多く，それだけ輸送費の節約による利益も大きくなります。固定費の増大は，生産量が小さい企業にとっては大きな負担ですが，生産量が多ければ，現地生産による可変費用減少の効果の方がより大きくなるのです。

また，図 10-4 の利潤線 π_d^{FDI} の傾きは，$B^{\mathrm{FDI}} < B^T$ を反映し，図 10-2 の利潤線 π_d^T より緩やかになっています。その結果，参入の閾値は z_d^T から z_d^{FDI} に上昇しています。生産性が最も高い企業グループは，輸出よりも供給の限界費用が低い現地生産によって，海外市場に進出します。そのため，各市場はより競争的となります。また，FDI によって輸出よりも多くの利潤を生み出す機会が与えられたため，参入時の期待利潤は高まり，より多くの国内企業が参入してきます。このことも，市場がより競争的になる要因となり，最も生産性が低い企業グループは市場から退出していきます。そしてそれは，平均生産性の更なる上昇を意味しています。

■ キーワード

差別化された財，独占的競争，メリッツ・モデル，海外直接投資（FDI），距離と集中のトレード・オフ

■ 復習問題

(1) 一般的に，参入，輸出，FDI の生産性閾値は，参入の閾値が一番低く，次に輸出の閾値，そして FDI の閾値と続きます。そのような順序になる条件をここでは考えます。

　　(a) まずは，FDI が存在しない貿易均衡を考え，輸出の閾値 z_x^T が参入の閾値 z_d^T より大きくなる条件を求めてください。図 10-2 を参照し，生産性が z_d^T の企業が自国市場から得る利潤と輸出から得る利潤を比較することに

より，その条件を導出してください。

(b) 設問 (a) と同様に，FDI が存在しない貿易均衡を考え，ここでは生産性が z_d^T である企業に注目して，$z_d^T < z_x^T$ となる条件を求めてください。

(c) FDI も存在するケースを考え，図 10-4 を参照しながら，FDI の閾値 z_x^{FDI} が輸出の閾値 z_x^{FDI} より大きくなる条件を求めてください。その条件が満たされないときは，どのような企業がどのようにして外国市場に財を供給するようになりますか？

(2) FDI が存在しない貿易均衡を考えます。各企業 i が直面する自国と外国での需要関数は，それぞれ $q_i = A/p_i^2$ と与えられています。生産性が z の企業の限界費用は $1/z$，固定費用は f，輸出する場合には，輸出のための固定費用 f_x に加え，1 単位当たり τ の氷塊型輸送費がかかります。

(a) z の生産性を持つ企業が自国市場から得る利潤を，価格 p_i の関数として表してください。

(b) 利潤を最大化する価格 p_i を求め，自国市場から得る利潤 π_d を生産性 z の関数として表してください。

(c) 参入の閾値 z_d はいくつになりますか？

(d) 輸出によって外国市場から得る利潤を価格 p_i の関数として表してください。

(e) 輸出利潤を最大化する価格 p_i を求め，輸出利潤 π_x を生産性 z の関数として表してください。

(f) 輸出の閾値 z_x はいくつになりますか？

(g) $z_d < z_x$ となる条件を求めてください。

(h) $A=4$，$\tau=2$，$f=4$，$f_x=3$ だとします。$z=3, 5, 8$ のそれぞれの企業について，貿易均衡における利潤を求めてください。

発展問題

(1) 氷塊型輸送費 τ を $1-\sigma$ 乗した $\tau^{1-\sigma}$ は，しばしば貿易の自由度と呼ばれています。$\tau=1$ の輸送費がゼロの状態では $\tau^{1-\sigma}=1$ となり，輸出が完全に停止する $\tau=\infty$ のときは $\tau^{1-\sigma}=0$ となります。つまり，閉鎖経済では $\tau^{1-\sigma}$ はゼロで，貿易が自由化する（輸送費が下がる）につれ $\tau^{1-\sigma}$ は上昇し，完全に自由となったときに $\tau^{1-\sigma}=1$ となるのです。

さて，ここでは，FDI が存在しない貿易均衡を考え，輸出の固定費用 f_x は生産の固定費用 f より小さいとします。貿易の自由度 $\tau^{1-\sigma}$ が 0 から 1 に上昇していくにつれ，参入の閾値 z_d と輸出の閾値 z_x がどう変化していくか考えてください。そしてその変化とともに，生産性の異なる企業の輸出戦略がどう変わっていくのか述べてください。

(2) 貿易費用の低減などによる国際貿易の進展は，いわゆるグローバリゼーショ

ンと呼ばれる現象の一つです。グローバリゼーションにより，国内の所得格差
が拡大したとする主張があり，そのことは，グローバリゼーションの負の側面
だと捉えられています。メリッツ・モデルで学んだ考え方を用いて，国際貿易
の進展が国内での所得格差の拡大につながる可能性について論じてください。
その際，企業間の生産性の違いがどこから生まれてくるのかを考えてみてくだ
さい。

復習問題・発展問題解答例

復習問題と発展問題の解答は，株式会社サイエンス社ウェブサイトの本書サポー
ト情報に掲載されています。

参 考 文 献

若杉隆平編，『現代日本企業の国際化：パネルデータ分析』，岩波書店，2011 年。

Bernard, Andrew B., Bradford Jensen, Stephen J. Redding, and Peter K. Schott, "Firms in International Trade", *Journal of Economic Perspectives*, 21, 105-130, 2007.

Melitz, Marc J., "The Impact of Trade on Intra-Industry Reallocations and Aggregate Industry Productivity", *Econometrica*, 71, 1695-1725, 2003.

第 4 部

国際収支と
為替レート

第11章　貿易収支はなぜ均衡しないのか

第12章　為替レートの決定と国際貿易および国際資本
　　　　移動

第 11 章

貿易収支は
なぜ均衡しないのか

　　第 1 部で考察した国際貿易の一般均衡では，常に輸出額と輸入額が釣り合っていました。**貿易収支**が常に均衡していたのです。しかし，現実には貿易収支がゼロになることはまずありません。どうして輸出と輸入は釣り合わないのでしょうか？　それは，国と国との間では，財やサービスだけでなく株や債券などの**金融資産**も取引されているからです。財やサービス，そして金融資産など，国際間で取引される全てのものを考慮に入れてはじめて，「輸出」と「輸入」が釣り合うのです。本章では，まず，国際間の全ての取引を記述する**国際収支**について学びます。そして，国際間の貸し借りを意味する金融資産の取引が可能なときは，貯蓄と投資の差である純貯蓄が金融収支となり，その国の**経常収支**（正確には経常収支と政府による債務免除などの資本移転等収支の和）に等しくなることを見ていきます。そして，その貯蓄行動が国の経済発展状況や人口動態の影響を受けることを，異時点間貿易の枠組みで分析します。その国の経済の将来展望は，人々の貯蓄行動や企業の投資行動に大きな影響を与えます。そして，それがその国全体の純貯蓄を決め，海外との金融資産取引に影響を与え，国際収支を通じて貿易収支を左右するのです。

本章のポイント

● 　財貨やサービスの国際間取引を記述したものが国際収支です。国際収支は，財・サービス取引の収支を示す貿易収支を含む経常収支，債務免除などの資本移転等収支，そして対外資産の増減を示す金融収支からなり，経常収支と資本移転等収支の和と金融収支は常に等しくなります。

- 貿易収支やそれを含む経常収支が黒字になるか赤字になるかは，その国の貯蓄・投資行動に大きく影響を受けます。実際，資本移転等収支は規模が小さく，経常収支と，純貯蓄を反映する金融収支は，ほぼ等しくなります。
- これから発展していく国は純貯蓄がマイナスに，人口減少などにより今後成長が停滞していく国は純貯蓄がプラスになる傾向があります。その結果，前者は経常収支が赤字に，後者は経常収支が黒字になりがちです。

11.1 国際収支

　第3章と第4章で学んだリカード・モデルとヘクシャー・オリーン・モデルでは，各国において，輸出と輸入は常に等しく，貿易収支は均衡します。国全体の予算制約を満たせば必然的に輸出と輸入が釣り合うからです。しかし，現実には，多くの国で貿易収支が大幅な黒字だったり赤字だったりします。国全体の予算制約は実際は満たされなくてもよいのでしょうか？　本節では，全ての対外取引を記述する国際収支について学び，貿易収支の「裏側」に国際間での貸し借りがあることを見ていきます。金融資産の取引があれば，貿易収支は均衡する必要がないのです。

▶ 貿易収支は均衡するのか？

　図 11-1 は，1996 年から 2019 年の日本の貿易収支を示しています。日本の貿易収支は長く黒字基調でしたが，近年では赤字になることも珍しくありません。この日本の例からもわかるように，貿易収支は一般的には均衡しません。後に見るように，アメリカでは大幅な貿易赤字が長年にわたり続いています。

　どうして貿易収支は均衡しないのでしょうか？　国内産業の競争力が弱く輸出が伸びないので赤字になったりするのでしょうか？　それとも外国政府が輸入制限的な政策をとっているので赤字になるのでしょうか？　図 11-1 は，そのどちらでもない，つまり輸出競争力の有無で貿易収支が決まるのではないことを示唆しています。2008 年から 2009 年にかけて発生した世界金融危

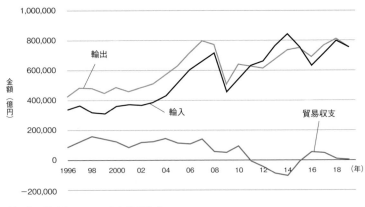

(出所) 財務省のデータより著者作成

図 11-1　日本の貿易収支

機により，輸出も輸入も大きく下落しました。しかしその後は輸出入とも増加傾向に戻っています。それにもかかわらず，世界金融危機後の貿易収支は悪化傾向にあるのです。実際，図によると，輸出と輸入は同じように推移しているのがわかります。輸出が伸びているときは輸入も伸びています。輸出が伸びても，輸入も同じように伸びるのであれば，貿易収支は黒字方向に進むとは限りません。

▶ 国際収支表

　財の貿易以外にも，国々は外国と多くの取引を行っています。財貿易は，自動車を輸出したり，小麦を輸入したりする国際取引です。自動車や小麦ではなく，アメリカの航空会社の飛行機でアメリカに行き，ホテルに宿泊し，食事をすれば，アメリカからこうしたサービスを輸入したことになります。アメリカ企業が提供する保険の購入もサービス輸入です。他方，外国からの観光客が日本で買い物をすれば，それは日本にとってサービスの輸出となります。財やサービスの貿易以外では，海外子会社から収益を受け取る所得移転や，金融資産の取引などがあります。

経常収支			
貿易・サービス収支			
貿易収支	財貿易	（輸出）−（輸入）	
サービス収支	サービス貿易	（輸出）−（輸入）	
第一次所得収支	対外金融債権・債務から生じる利子・配当等	（受取り）−（支払い）	
第二次所得収支	対価を伴わない資産の提供（寄付・贈与等）	（受取り）−（支払い）	
資本移転等収支	対価を伴わない固定資産の提供や債務免除	（受取り−供与）	
金融収支	金融資産の取引	（対外資産の増加）−（対外負債の増加）	

（出所）　財務省提供の情報より著者作成

表 11-1　国際収支表

　これら全ての対外取引の収支を，期間を区切って記録するのが国際収支表
です。表 11-1 に表されているように，国際収支は，大きく分けて経常収支，
資本移転等収支，そして金融収支に分かれます。経常収支は，さらに，貿易・
サービス収支，第一次所得収支，第二次所得収支に分かれています。

　貿易・サービス収支は，財やサービスの総輸出額から総輸入額を引いた純
輸出額です。その純輸出額が正ならば黒字，負ならば赤字となります。第一
次所得収支は，対外金融資産・債務から生じる利子や配当の受取りと支払い
の差を計上します。例えば，日本企業の親会社がアメリカにある子会社から
配当金を受け取ったならば，第一次所得収支に正の項目として計上されます。
また，証券投資からの収益の受取りや支払いもここに計上されます。第二次
所得収支は対価を伴わない資産の提供を計上するもので，官民の無償資金協
力や国際機関への拠出が該当します。

　資本移転等収支は対価を伴わない固定資産の提供や債務免除の収支です。
例えば，外国政府が抱える債務を日本政府が免除すると赤字が計上されます。
第二次所得収支の赤字項目は消費財の提供であるのに対し，資本移転等収支
の場合は資本財の提供である点が異なります。

　そして，直接投資や証券投資といった対外債権・債務の移動を伴う取引を

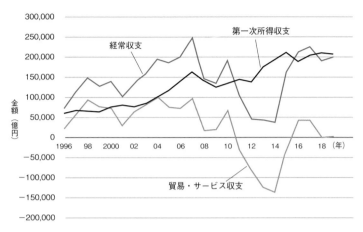

（出所） 財務省のデータより著者作成

図 11-2　**日本の経常収支**

計上するのが金融収支です。外国政府の国債や外国株の取得といった対外金融資産の増加から，外国居住者が所有する自国の金融資産の増加を引いたものが金融収支となります。また，中央銀行や政府が保有する外貨準備の増減も金融収支に含まれます。

　2019 年の日本の国際収支では，貿易収支が 3,812 億円の黒字，サービス収支が 1,248 億円の黒字，第一次所得収支が 209,845 億円の黒字，第二次所得収支は 13,755 億円の赤字であり，それらを総合した経常収支は 201,150 億円の黒字となっています。第一次所得収支が経常収支の黒字に大きく貢献しているのがわかります。また，資本移転等収支は 4,131 億円の赤字で，金融収支は，243,055 億円の黒字となっています。（財務省のデータによる。）

図 11-2 は，日本の経常収支，そしてその構成項目である貿易・サービス収支と第一次所得収支の，1996 年から 2019 年までの推移を表したものです。第一次所得収支がほぼ一貫して伸びていますが，貿易・サービス収支は減少傾向にあるのがわかります。

▶ 経常収支と金融収支

経常収支，資本移転等収支，そして金融収支の間には，

$$経常収支＋資本移転等収支＝金融収支 \tag{11-1}$$

という関係が成り立ちます[1]。

まずは資本移転等収支がゼロとし，どうしてこのような関係が成り立つのか考えてみましょう。例えば，ある日本企業が 100 ドル分の文房具をアメリカに輸出したとします。輸出から得た 100 ドルで小麦を買いそれを日本に持ち帰るならば，輸出額と輸入額が等しくなり，この一連の取引による経常収支はゼロとなります。これらの取引には金融取引は含まれないので，金融収支への貢献は，やはりゼロです。しかし，その日本企業は小麦を購入せず，文房具を売って得た 100 ドルを日本円に換えて日本に持ち帰るかもしれません。その場合でも，あるアメリカ企業が 100 ドル分の小麦を日本に輸出し，その代金をドルでアメリカに持ち帰ったならば，やはり日本の輸出額と輸入額はともに 100 ドルとなり，この 2 つの取引が経常収支に与える影響はゼロとなります。もちろんこのときも，金融収支はゼロとなり，(11-1) 式が成立します。この日本企業が，売り上げ代金をそのままアメリカ国債に投資したらどうなるでしょうか？ この場合，経常収支への貢献は 100 ドルの黒字であり，また，金融収支も 100 ドルの黒字となります。やはり (11-1) 式が成り立つのです。

国全体で考えても同様です。日本が 76 兆円分の財を輸出し 75 兆円分の財を輸入すれば，サービス貿易を考えなければ，経常収支は 1 兆円の黒字となります。その 1 兆円は相殺する輸入がなかった部分であり，外国資産の購入に当てられます。超過輸出分は外国にそのまま「貸し出し」，後日「返してもらう」のです。その結果，日本の金融収支は，経常収支と同様に 1 兆円の黒字となります。しかしここで，日本政府がある外国に対して持っていた 3,000 億円の債権を放棄したとしましょう。資本移転等収支は 3,000 億円の赤字です。日本全体としては，超過輸出で 1 兆円分の外国金融資産を手に入

1　実際は，これらの収支が別々に集計されるため，誤差が生じます。その誤差は，誤差脱漏として左辺に加えられ，その結果，経常収支＋資本移転等収支＋誤差脱漏＝金融収支として成立します。

れると同時に3,000億円の資産を失ったので，金融収支は結局7,000億円の黒字です。(11-1) 式が成り立つことがわかるでしょう。

このように，輸出入が釣り合わない結果，金融収支が黒字になったり赤字になったりします。しかし，経常収支の大きさが金融収支を決めるというわけではありません。次章で学ぶように，外国との利子率の差や為替レートの動向によって，日本人による外国金融資産への需要や外国人による日本の金融資産への需要が左右されます。例えば，アメリカの高金利に惹かれ，日本人によるアメリカ国債への需要が高まったとしましょう。そうすると，アメリカ国債購入のためのドルへ需要も高まります。その結果，円安ドル高になり，日本の貿易収支が増えていくでしょう。この例では，金融収支に影響を与える行動が，為替レートの変動を通じて経常収支に影響を与えたのです。

資本移転等収支の決定は政治的要素が強く，その額もそれほど大きいものではありません。そのため，「経常収支と金融収支が常に釣り合う」と考えてもらって構いません。しかし，その両者はどちらがどちらを決めるというものではなく，お互い影響を与えながら，釣り合うものなのです。

11.2　経常収支：マクロ経済的視点

経常収支は金融収支と釣り合えばよく，必ずしもそれぞれがゼロになる必要はないことを見てきました。ここでは，経常収支の大きさ，もしくは同じことですが金融収支の大きさは，国全体の貯蓄行動の結果に左右されることを，マクロ経済の視点から見ていきます。

▶ GDP 恒等式

一定期間内（例えば一年）に国内で生産された財・サービスの合計額は，国内総生産（Gross Domestic Product, GDP）と呼ばれます。GDP は国全体の経済活動の大きさを測る重要な指標です。まずここでは，GDP が消費（C），投資（I），政府支出（G），そして輸出額（EX）から輸入額（IM）を引いた貿易収支の和と等しい，つまり

$$GDP = C + I + G + (EX - IM) \qquad (11\text{-}2)$$

が成立することを見ていきましょう。この（11-2）式は GDP 恒等式と呼ばれています。

　ある国で生産された財・サービスは，その国自身の居住者か，それとも外国の居住者によって購入されます。消費者のみならず，将来の利潤を得るための投資としてコンピューターなどの財・サービスを購入する企業や，公共財を提供する政府も，この居住者に含まれます。財・サービスは，自国の消費者・企業・政府，もしくは外国の居住者に購入されるので，$GDP = C + I + G + EX$ が成立しそうです。しかし，C, I, そして G には外国で生産された財・サービスが含まれているため，それらの合計額である IM を差し引く必要があります。こうして，（11-2）式が導かれます。

　同じ一定期間内に国内居住者が得る総所得（Y）は，自ら生産した財・サービスの合計額と外国から得る純所得移転の合計となります。つまり，**国民総所得 Y は GDP と所得収支（第一次所得収支と第二次所得収支の和）の和**となります。（11-2）式の両辺に所得収支を加えてみましょう。そうすると，左辺は国民総所得 Y となり，右辺は貿易（およびサービス）収支（$EX - IM$）に所得収支を加えた経常収支（CA）となります。その結果，

$$Y = C + I + G + CA \qquad (11\text{-}3)$$

という関係が導かれます。

▶ 経常収支と純貯蓄

　ここでは，経常収支は，貯蓄額から投資額を引いた純貯蓄に等しくなることを見ていきます。まず，もう一つの重要な恒等式を導きましょう。人々が得た所得のうち税金（T）を除いたものは可処分所得と呼ばれます。そして，可処分所得は消費か貯蓄（S）に回されます。したがって，一国全体では

$$Y = C + S + T \qquad (11\text{-}4)$$

という関係が導かれます。この等式も（11-2）式や（11-3）式と同様に，ど

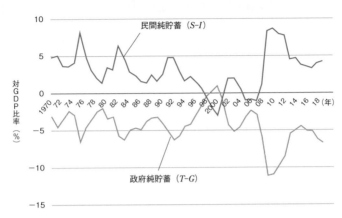

（出所）　Bureau of Economic Analysis, U.S. Department of Commerce のデータより著者作成

図 11-3　民間純貯蓄と政府純貯蓄（アメリカ合衆国）

んなときにも成立する恒等式です。

　さて，国民総所得から財・サービスへの国内総支出を引いた $Y-(C+I+G)$ が，この国の純貯蓄となります。すると，（11-3）式から，純貯蓄は経常収支 CA と等しいのがわかります。また，（11-4）式から，純貯蓄 $Y-(C+I+G)$ は，$(S-I)+(T-G)$，つまり民間部門の純貯蓄 $S-I$ と政府部門の純貯蓄 $T-G$ の和として表されるのもわかります。純貯蓄をこのように表し，経常収支と等しいことを

$$CA=(S-I)+(T-G) \tag{11-5}$$

と書きましょう[2]。この恒等式がここでの主役です。繰り返しになりますが，経常収支はその国全体の純貯蓄と常に等しいのです。

　経常収支と金融収支との関係のように，この恒等式は，経常収支と純貯蓄のどちらかが他方を決めるというものではありません。しかし，為替レートなどの影響も受ける経常収支よりも，国全体の貯蓄行動の方がより本源的だ

2　（11-5）式は，（11-3）式と（11-4）式から直接導くこともできます。

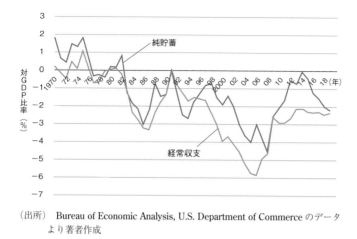

（出所）　Bureau of Economic Analysis, U.S. Department of Commerce のデータ
より著者作成

図 11-4　純貯蓄と経常収支（アメリカ合衆国）

と思われます。そう考えると，経常収支は国の貯蓄行動を反映して決まると
考えてもよさそうです。

▶ アメリカの経常収支と純貯蓄

　アメリカを例にとって，(11-5) 式の関係が実際に成立しているかどうか
見てみましょう。図 11-3 は，アメリカの民間純貯蓄と政府純貯蓄の対 GDP
比率の推移を，1970 年から 2019 年にかけて見たものです。民間純貯蓄と政
府純貯蓄はほぼ逆の動きをしているのがわかります。そして，図 11-4 では，
これらの和の推移を経常収支と比べています。経常収支などのこれらの項目
は別々に集計されるためか，厳密には，(11-5) 式は成り立っていないよう
ですが，経常収支と純貯蓄は同じような動きをしていることが見て取れます。

11.3　経常収支：異時点間貿易の視点

どうしてある国の経常収支が黒字で，別の国の経常収支が赤字なのかを理

解するには，それぞれの国の貯蓄行動を理解する必要がありそうです。ここでは，国々の発展段階や人口動態の差が，それぞれの国の貯蓄行動を左右し，その結果，経常収支が国によって異なってくることを見ていきます。現在発展途上にある国や，人口が増加している国では，現在よりも将来の方がGDPが高くなるでしょう。そういう国は，将来の消費を減らしても，今は外国から借り入れて消費を増やすことにより，異時点間で消費を平準化しようとするかもしれません。ただし，それが可能となるには，現在時点において貸し付けを行う国が必要です。GDPの伸びが停滞すると考えられる国は，現在の消費を将来に回そうとするため，貸付国の役割を演じることになります。

　国際的な貸し借りは，異時点の所得を国際間で取引するものと捉えることができます。ここでは，第3章や第4章で学んだ国際貿易の理論を，この異時点間貿易に応用し，国々の発展段階などの差が，貯蓄行動の差を生み，各国における経常収支の不均衡を生み出すことを見ていきます。

▶ 異時点間貿易モデル

　自国と外国の2国が，今期と来期の間で貸し借りを行う2期間モデルを考えます。各期において各国は，生産活動から得た所得をそのまま全て消費支出に回す代わりに，国際間の貸し借りを通じて消費を異時点間で平準化できます。例えば，自国は今期得た所得の一部を来期の消費に回したいと考え，外国は逆に来期の所得を先取りしたいと考えているときは，自国から外国への貸し付けが行われるでしょう。ここでは，今期のGDPと来期のGDPを，国際貸借を通じて，今期と来期の消費支出に振り分ける消費選択問題を考えます。この問題は，あたかも，生産した衣服と食料を，国際貿易を通じて外国と交換し，望ましい消費比率を達成しようとするのに似ています。そこでここでは，今期と来期のGDPをそれぞれ「今期財」と「来期財」の賦存量とみなし，これらの財を外国と「貿易」し，今期の消費支出（今期財の消費）と来期の消費支出（来期財の消費）に最適に振り分ける消費選択問題を考えます。

　第i期財（今期を第1期，来期を第2期とします）の自国の賦存量（第i

期の自国の GDP）を Y_i，消費量（第 i 期の消費支出）を C_i，そして今期と来期をつなぐ利子率を r と表します。外国におけるそれらの変数は，「*」をつけて区別します。また，今期における自国の外国からの借り入れを b とします。

両国は同一の社会厚生関数 U を持ち，それは以下のように表されるとします。

$$U(C_1,\ C_2) = u(C_1) + \delta u(C_2)$$

ここで，u は各期内での社会厚生を測る関数です。ここでは，分析をわかりやすくするために，u は自然対数関数である $u(C_i) = \log C_i$ とします。また，δ は主観的割引因子と呼ばれ，0 と 1 の間の値をとります。将来享受する社会厚生は，割り引かれて計上されるのです。

この社会厚生関数の無差別曲線の傾きである限界代替率は，第 2 期財の第 1 期財に対する相対消費量と主観的割引因子によって表現されます。第 3 章の復習問題でも無差別曲線の傾きの求め方について触れましたが，$U(C_1,\ C_2)$ の無差別曲線の傾きは，U を C_1 と C_2 のそれぞれについて偏微分した導関数を用いて，

$$-\frac{\partial U/\partial C_1}{\partial U/\partial C_2} = -\frac{u'(C_1)}{\delta u'(C_2)} = -\frac{C_2}{\delta C_1} \tag{11-6}$$

と表されます。ここで，最後の等式は，$\log C_i$ の導関数が $1/C_i$ になることを使っています。(11-6) 式から，原点を通る放射線上では，全ての点において C_2/C_1 が等しく，その結果，それらの点を通る無差別曲線の傾きも全て等しいことがわかります。図 11-5 に描かれているように，この社会厚生関数は相似拡大的な関数なのです。また，消費者が将来を重視せず近視眼的ならば，主観的割引因子 δ は小さくなり，無差別曲線の傾きは急になります。今期財を 1 単位多く得られるならば，多くの来期財をあきらめてもよいと考えるのです。

今期と来期，それぞれにおける予算制約はどう書けるのでしょうか？ 今期に，所得額を超えた消費をしようとすれば，その分借り入れなくてはなりません。そして来期には，利子を加えて返済する必要があります。逆に，今

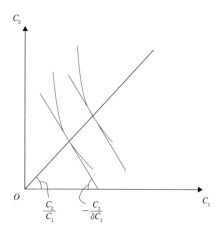

図 11-5　**異時点間をつなぐ無差別曲線**

期において，所得よりも支出額が低ければ，その差を貸し付けに回し，来期に所得以上の消費が可能となります。このことは，以下の2つの式で表されます。

$$C_1 = Y_1 + b,$$
$$C_2 = Y_2 - (1+r)b \tag{11-7}$$

元本が b で利息が rb となるので，来期における返済額（今期に貸し付ける場合は受取額）は $(1+r)b$ となることに注意しましょう。そして，今期に借り入れを行う場合（b は正），$C_1 > Y_1$，$C_2 < Y_2$ となり，逆に貸し付けを行う場合（b は負）は，$C_1 < Y_1$，$C_2 > Y_2$ となることを確認しましょう。外国の予算制約も同様に記述できます。

$$C_1^* = Y_1^* + b^*,$$
$$C_2^* = Y_1^* - (1+r)b^* \tag{11-8}$$

ただし，外国の借り入れは自国の貸し付けなので，$b^* = -b$ となります。

次に，今期の予算制約と来期の予算制約をつなげて，異時点間をつなぐ予

算制約を求めましょう。(11-7) 式の最初の式の両辺に $(1+r)$ をかけて，2番目の式と足し合わせると

$$(1+r)C_1+C_2=(1+r)Y_1+Y_2 \qquad (11\text{-}9)$$

を得ます。これが異時点間をつなぐ予算制約式です。ここでは，$1+r$ を来期財に対する今期財の相対価格と考えることができます。そうすると，左辺は今期財と来期財の両財への（来期財表示の）総支出，右辺は賦存する両財から得る所得であり，(11-9) 式が，総支出が所得と同一になるという予算制約を表しているのがわかります。外国についても同様の予算制約式が得られます。

▶ 国際資本移動がない場合

　国際間で資本が移動できないケース，つまり国際間で貸し借りがないケースをまず考えましょう。貸し借りがなければ，各期の支出は GDP と等しくならざるを得ません。(11-7) 式において，b がゼロならば $C_1=Y_1$ と $C_2=Y_2$ が成立するのです。この状況は，今期財と来期財の2財を取引する貿易モデルにおける閉鎖経済の状況と同じです。

　第3章で学んだ閉鎖経済均衡のように，今期財と来期財の消費点はそれらの賦存点と一致し，その点において，無差別曲線の傾きは予算線の傾きと等しくなります。その様子は，図 11-6 に描かれています。均衡では，最適な消費点が選択されているはずで，そのため，来期財を今期財で代替するときの限界代替率が今期財の相対価格に等しくなります。$C_1=Y_1$, $C_2=Y_2$ のときの限界代替率は (11-6) 式から $Y_2/\delta Y_1$ となるので，$1+r=Y_2/\delta Y_1$ が成立します。資本移動がない場合の利子率は，この等式が成立するよう決まるのです。

　均衡利子率 r は，Y_2/Y_1 が高いほど高くなります。今期財に比べ来期財の賦存量が多いほど，借り入れを行い，来期財の消費を減らしてでも今期財の消費を増やしたいと思うようになります。しかし，資本移動がないときには，このような消費の異時点間での消費の調整ができないため，そうした誘因を打ち消すほどに利子率が上昇することになるのです。また，主観的割引因子

241

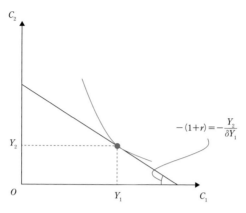

$$-(1+r) = -\frac{Y_2}{\delta Y_1}$$

図 11-6　国際資本移動がないときの均衡

が低いほど均衡利子率が高くなるのもわかります。将来をあまり重視しないときも，来期財の消費を犠牲にして今期財の消費を増やそうとするからです。

▶ 国際資本移動が可能な場合

　国際間で貸し借りが可能ならば，今期と来期の間で消費を調整できます。ここでは，$Y_2/Y_1 < Y_2^*/Y_1^*$ として分析を進めましょう。つまり，自国の方が今期財を（相対的に）豊富に持ち，外国の方が来期財を豊富に持つのです。

　まずは，国際資本移動がない閉鎖経済均衡を両国間で比べましょう。図 11-7 の左図は自国の，右図は外国の閉鎖経済均衡を表しています。両国の社会厚生関数は相似拡大的で同一なため，両国は同じ無差別曲線群を持ちます。したがって，均衡点における無差別曲線の傾きがどちらが大きいかは，どちらの方が来期財の賦存・消費比率が高いかによって決まります。ここでは，図 11-7 に表されているように，賦存・消費点における無差別曲線の傾きは，今期財に対する来期財の賦存・消費比率が高い外国の方が，自国よりも急になります。その結果，国際資本移動がないときは，外国の方が利子率が高くなります。

　資本が国際間を移動可能ならば，資本は，高い利子率を求めて自国から外

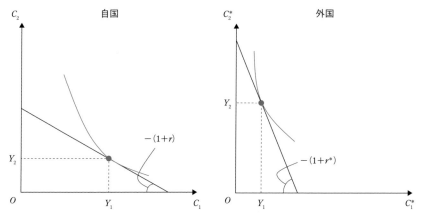

図 11-7　国際資本移動がないときの均衡（国際比較）

国に移動します。資本が流出する自国の利子率は上昇し，資本が流入する外国の利子率は下落するでしょう。均衡において両国が直面する世界利子率 r^w は，両国の閉鎖経済均衡利子率の間に決まります（$r < r^w < r^*$）。

図 11-8 は，国際資本移動が可能なときの各国の様子を表しています。今期財と来期財の二国間貿易と見るならば，今期財を豊富に持つ自国が今期財を外国に輸出し，その対価として来期財を輸入している状況です。外国は，逆に今期財を輸入し来期財を輸出しています。賦存点と消費点を頂点に持つ両国の貿易三角形が，合同となっているのを確かめてください。また，$C_1 < Y_1$ なので，（11-7）式から $b < 0$ となる，つまり自国は今期に外国に貸し付けを行っているのもわかります。

いずれの国の消費者も，今期と来期について大きな偏りがないよう消費したいと考えます。今期の GDP が相対的に高い自国は外国に貸し付けることにより来期の消費を増やし，来期の所得が相対的に高い外国は，今期に自国から借り入れを行うことにより今期の消費を増やそうとします。こうした各国の貯蓄行動が，各国の経常収支の不均衡につながるのです。

貸し付けは対外金融資産の増加を意味するので，自国の今期の金融収支は

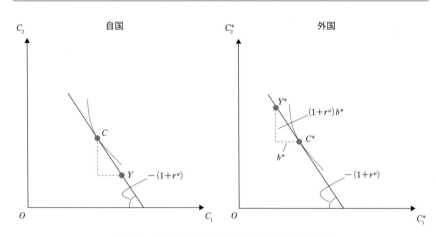

図 11-8　国際間を資本が移動可能なときの均衡

黒字となります。その金融収支黒字は同額の経常収支黒字を伴っているはず
です。それは，今期の GDP と消費支出の差である $Y_1 - C_1$ の貿易黒字です。
換言すれば，今期に消費可能な GDP の一部を来期の消費に回そうとする貯
蓄行動が，貿易収支の黒字を生むのです。外国では，自国からの借り入れに
よって，今期は GDP 以上の消費支出を行います。その結果，金融収支と経
常収支は同額の赤字となり，経常収支の赤字は全て貿易赤字からなります。

　来期になるとこの関係は逆転します。貸し借りの精算が行われるからです。
外国は GDP の一部を借入返済に回します。返済額 $(1+r^w)b^*$ のうち $r^w b^*$ は
利子支払いであり第一次所得収支の赤字として計上されます。元本返済は対
外負債の減少を意味するので，金融収支は b^* の黒字となります。また，返
済は貿易収支の黒字によってまかなわれるため，貿易収支は $(1+r^w)b^*$ の黒
字，第一次所得収支と合わせた経常収支は b^* の黒字です。もちろん自国は，
経常収支が赤字となります。

　ここでは，$Y_2/Y_1 < Y_2^*/Y_1^*$ として話を進めてきました。諸外国と比べ相対
的に今期財を豊富に持つ国は，人口成長率の低い日本のような先進国だと考
えられます。逆に来期財を豊富に持つ国は，発展途上にある ASEAN のよう

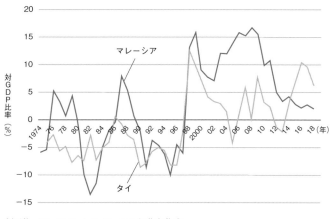

（出所）　World Bank のデータより著者作成

図 11-9　**経常収支の推移（マレーシアとタイ）**

な国々でしょう。図 11-2 からわかるように，日本の経常収支は，2008 年の金融危機までは黒字基調が続きました。しかしそれ以降は，貿易・サービス収支が時に赤字になるなど，減少傾向への変化が見て取れます。日本は海外への貸し付けにより貯蓄を膨らませてきましたが，そろそろ貯蓄を取り崩す時期に入ったようです。図 11-9 は，成長過程にあるマレーシアとタイの経常収支の推移を描いています。こちらからは，経常収支の若干の黒字化傾向が見て取れます。

キーワード

国際収支，経常収支，貿易収支，金融収支，純貯蓄，異時点間貿易，国際資本移動

復習問題

(1)　以下の国際取引は，国際収支表にどう反映されるでしょうか？　経常収支，資本移転等収支，金融収支に現れる全ての変化を記述してください。
　　(a) 50 億円分の自動車を輸出し，70 億円分の小麦を輸入した。
　　(b) 上記の取引に加え，中国からの観光客が，日本で 30 億円分の飲食をした。

    (c)上記の取引に加え，日本企業のアメリカ子会社から，利潤の一部である20億円が日本に送金された。また，ドイツ企業の日本子会社が，ドイツ本社に技術使用料として10億円送金した。

    (d)上記の取引に加え，日本政府が，カンボジア政府に貸与していた10億円の円借款の返済を免除した。

(2) 自国と外国による異時点間貿易を考えます。自国における今期と来期のGDPは，それぞれ6兆円と8兆円です。外国の今期と来期のGDPは，それぞれ12兆円と10兆円です。今期と来期の支出額をそれぞれ C_1，C_2 として，両国共通の社会厚生関数は

$$U(C_1,\ C_2) = \log C_1 + \frac{1}{2}\log C_2$$

と表されます。

    (a)国際間を資本が移動できないとき，各国の利子率はそれぞれいくらになりますか？

    (b)国際資本移動が可能なときの利子率はいくらですか？

    (c)国際資本移動が可能なとき，自国のおける今期と来期の支出額はそれぞれいくらですか？ 外国ではそれぞれいくらになりますか？

    (d)今期と来期の自国の経常収支とその内訳をそれぞれ求めてください。

発展問題

(1) 自国と外国による異時点間貿易を考えます。自国における今期と来期のGDPは，それぞれ3兆円と2兆円です。外国の今期と来期のGDPは，それぞれ15兆円と14兆円です。今期と来期の支出額をそれぞれ C_1，C_2 として，両国共通の社会厚生関数は

$$U(C_1,\ C_2) = \log C_1 + \frac{2}{3}\log C_2$$

と表されます。また，今期の期首において，外国から自国に3兆円の贈与がありました。資本は国際間を自由に移動できるとします。

    (a)自国と外国それぞれについて，各期の予算制約式と異時点間をつなぐ予算制約式をそれぞれ求めてください。

    (b)均衡における利子率はいくらですか？

    (c)自国のおける今期と来期の支出額はそれぞれいくらですか？ 外国ではそれぞれいくらになりますか？

    (d)今期と来期の国際収支表を，両国それぞれについて作成してください。（経常収支や金融収支，そしてそれらの内訳等を計算してください。）

(2) アメリカのように貿易収支と経常収支の赤字を抱える国は，赤字を削減しようと，輸入障壁を設けることがあります。このような政策は有効でしょうか？

輸入障壁により，財や資本の国際取引はどんな影響を受けるでしょうか？

復習問題・発展問題解答例
復習問題と発展問題の解答は，株式会社サイエンス社ウェブサイトの本書サポート情報に掲載されています。

第 12 章

為替レートの決定と国際貿易および国際資本移動

　全ての財やサービスは，その国の通貨により価格が表示されています。日本ならば円，アメリカならばドル，ヨーロッパならばユーロが，財・サービスの価値を測る尺度になっています。円とドルなど2つの通貨間の交換比率が為替レート（為替相場）です。為替レートはどう決まるのでしょうか？為替レートが変化することにより，国際貿易や国際資本移動はどのような影響を受けるのでしょうか？為替レートや国際資本移動を大きく左右するのは裁定取引です。財とは違い，資本は国際間をほぼ瞬時に移動できます。その移動コストも小さく，資本市場は，自由な裁定取引により，世界市場という1つの市場に統合されていると言っても過言ではありません。本章では，為替レートが短期的，長期的にどう決まり，そしてその変化が財・サービス貿易や国際資本移動にどう影響を与えるのかについて考察します。

本章のポイント

- 財・サービスの国際間裁定取引により，自国の物価水準と自国通貨表示での外国の物価水準を，長期的に一致させる力が働きます。それにより，為替レートは，長期的には，各通貨のそれぞれの国での購買力が世界的に一致する水準に収斂します。

- 日々実現する為替レートは，自国通貨と外国通貨を交換する為替市場において，外国通貨の需給が一致するよう決定されます。外国資産の購入といった国際間金融取引や，財・サービスの貿易などが，外国通貨の需給を左右します。

- 自国通貨の減価は，短期的には貿易収支を悪化させるものの，マーシャル・ラーナー条件が成立している場合は，長期的には貿易収支を改善させます。

● 関税の賦課やマネーストックの変化は，貿易収支に短期的影響を与えるものの，為替レートの調整により，長期的には影響を与えません。

12.1　各国通貨と為替レート

　どうして1ドルは10円ではなく約100円なのでしょうか？　それは1ドルの価値が10円の価値より10倍程度高いからです。それでは，各国通貨の価値とは何でしょうか？　それは，その通貨でどのくらいの財・サービスを購入できるかでしょう。円とドルの為替レートが \$1＝¥100 程度で推移するのは，アメリカで1ドルで購入できる財・サービスと日本で100円で購入できる財・サービスがほぼ釣り合っているからです。この考え方は**購買力平価**（Purchasing Power Parity, PPP）と呼ばれています。それでは購買力平価によって為替レートは決まると考えてよいのでしょうか？　為替レートは，外国通貨を1単位得るためにいくら自国通貨を支払わなければならないかという，いわば自国通貨に対する外国通貨の相対価格です。そう考えると，為替レートは，外国通貨や自国通貨の需要と供給によって決まりそうです。為替レートの決定要因の考察は次節に回すとして，まずは，為替レートと通貨価値について考えましょう。

▶ 通貨間の裁定取引

　一口に為替レートと言っても，日本円とアメリカ・ドル，アメリカ・ドルとユーロ，ユーロと日本円，日本円と中国元など，全ての通貨間でそれぞれの為替レートがあります。そして，それらは相互に関連しながら決まっています。円（¥）とドル（\$），ドルとユーロ（€），ユーロと円の3通貨間の3つの為替レートを例に，相互連関を考えましょう。

　図 12-1 には，\$1＝¥100，\$1＝€1 という，円とドル，ドルとユーロの為替レートが例示されています。さて，この場合，円とユーロの為替レートは1ユーロ何円となるでしょうか？　円とユーロの為替レートなので，円を売ってユーロを需要する人と円を得るためにユーロを供給する人の間で，ユーロ

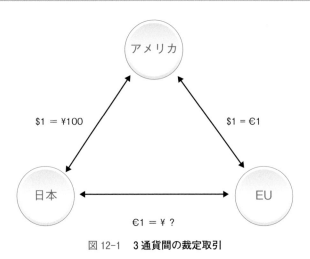

$1 = ¥100

$1 = €1

日本

EU

€1 = ¥ ?

アメリカ

図12-1　3通貨間の裁定取引

の需給が一致するように決まります。それでは，円とドル，ドルとユーロの
為替レートの情報だけでは，円とユーロの為替レートはわからないのでしょ
うか？

　実はこの場合，円とユーロの為替レートは€1＝¥100となります。円とユ
ーロの為替レートが，€1＝¥110だとしましょう。そうすると，円を売って
ドルを買い，そのドルでユーロを購入し，そのユーロで円を買うことによっ
て，利益を得ることができます。例えば，100円で1ドルを購入し，その1
ドルを1ユーロに交換し，さらにその1ユーロで110円を得れば，10円の
利益を得るのです。この取引を100円でなく大きな金額で行えば，相当な利
益になるのがわかるでしょう。

　円をユーロに交換する方法はここでは2つあります。まずは，円とユーロ
を直接€1＝¥110で取引する方法です。もう一つは，ドルを介して円とユー
ロを交換する方法です。後者の場合，€1＝$1＝¥100のレートで交換できま
す。そこで，安くユーロを手に入れる後者の方法で円をユーロに交換し，そ
れによって得たユーロを，高く売れる前者の市場で売却して利益を得たので
す。モノを安く手に入れることのできる市場で購入し，高い値がついている

市場で売却することによって利益を得る行為を，**裁定取引**と呼びます。この場合，ユーロを売買する裁定取引によって利益が得られたのです。

　しかし，こうした利益を生む状況は長くは続きません。多くの人がこの裁定取引を行うと，円とドルの交換市場では円売りドル買いが，円とユーロの交換市場ではユーロ売り円買いが活発化します。例えば，前者の市場で財・サービスの貿易額が大きく，この裁定取引によって為替レートが変化することがないとしたら，円とユーロの交換市場で円高，ユーロ安が進むでしょう。その結果，為替レートは，€1＝¥100 の水準に収斂していくでしょう。

　円とユーロの交換市場で，€1＝¥90 のように €1＝¥100 よりユーロ安になっているときは，上記の取引と逆方向の裁定取引が起こります。この場合は，円を売りユーロを買う取引が増加し，円とユーロの為替レートは，€1＝¥90 から €1＝¥100 に収斂していきます。

　このように，取引費用が時間的にも金額的にも小さい外国為替市場では，常に裁定取引が行われ，結果として，裁定取引によっては利益が出ない為替レート体系が常に実現します。裁定取引が自由に行われる場では，**一物一価**が成立します。逆に，1つのモノには1つの価格がついている一物一価の状態にある場を，1つの市場だとみなすことができます。そう考えれば，外国為替市場は，全ての通貨が取引されている1つの巨大な市場だと言えるのです。

▶ 購買力平価

　外国為替市場における裁定取引により，各国通貨の対ドル・レートが決まれば，あらゆる2通貨間の為替レートも決定されるのがわかります。そこで，ここからは，各通貨の価値を，財・サービスの国際間取引に中心的に使用されている**基軸通貨**であるアメリカ・ドルと比較して考えましょう。日本を自国と考えるならば，自国通貨とドルの交換比率は，$1＝¥100 と書くこともできれば，¥1＝$1/100 と書くこともできます。しかし，ここでは，為替レートを自国通貨表示での外国通貨の価格として表示します。円ドル・レートのこの例では，外国通貨であるドルを1ドル買うには100円必要なので，為替レートは $1＝¥100 と表示されることになります。

為替レートがわかってはじめて，財・サービスの価格を国際間で比較できます。例えば，同じパソコン（PC）が，日本で15万円，アメリカで1,000ドルで売られているとしましょう。日本とアメリカでは，どちらの方が安いでしょうか？ もちろん，この情報だけでは答えられません。しかし，もし為替レートが $1＝¥100 だとわかれば，アメリカでの PC 価格は円換算すると 10 万円ですから，アメリカでの方が安いことがわかります。

そうすると，ここでも裁定取引が起こります。この PC をアメリカで購入し，日本で売ることにより，一台につき5万円（正確にはそこから輸送費等を引いた金額）の利益が得られるからです。しかし，その結果，アメリカでの PC 価格は上昇，日本での価格は下落し，両国間の価格差は解消されていくでしょう。輸送費が無視できる場合は，価格差は完全に解消され，輸送費が無視できない場合でも，輸送費を超える価格差はなくなります。PC の日本での価格を p_P 円，アメリカでの価格を p_P^* ドルとし，為替レートを $e(¥/\$)$ とすれば，輸送費が無視できる場合は，裁定取引により，$p_P＝ep_P^*$ が成立するのです。

この一物一価の関係が全ての財・サービスについて成り立つならば，財・サービスの平均価格である物価水準も，両国間で等しくなります。この状態が購買力平価です。例えば消費者物価水準などの各国の物価水準は，ある一定の消費財バスケット（例えば，みかん 10 個とりんご 3 個などといった，人々が一般的に消費すると思われる消費財のセット）を購入するのに必要な支出額です。購買力平価は，自国と外国の物価水準をそれぞれ P, P^* として，$P＝eP^*$ と表せます。

どうして購買力平価がこう書き表されるのか，もう少し考えてみましょう。日本円の購買力は，1円（もしくは単位を例えば1万円と考えれば1万円）で価格 P の消費財バスケットがいくつ買えるかを表すので，$1/P$ と表現できます。それでは，アメリカ・ドルの購買力は，どう表現されるのでしょうか？ ドルの購買力も，1ドルで購入できる消費バスケットの量である $1/P^*$ で測れそうです。しかし，それでは日本円の購買力と比較できません。1ドルと1円ではその価値が大きく異なるからです。そこで，為替レートを用いてドルを円に換算し，1円と等価値のドルは，アメリカでどれだけの消

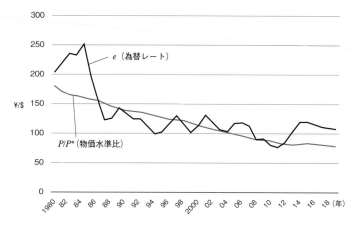

（出所）　IMF のデータより著者作成

図 12-2　**日米の物価水準比と為替レート**

費財バスケットを購入できるかを考えることになります。つまり，$1/e$ ドル
で購入できる消費バスケットの数，すなわち $1/(eP^*)$ でドルの購買力を測る
のです。そうすると，円とドルの購買力平価は，$1/P=1/(eP^*)$ と表され，
$P=eP^*$ と等しくなります。

　図 12-2 は，1980 年から 2019 年の日米の物価水準比（P/P^*）と為替レー
ト（e）の推移を描いています（2000 年の P/P^* がその年の e と等しくなるよ
う基準化）。購買力平価が成立しているならば，e と P/P^* は等しくなります
が，実際はそうはなっていないようです。これから見ていくように，為替レー
トは，各通貨の需給を反映し，日々変動します。それに対して物価水準は，
通常はゆっくりとしか変動しません。図 12-2 からは，為替レート e が
P/P^* より大幅に変動しているのがわかります。しかし，両者は一致してい
ないまでも，大雑把に言えば同じような動きをしていると見ることもできま
す。長期的には，購買力平価が為替レートの動きに影響を与えていると言っ
てよさそうです。

▶ 実質為替レート

　購買力平価が厳密には成立しないのは，全ての財・サービスについて裁定取引が完全に行われているとは，とても言えないからです。例えば，自動車などは，輸送費や諸費用を考えると，かなりの価格差がないと日米で裁定取引は行われないでしょう。タクシーなどのサービスは，そもそも日米間の裁定取引は不可能です。輸送費などの貿易費用により，裁定取引が制限されたり，そもそも貿易が行われない財やサービスがあるため，購買力平価が厳密に成立することはないのです。

　しかし，長期的には，購買力平価が成立する方向へ，為替レートや各国の物価水準が調整されるのも事実です。今，$P < eP^*$ が成立しているとします。全般的に，日本の財・サービスの方がアメリカより安いので，いずれの国においても，アメリカで作られる財・サービスへの需要は減少し，日本の財・サービスへの需要は増加するでしょう。アメリカの人たちが日本の財・サービスを購入しようと円需要も増加します。その結果，P は上昇し，e や P^* は下落します。また，日本の財・サービスへの需要の増加は，日本における生産増加につながり，労働などの生産要素への需要も上昇するでしょう。その結果，非貿易財や貿易されないサービスの価格も上昇していきます。アメリカではその逆のことが起こるため，非貿易財価格は下落するでしょう。これらの動きは，全て，購買力平価が成立する方向に作用します。

　2つの国の通貨の交換比率を，通貨の購買力を比較するという観点で測ったものを実質為替レートといいます。実質為替レートは $E = eP^*/P$ と定義します。ここでは，名目為替レート e を物価水準の比で調整しています。名目為替レートは，自国通貨表示による外国通貨の価格であり，外国通貨を1単位購入するのに必要な自国通貨の量です。実質為替レートは，外国の消費バスケットを1単位購入するのに必要な自国の消費バスケットの量に他なりません。外国の消費バスケット1単位は，日本円に換算すると eP^* 円です。それだけの円を外国の消費バスケットの購入に回すためには，自国の消費バスケットの購入を eP^*/P 単位減らさなければならないのです。

　また，実質為替レート $E = eP^*/P$ は，自国通貨の購買力 $1/P$ の，自国通貨1単位相当の外国通貨の購買力 $1/(eP^*)$ に対する比だと考えることもできま

す。円とドルで考えれば，1 円の購買力と $1/e$ ドルの購買力の比です。もしも $E=eP^*/P>1$ ならば，ドルの実質的な為替レートが高すぎて，名目為替レートで円をドルに交換したときに十分な購買力を得ることができないのです。購買力平価が成立するときは，実質為替レートは 1 をとることになります。

12.2　為替レートの長期的水準

▶ 貨幣市場均衡

　為替レートの長期的水準は，両国における物価水準の比に等しくなるのがわかりました。それでは，そもそも物価水準はどのように決まるのでしょうか？ 第 1 部では，生産・消費される全ての財・サービス，そしてそれらの生産に投入される生産要素を全てを含んだ経済モデルを分析しました。そうした一般均衡分析では，財やサービスの絶対価格は決定されず，相対価格のみが需要と供給を一致させる値に決まることを学びました。絶対価格は貨幣単位で表されることからわかるように，経済に流通する貨幣量に左右されます。各財の絶対価格の決定，そしてそれらの平均である物価水準は，貨幣市場における貨幣の需給によって決まるのです。

　自国で流通する貨幣量はマネーストック（もしくはマネーサプライ）と呼ばれています。マネーストックは，中央銀行（日本では日本銀行）が発行する貨幣（日本円）の供給量です。どこまでを貨幣とみなすかによって貨幣供給量は変わりますが，ここでは，現金通貨に当座預金や普通預金のような流動性の高い要求払預金を加えた M_1 と呼ばれる指標をイメージしてください。

　貨幣が十分に供給されているかどうかは，マネーストックだけでは判断できません。同じ貨幣量でも，物価が変われば，実質的な貨幣量は違ってくるからです。例えば，物価水準が 2 倍になった場合，以前と同様の財・サービスを購入するためには，2 倍の貨幣量が必要です。したがって，マネーストックを M とすれば，実質的にどのくらい貨幣が供給されているかを測る尺度は，M/P となります。この M/P は，実質貨幣供給量と呼ばれています。

　貨幣に対する需要はどうでしょうか？　貨幣需要は，財・サービスを購入するための取引需要と，将来の支出に備える貯蓄手段としての価値保蔵需要に大別されます。取引需要は，財・サービスの購入のために必要な貨幣を手に入れようとする需要です。経済全体の財・サービスの取引が活発化すれば貨幣への取引需要も増加するので，貨幣需要は，実質国内総生産，もしくはそれと等しい値を取る実質総所得 Y の増加関数となります[1]。他方，価値保蔵需要は，名目利子率 i の減少関数だと考えられます。将来の支出のために現金を持ついわゆるタンス預金は，利子を生みません。タンス預金の代わりに債券を購入すれば利子収入が得られるため，タンス預金の機会費用は債券投資から得られる利子収入です。利子率が高くなりタンス預金の機会費用が上昇すると，タンス預金は減少し，その結果，貨幣需要は減少します。これらの関係を，貨幣需要関数 $L(Y, i)$ で表しましょう。実質貨幣需要 L は，実質総所得 Y が上昇すれば増加し，名目利子率 i が高くなれば減少します。

　貨幣市場の均衡は，実質貨幣供給と実質貨幣需要が等しい状態であり，

$$\frac{M}{P} = L(Y, i) \tag{12-1}$$

と表されます。これを自国の貨幣市場均衡条件だとすると，外国の貨幣市場均衡条件も，同様に，

$$\frac{M^*}{P^*} = L^*(Y^*, i^*)$$

となります。外国の変数は「*」を付けて表しています。

▶ 実質利子率の決定

　ここでは，全ての価格が変動する長期において物価水準がどう決まるかを，主に見ていきます。労働の対価である賃金率や，資本の対価である資本レンタル率が伸縮的ならば，これらの生産要素は全て完全雇用されるでしょう。また，労働や資本が産業間を自由に移動できれば，産業間で各生産要素の生

1　実質国内総生産（所得）とは，自国通貨表示の名目国内総生産（所得）を物価水準で割ったものです。ただし実際は，物価水準（GDP デフレーター）が，名目国内総生産を基準年価格を用いて計算した実質国内総生産で割ったものとして定義されています。また，ここでは所得収支はゼロだとします。

産性（正確には限界生産性）も均一化します。こうした状況では，各国において，所与の労働賦存量と資本賦存量の下で，労働と資本は各産業に最適に配分され，その結果，国内総生産は最大化されます。したがって，長期的には，Y や Y^* は外生的に決まる固定値と考えられます。

　それに対して，各国の利子率は，世界全体の貯蓄と投資を等しくする水準に決まります。まずは，前章の（11-5）式で表される開放マクロ経済の財市場の均衡条件を自国に当てはめて考えましょう。前章で学んだ財市場の均衡条件の各項は，自国通貨表示での名目値であると想定していましたが，ここでは，貨幣市場の均衡条件に合わせて実質値で考えましょう。つまり，経常収支や貯蓄などの全ての名目値を物価水準で割ったものを CA や S と定義し直します。そして，実質貯蓄 S を実質可処分所得 $Y-T$ の増加関数，実質投資 I を実質利子率 r（貨幣単位で測る名目利子率 i とは異なり，消費する財・サービス単位で測る利子率）の減少関数と捉え，実質化した（11-5）式を次のように書き換えます。

$$CA = S(Y-T) - I(r) + T - G \qquad (12\text{-}2)$$

外国についても同様に，名目経常収支や他の項目を外国の物価水準で割ると，実質経常収支を以下のように書くことができます。

$$CA^* = S^*(Y^*-T^*) - I^*(r^*) + T^* - G^* \qquad (12\text{-}3)$$

外国を自国以外の世界と考えれば，自国の名目経常収支が黒字（もしくは赤字）ならば，外国では，それと同額の名目経常収支赤字（もしくは黒字）が発生しているはずです。つまり，自国通貨表示では，$P \times CA + eP^* \times CA^* = 0$ が成立します。長期均衡では購買力平価により $P = eP^*$ が成立しているため，上式の関係は，両国の実質経常収支の和がゼロであると書き換えることができます。自由な国際資本移動の下で，自国の実質利子率 r と外国の実質利子率 r^* は等しくなるため，$CA + CA^* = 0$ は，（12-2）式と（12-3）式を用いて，

$$S(Y-T) + S^*(Y^*-T^*) + T + T^* = I(r) + I^*(r) + G + G^* \qquad (12\text{-}4)$$

と書き換えられます。

（12-4）式の左辺は，民間部門と政府部門の両部門における世界全体の実質貯蓄であり，右辺は世界全体の実質投資です。上述したように，実質総所得 Y, Y^* は，実質国内総生産に等しく，長期では外生的に決まります。また，実質値で表された税金 T, T^* と政府支出 G, G^* は政策変数であり，均衡体系外で決まる外生変数です。その結果，（12-4）式の内生変数は実質利子率のみとなり，世界全体の貯蓄が投資に等しくなるようこの式から決まるのです。前章の異時点間貿易モデルで見たように，貯蓄関数や投資関数は，各国それぞれの状況に応じて決まります。例えば，人口減少が進む国では将来に向けての貯蓄が進み，$S(Y-T)$ が高い値をとると考えられます。その結果，（12-4）式で決まる実質利子率の下で，経常収支は黒字傾向（$CA>0$）となるでしょう。

▶ 実質利子率と名目利子率

さて，実質利子率は決まりましたが，名目利子率はどう決まるのでしょうか？ 実質利子率と名目利子率の間には，**フィッシャー方程式**と呼ばれる次の関係があります。

$$r_t = i_t - \pi_t^e \tag{12-5}$$

ここで，r_t と i_t はそれぞれ t 期における実質利子率と名目利子率，π_t^e は期待インフレ率で，

$$\pi_t^e = \frac{P_{t+1}^e - P_t}{P_t}$$

と定義されます。π_t^e と P_{t+1}^e の上添字の e は，これらの変数が t 期における期待値であることを示しています。期待インフレ率は，来期の物価水準が今期の物価水準より何パーセント高くなるかの予想値です。例えば，P_t が5で，P_{t+1} を6と予想するならば，$\pi_t^e=(6-5)/5=0.2$ から，期待インフレ率は20％になります。

（12-5）式のフィッシャー方程式が示すように，利子率の実質的な大きさを測るためには，名目利子率から期待インフレ率を差し引く必要があります。ちょっと極端な例を用いて考えましょう。年率50％で200円を借りるとし

ます。返却期限である来年には利子 200×0.5＝100 円を加えた 300 円を返さなくてはなりません。そして，あんパン 1 個の価格は現在 100 円だとしましょう。インフレ率が 0%ならば，来年もあんパンは 100 円で購入できます。このとき，来年になって元利合計の 300 円を返すときには，あんパン 3 個の購入を諦めなければなりません。利子である 100 円はあんパン 1 個分であり，あんパン 2 個を現在借りれば，その 50%のあんパン 1 個の利子が発生します。インフレ率が 0%ならば，あんパンで測った実質利子率は，名目利子率と等しい 50%なのです。

　それでは，物価水準が来年に向けて 50%上昇すると予想している場合はどうでしょうか？ その場合，その予想が正しければ，来年はあんパンが 150 円に値上がりしており，返却しなくてはならない元利合計の 300 円であんパンは 2 個しか買えません。そうすると，実質的には，あんパン 2 個を現在借りて，来年あんパン 2 個を返すことになり，あんパンで測った利子率は 0%になります。実質利子率は，名目利子率 50%からインフレ率 50%を差し引いた 0%なのです。

　それでは，（12-4）式で決定された実質利子率から名目利子率を導き出しましょう。ここでは長期均衡を考えているので，物価水準は均衡値で安定しています。つまり，期待インフレ率は 0%です。すると，フィッシャー方程式（12-5）より，$i=r$ が得られます（添字 t は簡略化のため省略します）。名目利子率は実質利子率と等しくなるのです。

▶ 物価水準の決定

　（12-1）式で与えられる貨幣市場の均衡条件に戻りましょう。長期では，Y は外生的に与えられ，i は世界全体の超過貯蓄がゼロとなる条件とフィッシャー方程式により決まりました。その結果，（12-1）式の右辺は定数となり，実質貨幣供給 M/P，そして外国の実質貨幣供給 M^*/P^* は，いずれも長期においては定数となります。つまり，長期均衡では，物価水準はマネーストックに比例して決まることになります。中央銀行が供給するマネーストックが 2 倍になれば，物価水準も 2 倍になります。

▶ 為替レートの長期的水準

　為替レートは長期的には購買力平価によって決まると考えられます。つまり，12.1 節で見たように，$e=P/P^*$ となるのです。自国貨幣市場の均衡条件（12-1）式と外国の均衡条件を用いると，これはさらに

$$e=\frac{M}{M^*}\frac{L^*(Y^*,\ i^*)}{L(Y,\ i)} \tag{12-6}$$

と書き表せることがわかります。先に見たように，長期均衡では，両国の実質貨幣需要 $L(Y,\ i)$ と $L^*(Y^*,\ i^*)$ は一定なので，為替レートは，自国と外国のマネーストックの比によって決まるのがわかります。例えば，自国のマネーストックは 2 倍（100%上昇）に，外国のマネーストックは 50%上昇したとしましょう。その結果，M/M^* は 50%上昇し，為替レートも 50%上昇します。自国でも外国でも，それぞれの国でのマネーストックの上昇は物価水準の上昇につながります。しかし，マネーストックの上昇率の大きい自国の方が，物価水準の上昇率が 50%ほど高くなります。その結果，自国通貨は外国通貨に比べ 50%減価（外国通貨の価格である為替レートが 50%上昇）するのです。

　（12-6）式は，経済成長が為替レートの長期的水準に与える影響も教えてくれます。例えば，人口増加や技術進歩により，自国の実質国民総所得 Y が上昇したとしましょう。中央銀行が供給するマネーストックに変更がないとすると，それは為替レート e の下落につながります。国内総生産の上昇は自国における貨幣需要を増加させます。貨幣供給がそれに応じて増加しないならば，長期的には自国の貨幣価値は上昇するでしょう。その結果，貨幣価値が変化していない外国通貨に比べ，自国通貨の価値は上昇（つまり為替レート e は下落）するのです。

12.3　為替レートの短期的水準：外国為替市場の役割

　長期的には購買力平価によって為替レートの水準が決まるとしても，図

12-2 に示されているように，購買力平価が厳密に成立するのは稀なことのようです。為替レートは，外国為替市場で日々取引され，秒単位で変化しています。例えば円–ドル為替レートだと，そのときどきで，円とドルを交換しようとする人たちによる需給が一致するように決まるのです。本節では，外国通貨に対する需要と供給，そして外国為替市場の均衡を考え，為替レートの決定要因を探っていきます。

▶ 外国為替の需要と供給

外国の財・サービス，そして資産を購入するときは，その国の通貨が必要です。つまり，財・サービスの輸入，そして外国資産を購入するとき，その金額に合った外国通貨を需要することになります。ここでは，外国通貨として，最も重要な国際通貨であるアメリカ・ドルを考えましょう。実際，アメリカ以外の国との取引でもドルを介して取引されることが多いので，ここでは，日本の対外取引の全てがドルを介して行われると考えて話を進めます。また，外国通貨は自国通貨との交換によって手に入れるため，外国為替市場における外国通貨の需要と自国通貨の供給は，コインの表裏の関係にあります。

日本居住者が財やサービスを輸入したり海外資産を購入したりするとき，これらの取引のためのドル需要＝円供給が発生します。また，外国居住者が日本で保有する金融資産から生じた利子・配当収入を本国に送金するときにもドルが需要，円が供給されます。同様に，外国の居住者が日本の財・サービスや資産を購入するためには円が必要であり，円需要＝ドル供給が生じます。この取引を日本側から見れば，円需要＝ドル供給は，財・サービスの輸出や自国資産の外国居住者への売却により発生するのです。日本居住者が海外に持つ金融資産から生じた利子・配当収入を日本に送金するときにもドル供給が生じます。

前章で学んだ国際収支表に沿って，ドルの超過需要（円の超過供給）を考えてみましょう。貿易・サービス収支項目に該当する取引から生じるドルの超過需要は，（財・サービスの輸入）－（財・サービスの輸出）であり，貿易赤字額そのものとなります。所得収支に関する取引によるドルの超過需要は，

261

（国内金融資産から生じる利子・配当等の対外支払い）－（外国金融資産から生じる利子・配当等の受取り）となり，これは所得収支の赤字に他なりません。これらから，経常収支項目に該当する取引から生じるドルの超過需要は，経常収支の赤字額に等しいことがわかります。金融収支に該当する取引から生じるドルの超過需要は，（自国居住者による外国資産の購入）－（外国居住者による自国資産の購入）であり，これは金融収支の黒字額と等しくなります。

したがって，ドル建ての経常収支を $CA^\$$（Current Account），金融収支を $FA^\$$（Financial Account）と表すならば，

$$\text{ドルの超過需要} = FA^\$ - CA^\$ \tag{12-7}$$

となるのがわかります。前章で見たように，経常収支と金融収支は常に釣り合います。つまり，（12-7）式よりドルの超過需要は常にゼロとなります。しかし，そのことは，為替レートがどんな水準にあってもドルの超過需要がゼロになることを意味しているわけではありません。むしろ，為替レートが超過需要に応じて素早く変化することにより，ドルの超過需要は常にゼロとなるのです。金融収支の黒字化や経常収支の赤字化によりドルの超過需要が生じると，ドルの為替レートが上昇し，超過需要は解消していくのです。

12.4　金融取引が為替レートに与える影響

▶金利裁定

為替レートの決定要因をより深く探るため，ドルの超過需要を，まず金融収支項目について見ていきましょう。対外金融資産の購入・売却の要因は，大きく2つに分けられます。一つは前章で見た，消費を現在と将来で平準化させるためのものです。例えば，現在に比べ将来の所得が低いと見込まれる場合は，外国資産を購入しておき，将来その資産を取り崩すことにより，消費の平準化が図られます。異時点間で消費を平準化するために行う金融取引は，10年単位で自国の所得がどう変化していくのかに依存しており，週単

位や月単位でのドルの超過需要には影響を与えないと考えられます。そこで，ここでは，この目的による対外資産の純増に伴うドルの超過需要は，外生的に与えられているとします。もう一つの要因は，裁定取引により利益を得ようとするものです。自国より外国の方が金利が高ければ，自国資産よりも外国資産の方が魅力的です。内外の金利差を利用し，自国金融資産と外国金融資産を売り買いすることによって利益を得ようとする行動は，**金利裁定**と呼ばれています。

財・サービス貿易に比べ格段に取引費用が低い国際金融取引では，金利裁定により，常に**金利平価**が成立します。時間を表す添字を付けて，今期における自国の利子率を i_t，外国の利子率を i_t^*，そして今期の為替レートを e_t，来期（例えば 1 年後）の為替レートの今期における予想値を e_{t+1}^e とすると，金利平価は以下のように表せます。

$$1+i_t = \frac{e_{t+1}^e}{e_t}(1+i_t^*) \qquad (12\text{-}8)$$

どうしてこの金利平価式が成立するのでしょうか？ 1 万円を来期まで運用する例を考えましょう。1 万円を自国の金融資産に投資すれば，来期に $(1+i_t)$ 万円の元利合計額が得られます。外国資産に投資したらどうなるでしょうか？ まず，外国資産に投資するため，1 万円を外国為替市場において $1/e_t$ 万ドルに交換します。それを外国に投資し，来期には，$(1+i_t^*)/e_t$ 万ドルの元利合計額を受け取ります。このドル建の元利合計額は，投資回収期である来期に，日本円ではいくらの価値を持つでしょうか？ 来期の為替レートを e_{t+1}^e と予想しているので，外国資産に投資した場合の予想元利合計額は，日本円にして $(1+i_t^*)e_{t+1}^e/e_t$ 万円となります。投資家は，自国資産からの収益と外国資産からの期待収益の高い方に投資するよう金利裁定を行います。その結果，機会収益が高く投資資金が流入する国の利子率は低下し，投資資金が流出する国の利子率は上昇します。また，投資を実行するため，投資資金の流入国通貨への需要が高まるため，その通貨の価値は上昇します。これらの動きは，いずれもこの 2 つの投資機会から得られる期待収益の均等化につながります。したがって，金利裁定により，常に（12-8）式で表される金利平価が成立するのです。

この金利裁定には為替変動のリスクが伴います。来期の為替レートが予想通りの値になるとは限らないのです。しかし，国際金融取引においては，このリスクを回避（リスク・ヘッジ）する仕組みが備わっています。現時点において，将来の外国通貨を，現時点で取り決めた価格で売買する契約を結ぶことができるのです。この取引は，**先物取引**，もしくは**先渡取引**と言われます。先物取引は取引所を通じて行われるのに対して，先渡取引は，店頭での売り手と買い手の交渉の結果，取引が行われます。ここで重要なのは，現時点で将来取引する為替レートが決まっているということで，それはいずれの取引形態においても同様です。この先物（もしくは先渡）為替レートを $f_{t,t+1}$ とすれば，外国資産に1万円投資する場合の来期における元利合計を，$(1+i_t^*)f_{t,t+1}/e_t$ 万円と今期の投資時に確定できます。

自国資産への投資とリスク・ヘッジをした上での外国資産への投資との間における金利裁定により，いわゆる**カバー付き金利平価**

$$1+i_t = \frac{f_{t,t+1}}{e_t}(1+i_t^*) \qquad (12\text{-}9)$$

が成立します。（12-9）式で表される金利平価と区別するため，（12-8）式は**カバーなし金利平価**とも呼ばれます。カバーなし金利平価とカバー付き金利平価は，どちらも成立していると考えられます。その結果，$f_{t,t+1}=e_{t+1}^e$ となります。金利裁定により，先物（先渡）為替レートは，取引契約が実行される将来時点の為替レートの現時点での予想値を反映するのです。

▶ 金利平価式

さて，ここで，（12-8）式のカバーなし金利平価をより簡素な式に書き換えましょう。まず，e_{t+1}^e/e_t を

$$\frac{e_{t+1}^e}{e_t} = 1 + \frac{e_{t+1}^e - e_t}{e_t}$$

と書き換え，両辺それぞれの自然対数をとります。

$$\log(1+i_t) = \log\left(1 + \frac{e_{t+1}^e - e_t}{e_t}\right) + \log(1+i_t^*) \qquad (12\text{-}10)$$

この（12-10）式の両辺をそれぞれ近似します。図12-3に描かれているよう

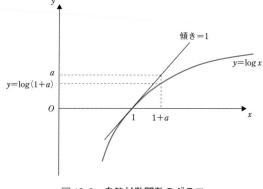

図 12-3　**自然対数関数のグラフ**

に，自然対数関数 $\log x$ は，$x=1$ のとき 0 をとり，そこでのグラフの傾きが 1 となります。したがって，その絶対値が十分小さな値 a をとれば，$\log(1+a)$ は a とほぼ等しくなります。(12-10) 式の i_t や i_t^*，そして $(e_{t+1}^e - e_t)/e_t$ はそれぞれ十分小さい値だと考えられるため，(12-10) 式の金利平価式は，$d_t^e = (e_{t+1}^e - e_t)/e_t$ と d_t^e を定義すると，

$$i_t = i_t^* + d_t^e \tag{12-11}$$

と書き換えられます。d_t^e は，t 期において $t+1$ までに為替レートがいくらの率で上昇するかを予想した値となります。つまり，t 期における自国通貨の期待減価率です。

　例えば，$i_t^* = 0.02$，$d_t^e = -0.01$ だとしましょう。投資の満期を迎える来年の為替レートが現在の為替レートと同じならば，外国資産に投資すれば 2% の利子率に相当する収益を得ます。しかし実際は，自国通貨に交換する際，1 年前の投資時より 1% の円高になると予想するため，日本円に戻すときに 1% 少ない額の円しか受け取れないと考えます。その結果，外国資産に投資するときの期待収益率は，$i_t^* + d_t^e$ である 0.01 となるのです。もちろん，d_t^e が正ならば，期待収益はそれだけ高まります。$i_t^* = 0$，$d_t^e = 0.1$ ならば，外国

の利子率がゼロであっても，例えば1万円を $1＝¥100 で交換し，その $100 を一年後 $1＝¥110 で円に交換すると 11,000 円を受け取れるので，収益率は 10％になります。

▶ 金融取引によるドルの超過需要

金融取引によるドルの超過需要 $FA^\$$ は，消費を現在と将来で平準化する目的から発生する超過需要 $\overline{FA}^\$$ と金利裁定により発生する $f(i_t^*＋d_t^e－i_t)$ からなります。$i_t^*＋d_t^e－i_t$ が正ならば，自国資産を売り外国資産を買う動きが発生し，ドル需要が生まれます。このドル需要は，$i_t^*＋d_t^e－i_t$ が大きいほど大きくなります。逆に，$i_t^*＋d_t^e－i_t$ が負であればドル供給が発生し，この期待金利差の絶対値が大きくなるほど大きくなります。つまり，f は期待金利差 $i_t^*＋d_t^e－i_t$ の増加関数となるのです。

他の変数同様，期待金利差を時間を表す添字 t を省略して書くと，金融取引によるドルの超過需要は

$$FA^\$＝\overline{FA}^\$＋f(i^*＋d^e－i) \tag{12-12}$$

となります。$\overline{FA}^\$$ は，消費平準化のために発生するドルの超過需要を表し，金利差には左右されません。f は $i^*＋d^e－i$ の増加関数で，（12-11）式の金利平価が成立するとき金利裁定のためのドル需要は生まれないので，$f(0)＝0$ が成立します。また，為替レートが定常状態にある長期均衡では，$f(i^*＋d^e－i)＝0$ と共に $d^e＝0$ も成立するため，$i＝i^*$ となり，自国と外国の利子率は一致します。

12.5 財・サービス取引が 為替レートに与える影響

▶ 経常収支項目取引によるドル需要

次に，経常収支項目に対応するドルの超過需要を見ていきましょう。前章で見たように，経常収支は貿易収支と所得収支の和となります。ここでは，

ドルの超過需要と経常収支の関係を考察するため，ドル建ての経常収支に注目します。ドル建て経常収支 $CA^\$$ は，ドル表示の貿易収支 $TA^\$=EX^\$-IM^\$$ とドル表示の所得収支（特に，金融資産から民間が得る利益を計上する第一次所得収支）$PI^\$$（Primary Income）からなります。

$$CA^\$=TA^\$+PI^\$ \tag{12-13}$$

　第一次所得収支は，保有する外国金融資産からの収益から，海外居住者が自国に保有する金融資産の利益の海外への送金を差し引いたものです。外国金融資産からの収益はドル建なので，自国への送金のためにはドルを売り円を買う必要があります。他方，自国金融資産からの収益の海外への送金はドル需要を生みます。したがって，この取引によって生まれるドルの超過需要は $-PI^\$$ となります。ただし，ここで計上されるドル超過需要は，すでに行われた対外投資の純収益を反映するため，今期の経済状況にあまり左右されません。そこでここからは，簡単化のため，$PI^\$=0$ とします。

　ドル表示の貿易収支 $TA^\$$ も同様に，$-TA^\$$ のドル超過需要につながります。輸出から得た $EX^\$$ ドルは，円への交換のため外国為替市場に供給されます。他方，財・サービスの輸入のために $IM^\$$ ドルが必要で，これが市場におけるドル需要となります。その結果，ドルの超過需要は $IM^\$-EX^\$=-TA^\$$ となるのです。所得収支と合わせて考えると，経常収支項目に該当する取引から発生するドルの超過需要は，$-CA^\$$ と等しいのがわかります。

▶ 為替レートと実質可処分所得の関数としての貿易収支

　それではここで，貿易収支が為替レートや他の経済変数にどう影響を受けるのか，少し詳しく見ていきましょう。

　名目輸出額を自国の物価水準で割った実質輸出を EX とします。自国の輸出は外国の輸入であり，外国がどれだけ自国の財を購入するかは，自国財の外国財に対する相対価格と外国の実質可処分所得に依存すると考えられます。そのような想定の下では，自国財の相対価格は，自国財のドル建て価格 P/e の外国物価水準 P^* に対する比となり，実質輸出は $EX(P/eP^*,\ Y^*-T^*)$ と書かれます。同様に，実質輸入は，外国財の自国財に対する相対価格と自国

の実質可処分所得の関数として，$IM(eP^*/P, Y-T)$ と表せます。実質輸出
が自国財単位になっているのと同様に，実質輸入は外国財単位（外国のドル
表示輸出額を外国の物価水準で割ったもの）になっています。

　ドル建て輸出額は実質輸出にドル建ての自国財価格 P/e をかけたものであ
り，ドル建て輸入額は実質輸入にドル建て外国財価格 P^* をかけたものなの
で，ドル表示の貿易収支は

$$TA^\$ = \frac{P}{e}EX\left(\frac{P}{eP^*}, Y^*-T^*\right) - P^* \times IM\left(\frac{eP^*}{P}, Y-T\right) \qquad (12\text{-}14)$$

となります。この式に為替レート e をかけて円建てとした上で，自国の物価
水準 P で割ると，自国財単位で測られた貿易収支

$$TA = EX\left(\frac{P}{eP^*}, Y^*-T^*\right) - \frac{eP^*}{P}IM\left(\frac{eP^*}{P}, Y-T\right) \qquad (12\text{-}15)$$

を得ます。第1部では，財の相対価格さえわかれば各国の輸出供給と輸入需
要が決まることを学びました。ここでも，可処分所得を所与とすれば，自国
財に対する外国財の相対価格を表す実質為替レート eP^*/P が決まれば，EX
と IM が決まり TA も決まってきます。

▶ 為替レートの変化と貿易収支

　それでは，為替レート e が変化したときに貿易収支 TA がどう影響を受け
るか考えていきましょう。12.1 節で見たように，為替レートの長期的水準
は購買力平価 $e=P/P^*$ によって決まります。つまり，長期では，為替レー
トは（12-6）式を満たす水準に固定されるのです。そこでここでは，為替レ
ートが何らかの短期的ショックによって変化したとき，貿易収支がどう影響
を受けるのかについて考察しましょう。

　通常は価格が変化しない時間軸を短期と呼びますが，ここでは，自国財の
自国での価格，および外国財の外国での価格が変化しない時間軸が短期だと
します。つまり，短期では P と P^* は所与となります。例えば自国財の自国
内価格 P は短期において固定的ならば，外国での価格 P/e は，e が上昇すれ
ば下落します。短期においても，輸入国側の価格は変化し得るのです。賃金
率など生産に携わる生産要素の価格は，短期的にはあまり変化せず，生産費

用，そしてそれを反映する価格は大きくは変わりません。そのため，為替レートの変化に反応するのは輸入国側の価格のみだと考えるのは自然でしょう[2]。

　それでは，為替レートの上昇（円の減価）が自国財単位の貿易収支 TA に与える影響を見ていきましょう。為替レートが上昇すると，自国財の外国での価格 P/e が下落します。その結果，自国財の相対価格 P/eP^* が下落し，輸出量 EX は増加します。どの程度輸出が増加するかは，外国の輸入の価格弾力性の大きさに依存します。外国の輸入の価格弾力性（P/eP^* が1%下落したときの EX の上昇率）が高ければ高いほど，輸出額の増加率は高くなります。

　為替レートの上昇が自国財単位の輸入 $(eP^*/P)IM$ に与える影響はどうでしょうか？ 為替レート e の上昇により，輸入する第2財の自国内価格 eP^* は上昇します。この価格効果は，輸入額の増加につながります。しかし，それによって引き起こされる外国財の相対価格 eP^*/P の上昇により，自国の輸入量 IM は減少します。したがって，自国財単位の輸入が増加するかどうかは，輸入の価格弾力性の大きさに依存します。輸入 IM が十分弾力的ならば，輸入価格の上昇による効果を輸入量の減少による効果が上回り，自国財単位の輸入は減少します。

　これらのことから，各国の輸入の価格弾力性が十分高ければ，為替レートの上昇は自国財単位で測られた貿易収支を改善させるのがわかります。(12-15) 式を実質為替レート $E=eP^*/P$ を用いて次のように書き換えましょう。

$$TA(E,\ Y-T,\ Y^*-T^*)=EX(1/E,\ Y^*-T^*)-E\times IM(E,\ Y-T) \quad (12\text{-}16)$$

自国財単位で測られた貿易収支は，実質為替レートと各国の実質可処分所得の関数として記述されるのです。

　実質為替レートは，外国財の自国財に対する相対価格と考えられるので，

2　物価水準は消費財バスケットの価格であり，そのバスケットには輸入してきた財も含まれます。しかし，各国で消費される財の大半がその国で生産されたものならば，輸入財価格の変化がその国の物価水準に与える影響はそれほど大きくないでしょう。ここでは，簡単化のため，輸入財価格の変化はその国の物価水準に短期的には影響を与えないとします。

輸入の価格弾力性（輸入財の相対価格が1％上昇したときの外国財の輸入の変化率として定義）は

$$\eta \equiv -\frac{\partial IM}{\partial E}\frac{E}{IM} = -\frac{\partial \log IM}{\partial \log E}$$

となります。（2番目の等式は，価格弾力性が IM の自然対数値を E の自然対数値で偏微分したものに等しいことを表していますが，これからの議論の理解には必要ありません。）同様に，外国の輸入の価格弾力性（外国が輸入する自国財の相対価格 $1/E$ が1％上昇したときの外国の自国財輸入の変化率として定義）は，

$$\eta^* \equiv -\frac{\partial EX}{\partial (1/E)}\frac{1/E}{EX} = -\frac{\partial \log EX}{\partial \log (1/E)}$$

となります。

当初 $EX=IM$ が成立している場合，$\eta+\eta^*>1$ ならば，実質為替レートの上昇が貿易収支を改善させることが知られています。この不等式条件は，提唱者の名を冠し，**マーシャル・ラーナー条件**と呼ばれています。（12-16）式からわかるように，実質為替レート E が1％上昇すると自国財の相対価格 $1/E$ は1％下落します。その結果，自国財単位の輸出 EX は η^*％上昇します。輸入はと言えば，E の1％の上昇は，外国財の輸入（相対）価格 E の1％の上昇と輸入量 IM の η％の下落につながるため，$E \times IM$ は $(\eta-1)$％下落します。E が1％上昇するとき，EX は η^*％上昇し，IM は $(\eta-1)$％下落するので，$EX=IM$ ならば，貿易収支 $TA=EX-IM$ は，$(\eta+\eta^*-1)$％増加します。したがって，実質為替レートの上昇で表される自国通貨の減価が貿易収支の改善につながるかどうかは，$\eta+\eta^*-1$ の正負によるのです。$\eta+\eta^*>1$ ならば，実質為替レートの上昇により貿易収支は改善しますが，逆に $\eta+\eta^*<1$ のときは，実質為替レートが上昇すれば貿易収支は悪化します。ちなみに，$EX=IM$ が成立していない場合も，条件の若干の修正が必要となるものの，「両国の輸入の価格弾力性が高いときに自国通貨の減価が貿易収支の改善につながる」という命題自体は成立します。本章の以下の考察では，マーシャル・ラーナー条件は成立しているとします。

また，短期では P と P^* は変化しないため，上記の命題は，実質為替レー

トを名目為替レートに置き換えても成立します。名目為替レート e が1%上昇するとき，実質為替レート $E=eP^*/P$ も1%上昇します。したがって，マーシャル・ラーナー条件が成立していれば，名目為替レート e の上昇は自国財単位の貿易収支の改善につながるのです。

　自国財単位の貿易収支同様，(12-14) 式で表されるドル表示の貿易収支も，マーシャル・ラーナー条件が成立していれば，名目為替レート e の上昇により貿易収支が改善することが示せます。為替レート e が1%上昇すれば，P/e は1%下落し，EX は η^*%上昇します。その結果，ドル建て輸出額は (η^*-1)%上昇します。他方，ドル建て輸入額は η%下落するので，ドル建て貿易収支は $(\eta+\eta^*-1)$%増加することになります。貿易収支がドル建てであっても，$\eta+\eta^*>1$ ならば自国通貨の減価は貿易収支の改善につながるのです。

▶ Jカーブ効果

　為替レートの変化により輸入国での輸入財の価格は変化し，それにより需要も変化します。しかし，これらの変化はすぐに実現するものではありません。為替レートが変化した途端に輸入財の店頭価格が変更されることは普通はありませんし，価格が変化してもすぐには消費行動は変わらないかもしれません。つまり，両国の輸入の価格弾力性は，為替レートの変化の直後には小さく，時が経つにつれ徐々に大きくなっていくと考えられます。マーシャル・ラーナー条件は，超短期においては成立しないのです。その場合，為替レートの上昇は，まず貿易収支の悪化を招きます。(12-14) 式と (12-15) 式からわかるように，EX や IM が変化しないのならば，貿易収支がドル建てであろうが自国財単位であろうが，e の上昇が貿易収支の悪化につながるのは明らかです。この現象は，Jカーブ効果と呼ばれています。図 12-4 に描かれているように，自国通貨の t_0 時点での減価は，まず貿易収支の悪化を招きます。その後両国の輸入需要が反応していき，徐々に貿易収支は改善し，減価前の貿易収支を上回るようになります。貿易収支の推移を示すこの曲線がJという字に似ていることから，Jカーブ効果という名がつきました。

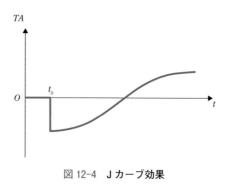

図 12-4　Jカーブ効果

▶ 為替レートの変化と実質総所得

　ここまでは，為替レート e の変化が財の相対価格の変化を通じて貿易収支 TA に影響を与える経路を見てきました。しかし，短期的には，財市場の均衡を保つように，各国の総生産や総所得も変化します。短期における総所得の変化を見るため，財市場の均衡条件を明示的に考えましょう。所得収支はゼロとしているので，$TA=CA$ となり，(12-2) 式と (12-16) 式から，財市場の均衡条件は

$$TA(E,\ Y-T,\ Y^*-T^*)=S(Y-T)-I(r)+T-G \qquad (12\text{-}17)$$

と書けます。議論の簡単化のため，ここからは，自国は小国であり外国の可処分所得 Y^*-T^* と利子率 i^* は所与とします。

　為替レート e が上昇すると，短期的には実質総所得 Y も上昇することを見ていきましょう。為替レートが短期的ショックによって変化する場合，長期的には物価水準はショックの前後で変化せず，短期においてもその定義により変化しません。その結果，e の上昇は実質為替レート E の上昇につながり，先に見たように TA は増加します。また，e の上昇は，貨幣市場にも影響を与えます。上昇した為替レートは長期的には (12-6) 式で与えられる元の水準に戻っていくため，自国通貨の期待減価率 d^e は負となり，金利平価式 (12-11) より自国の利子率 i は外国の利子率 i^* より低くなります。さら

に，フィッシャー方程式（12-5）から，期待インフレ率 π^e がゼロとなるこのケースでは，実質利子率は名目利子率に等しくなるのがわかります。外国の利子率 i^* は変化しないため，自国の実質利子率 $r=i-\pi^e=i^*+d^e-\pi^e$ は，名目利子率と同様に，$\pi^e=0$ の下では為替レート上昇前より期待減価率だけ低くなるのです。

（12-17）式を見てください。為替レート e の上昇による E の上昇を受け，左辺の TA は増加します。他方，r の下落により投資 I は上昇し，（12-17）式の右辺は下落します。その結果，このままでは（12-17）式は成立しなくなります。財市場の均衡を保つためには，TA が下落し貯蓄 S が上昇するように，実質総所得 Y が上昇する必要があるのです。名目為替レートの上昇により貿易収支が改善すると，自国財に対する需要が増加し自国財市場が逼迫します。それを受けて生産は拡大し，その結果所得は増加します。所得が増加すれば貿易収支は悪化する方向へと変化し，また貯蓄も増加するため，財市場の均衡は保たれるのです。

為替レート e が上昇すると，貿易収支は改善し実質総所得は上昇することがわかりました。しかし，その効果は長くは続きません。貿易収支が改善すると，ドルの超過供給が起こります。その結果，円は増価（ドルは減価）します。短期的ショックで上昇した為替レートは，貿易収支改善によるドルの超過需要により元の水準に戻っていくのです。実際，当初経済が長期均衡にあったとすれば，購買力平価から導かれる（12-6）式が成立していたはずです。一度その水準から乖離した為替レートは，長期的にはその元の水準に戻っていきます。そして，（12-16）式で表される自国財単位の貿易収支も元の水準に回帰します。

12.6 金融政策が為替レートと国際収支に与える影響

為替レートは通貨間の交換比率であり，各国通貨の価値はその国の物価水準によって決まるため，物価水準を左右する金融政策は為替レートに当然影

響を与えます。ここでは，マネーストックの変化が，為替レートにどんな影響を与え，それが国際収支にどう影響を及ぼすかについて考察します。

▶ 長期的影響

　自国がマネーストック M を引き上げたとします。その結果，新たな長期均衡へと経済は移っていきます。まずは，その新たな長期均衡を求めましょう。長期均衡では，その定義により自国通貨の期待減価率がゼロとなり，(12-11) 式から名目利子率 i は外国の利子率 i^* に一致します。その結果，実質貨幣需要は $L(Y, i^*)$ に決まり，(12-1) 式で表される貨幣市場の均衡条件から，実質貨幣供給 M/P は $L(Y, i^*)$ の水準で一定となります。そのため，マネーストック M が上昇すれば，P も同率で上昇します。そして，購買力平価によって決まる為替レート $e=P/P^*$ も同率で上昇します。e と P が同率で上昇するため，長期的には実質為替レート $E=eP^*/P$ は常に 1 となり，(12-16) 式から貿易収支は，長期的には変化しないことがわかります。マネーストック M の引き上げといった貨幣面の変化は，実物経済に長期的な影響を与えず，物価水準や為替レートといった貨幣的側面だけに影響を及ぼすのです。

▶ 短期的影響と移行過程

　短期的にはどうでしょうか？　マネーストックの上昇により，経済が，当初の長期均衡から新たな長期均衡へと移る過程に注目しましょう。物価水準は直ちには変化しないため，(12-1) 式から，短期的には M の上昇は実質貨幣供給の増加につながり，利子率 i が下落するか実質総所得 Y が上昇するかのいずれかが起こることがわかります。

　もしも Y が上昇せず，利子率 i の下落のみが起こるならば，何が起こるか考えてみましょう。

　利子率 i の下落は外国金融資産への投資増大につながり，ドルの超過需要を招きます。その結果，為替レート e は上昇します。また，(12-11) 式で表される金利平価は常に成立しているため，i^* が所与の下では，i が下落すれば自国通貨の期待減価率 d^e は負の値をとります。つまり，将来に向けて為

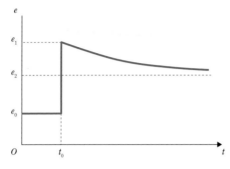

図 12-5　為替レートのオーバーシューティング

替レート e は下落していくと予想するのです。

　このことは，図 12-5 が示すように，為替レート e は M の上昇後すぐに大きく上昇したのち，新たな長期均衡水準に向けて下がっていくことを意味しています。この動きは，為替レートのオーバーシューティングと呼ばれています。図 12-5 では，t_0 時点での M の上昇により，当初の水準 e_0 から新たな長期的水準 e_2 に移る過程で，短期的には e_2 を上回る e_1 の水準まで為替レートが大幅に上昇する様子が描かれています。

　しかし，実際には実質総所得 Y も変化します。為替レートの上昇は，財市場にも影響を与えるからです。実質為替レート $E=eP^*/P$ は e の上昇を受けて上昇します。その結果，貿易収支 TA は改善します。また，自国通貨の期待減価率 d^e は負であり，新たな長期均衡に向け期待インフレ率は正となるので，実質利子率 $r=i-\pi^e=i^*+d^e-\pi^e$ は当初の均衡水準から下落します。したがって，(12-17) 式を保つように，実質総所得 Y は上昇するのがわかります。この実質総所得の増加が大きいほど，貨幣の取引需要の拡大は大きく，貨幣市場の均衡 $M/P=L(Y, i)$ を保つための i の下落率は小さくなります。金利平価式 (12-11) から，このことは，自国通貨の期待減価率が大きくなることを意味しています。図 12-5 では，期待減価率は $(e_2-e_1)/e_1$ と表され負の値をとってます。実質総所得が大きく上昇するときは，負の値を取る期待減価率の絶対値が小さくなり，自国通貨がオーバーシューティングす

る程度も小さくなります。実質総所得の上昇がとても大きく，利子率 i が上昇しても為替市場の均衡が保たれるならば，図 12-5 において $e_1 < e_2$ となり，オーバーシューティングが起こらないことも考えられます。

マネーストックの上昇という貨幣面での変化は，短期的には貿易収支を改善させ，実質総所得を上昇させます。長期的には実物経済に対して中立的な貨幣的な経済状況変化であっても，短期的には貿易収支などに影響を与えるのです。しかし，それは長くは続きません。マネーストックの上昇は，やがて自国の物価水準 P の上昇を招きます。その動きに従い，(12-1) 式と (12-17) 式を満たしながら，自国の利子率や実質総所得は元の水準へ戻っていきます。また，貿易収支の短期的改善は外国通貨の超過供給をもたらし，為替レート e は下落します。そして，経済は新たな長期均衡へと向かうのです。

12.7　貿易政策が為替レートと国際収支に与える影響

前章では，経常収支の赤字は，消費を現在と将来で平準化するための貯蓄行動の自然な結果であることを学びました。しかし，現実には，大幅な貿易赤字を不満とし，関税賦課などの貿易政策により，貿易収支の赤字を解消しようとする動きがしばしば見られます。確かに関税を課し，輸入を制限すれば，貿易収支は黒字化に向かいそうですが，実際こうした政策の成功例は聞きません。ここでは，貿易政策に対する為替レートの反応を踏まえ，政策効果を理論的に分析します。

自国の金融収支が $\overline{FA}$ ほどの赤字 ($FA = \overline{FA} < 0$) で，同額の経常収支赤字が発生している状況を考えましょう。ここでも簡単化のため，所得収支はゼロであり，$CA = TA < 0$ が成立しているとします。この貿易収支赤字の解消を狙って，自国が従価税率 t の関税を外国財の輸入に課すとします。この関税により，輸入される外国財の自国内価格は $(1+t)eP^*$ となります。その結果，(12-15) 式で表される自国財単位の貿易収支は，

$$TA = EX\left(\frac{P}{eP^*},\ Y^* - T^*\right) - \frac{eP^*}{P}IM\left(\frac{(1+t)eP^*}{P},\ Y - T\right) \qquad (12\text{-}18)$$

と書き換えられます。自国が外国に対して支払う外国財の円建て価格は，関税が賦課されていない eP^* のままであることに注意してください。

▶ 長期的影響

それではまず，関税賦課後の長期均衡を求めましょう。(12-1) 式で表される自国の貨幣市場均衡条件と外国のそれから，マネーストック M と M^* は変化しなければ，各国の物価水準 P と P^* は，貿易政策の影響を受けないことがわかります。そうすると，購買力平価から為替レート e も長期的には変化しないように思えます。しかし，自国の関税賦課により，外国財の価格は自国と外国の間で異なってきます。この一物一価からの乖離により，購買力平価は成立しなくなり，実際これから見ていくように，為替レートは下落することになります。

関税政策により自国通貨が長期的に増価（為替レートが下落）するのを示すため，財市場の均衡条件 (12-2) 式を，$CA = TA$ と (12-18) 式を用いて次のように書き換えましょう。

$$EX\left(\frac{P}{eP^*},\ Y^* - T^*\right) - \frac{eP^*}{P}IM\left(\frac{(1+t)eP^*}{P},\ Y - T\right) = S(Y - T) - I(r) + T - G \qquad (12\text{-}19)$$

第6章で考察したように，関税の賦課により経済に歪みが生じ，実質国民総所得 Y は減少すると考えられますが，ここでは，その減少は無視できるほど小さいとします。また，小国である自国にとって外国の利子率 i^* は所与であり，長期的には自国の利子率は $i = i^*$ に固定されます。その結果 $r = i^*$ となり，(12-19) 式の右辺で表される純貯蓄は関税賦課前の長期均衡下でのそれと等しくなります。つまり，輸入に関税を賦課しても貿易収支は長期的には変化しないのです。

しかし，(12-18) 式や (12-19) 式を見ると，関税賦課により，自国内における外国財の自国財に対する相対価格 $(1+t)eP^*/P$ が上昇し輸入が減少するため，貿易収支が改善するように見えます。実際，関税賦課により貿易収

支は改善傾向を見せ，その結果生じるドル超過需要の減少により e は下落します。ただし，その下落幅は関税賦課の直接的効果を下回り，$(1+t)eP^*/P$ は上昇し輸入量は減少します。e の下落は外国財の相対価格 eP^*/P を下落させることもあり，自国財表示の輸入額 $(eP^*/P)IM$ は，その結果減少します。他方，長期的に e が下落すれば，外国における自国財の相対価格 P/eP^* が上昇し，輸出 EX も減少します。結局，EX が $(eP^*/P)IM$ の減少率と同率で減少し，長期的には関税賦課は貿易収支の改善につながらないのです。

▶ 短期的影響と移行過程

それでは，次に短期的影響について考察し，関税賦課により為替レートが下落するメカニズムを探りましょう。自国における自国財価格 P と外国における外国財価格 P^* が変化しない短期的においては，関税により，外国財の自国内相対価格 $(1+t)eP^*/P$ が上昇します。その結果，輸入は減少し，(12-18) 式で表される貿易収支 TA は改善します。貿易収支を改善させようとする政策当局の狙い通りです。

しかし，この貿易収支の改善は，ドルの超過供給を招き，為替レート e が下落します。それにより，実質為替レート $E＝eP^*/P$ は下落し，マーシャル・ラーナー条件が成立している状況では，一時的に改善した貿易収支がまた悪化していきます。為替レート e は，新たな長期均衡水準へと下落していき，貿易収支は関税賦課以前の水準に戻っていきます。関税賦課による貿易収支の改善は長くは続きません。

■ キーワード

為替レート，一物一価，購買力平価，金利平価，マーシャル・ラーナー条件，J カーブ効果

■ 復習問題

(1)　日本円，アメリカ・ドル，ユーロの関係を考えましょう。当初，円とドルの為替レートは $1＝¥120，ドルとユーロの為替レートは $1＝€0.8 だとします。

　　(a)円とユーロの為替レートは €1＝何円でしょうか？

　　(b)もし，€1＝¥100 だとしたら，どういう裁定取引が起こるでしょうか？

また，その裁定取引に1万円を投入したならば，いくらの利益を得るでしょうか？

(c) 設問(b)の状況でその裁定取引が起こる結果，円とユーロ，ユーロとドル，ドルと円のそれぞれの為替レートは，それぞれどの方向に動いていくでしょうか？

(d) 設問(a)で考察した当初の状態において，アメリカがマネーストックを倍増させたとしましょう。このとき，円とユーロ，ユーロとドル，ドルと円の為替レートは，長期においてぞれぞれどう影響を受けますか？ 特に，円とユーロ間の為替レートは，アメリカ通貨当局のこの動きにどう反応するでしょうか？

(2) 自国のマネーストックの変化が経済に与える影響を考えましょう。自国の貿易収支は，実質為替レート E と実質総所得 Y の関数として

$$TA(E, Y)=20-0.1Y+10E$$

で与えられています。自国の貯蓄関数と投資関数はそれぞれ $S(Y)=0.2Y$，$I(r)=40-20r$ です。貨幣需要関数は $L(Y, i)=Y-200i$ だとします。完全雇用水準の実質総所得は $Y=200$ であり，当初のマネーストックは $M=400$ です。自国は小国で，外国の利子率と物価水準はそれぞれ $i^*=1/2$，$P^*=2$ で与えられています。自国も外国も政府支出と税金はゼロだとします。この状態から，自国がマネーストックを $M=600$ に引き上げたとします。

(a) 当初の長期均衡における，自国の物価水準と貿易収支，そして為替レートを求めてください。

(b) マネーストック上昇後の新たな長期均衡における，自国の物価水準と貿易収支，そして為替レートを求めてください。

(c) マネーストック変化直後の短期均衡における，自国の名目利子率，実質利子率，実質総所得，貿易収支，そして名目および実質為替レートを求めてください。

発展問題

(1) (12-14) 式で表される貿易収支に，為替レートの変化が与える長期的影響について考えます。自国と外国のマネーストックの変化によって，自国通貨表示の自国財価格 P が20%，為替レート e が30%上昇したとします。外国通貨表示の外国財価格 P^* は何%上昇，または下落しているでしょうか？ そしてこのとき，自国財単位の輸出 EX と輸入 IM はそれぞれどう変化しますか？ その結果，外国通貨表示の貿易収支 $TA^\$$ は何%上昇，または下落しますか？ 自国通貨表示の貿易収支 $TA^\yen$ への影響はどうでしょうか？ そして，(12-15) 式で表される自国財単位で測られた貿易収支 TA への影響はどうでしょうか？

(2)　図 12-6 は，各国の一人当たりの GDP と物価水準の関係を示したものです。各国の物価水準はアメリカ・ドルに換算した上で，アメリカの物価水準に対する比をとった値です。つまり，ドルを通貨とするアメリカを自国とし，為替レート e を円などの外国通貨の価格として，eP^*/P を計算したものです。これはアメリカから見た実質為替レートに他ならないことに注意してください。

さて，図からは，一人当たりの GDP と物価水準には正の相関があることが読み取れます。豊かな国ほど物価水準が高いのです。購買力平価が成立していればこの実質為替レートは 1 となるので，豊かな国ほど実質為替レートが高いとも言い換えられます。購買力平価が成立しない理由を考え，どうして豊かな国ほど実質為替レートが高くなるのか答えてください。

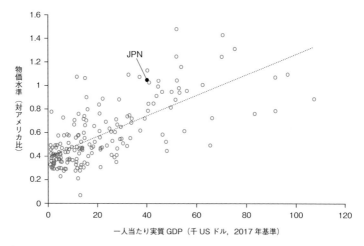

（出所）　Penn World Table version 10.0 のデータより著者作成
参考文献（Penn World Table version 10.0）: Feenstra, Robert C., Robert Inklaar, and Marcel P. Timmer（2015）, "The Next Generation of the Penn World Table", *American Economic Review*, 105（10）, 3150-3182.

図 12-6　一人当たりの GDP と物価水準（2019 年）

復習問題・発展問題解答例

復習問題と発展問題の解答は，株式会社サイエンス社ウェブサイトの本書サポート情報に掲載されています。

索 引

あ 行

アンチ・ダンピング　199, 202

異時点間貿易　228, 237
一次同次　75
一物一価　251, 277
　　——の法則　36
一般均衡分析　131

ウルグアイ・ラウンド　172, 181

オーバーシューティング　275
オリーン（Ohlin, Bertil G.）　74

か 行

海外直接投資　210, 220
外貨準備　232
外国為替　7
　　——市場　248, 251, 260
外生変数　101
外部経済・外部性　32, 153
外務省　181
価格メカニズム　32, 154
可処分所得　235, 272
　　実質——　257, 267
価値保蔵需要　256
貨幣供給量　255

実質——　255
貨幣市場均衡条件　256
貨幣需要　256
　　実質——　256
可変費用　213, 221
為替市場　→外国為替市場
為替変動のリスク　264
為替レート　248
　　実質——　254
環境保護　153
関税　→輸入関税
関税及び貿易に関する一般協定（GATT）
　　172
関税ゲーム　171, 173
関税同盟　171, 182
完全競争　21
完全雇用条件　30
完全雇用線　78, 89
完全特化　31

機会費用　19, 25
基軸通貨　251
技術進歩　40, 67, 260
期待インフレ率　258
期待減価率　265
規模に関して収穫一定　21
逆需要関数　191
窮乏化成長　67

供給関数・供給曲線　132

競争均衡　32

協調的関税引き下げ・貿易自由化　180

距離と集中のトレード・オフ　222

金融資産　228

金融収支　228

金融政策　273

金利裁定　262

金利平価　263

　カバー付き――　264

　カバーなし――　264

近隣窮乏化政策　178, 185

クールノー競争　195, 199

グリーンフィールド FDI　220

繰り返しゲーム　181

クルーグマン（Krugman, Paul R.）　15

グローバリゼーション　103, 107, 224

経常収支　228

　実質――　257

ゲーム理論　171

限界外部性　155

限界収入　193

限界生産物　115

　――価値　116

　――逓減の法則　115

限界代替率　47

限界費用　134

現金通貨　255

原点に対して凸　45

原点に対して凹　80

交易条件　42, 56

――効果　67

厚生経済学の第一基本定理　32

購買力平価（PPP）　249, 251

効用　13, 45

効率性の損失　143

国際寡占市場　190

国際協調　171

国際金融　7

国際資本移動　241, 248

国際収支　228, 229

国際複占　191

国内総生産（GDP）　1, 32, 234

　実質――　256

国民所得線　33

国民総所得　235

誤差脱漏　233

固定費用　191

コブ・ダグラス型　70

さ 行

サービスの貿易に関する一般協定（GATS）
　172

最恵国待遇　172

財市場の均衡条件　257, 272

裁定取引　37, 248, 251

最適関税率　131

最適関税理論　130, 144

最適反応関数　196

財務省　181

先物取引　264

先渡取引　264

差別化された財　210, 212

産業間貿易　190

産業内貿易　190

参入・撤退　31, 212

嗜好の差異　14
市場の失敗　153
次善の策　153
実質総所得　256
実質報酬率　111, 125
実質輸出　267
実質輸入　267
実物経済　61, 274, 276
資本　7, 11
　物的——　12
資本移転等収支　228, 231
資本財　12, 231
資本集約的　77
資本制約　78
資本投入係数　78
資本豊富　92
　——国　92
資本レンタル率　72, 76
　実質——　123, 126
資本-労働比率　75
社会厚生　42, 45, 133
社会的供給曲線　155
社会的限界費用　155
社会的需要曲線　156
社会的評価　156
社会的無差別曲線　45
　——群　45
従価税　141
囚人のジレンマ　173, 180
従量税　141
重力方程式　4
主観的割引因子　239

熟練労働　109
需要関数・需要曲線　132
需要の価格弾力性　213
純貯蓄　228, 235
純輸出　1, 231
自由貿易均衡　37, 42
自由貿易地域　171
小国　42, 49
勝者総取り　219
消費外部性　154
消費可能性集合　43
消費財バスケット　252
消費者余剰　133
消費税　164
消費の多様性　10, 210
消費平準化　238, 262
消費補助金　164
食糧安全保障　153, 169
所得格差　225
所得収支（第一次，第二次）　231
所得分配　73, 106, 125
所得補償　170

垂直的 FDI　220
水平的 FDI　220
ストルパー・サミュエルソン定理　16, 72,
　103

生産外部性　154
生産可能性集合　28
生産可能性フロンティア（PPF）　28
生産者余剰　133
生産性　12, 19, 210
　平均——　13, 210

生産特化　13，31

生産補助金　135，153

生産要素・要素　11

　——移動　102，112

　——価格　72

　——の賦存量　14

政府余剰　133

世界価格　37

世界銀行（World Bank）　1

世界貿易機関（WTO）　151，171

絶対優位　19，22

ゼロ利潤条件　104

戦略的貿易政策　202

操業利潤　215，220

相互性　172

相似拡大的　64

相対価格　31

相対供給曲線　60

相対需要曲線　60

総余剰　133

た　行

対外金融資産　231，262

大国　42，49

多国間協議　171，181

多国籍企業　210

単位費用線　84

ダンピング　190，199

　相互——　191，199

中央銀行　232，255

超過供給曲線　131

超過需要曲線　131

賃金率　22

　実質——　122

通貨　248

定常状態　266

当座預金　255

等費用線　82

等利潤線　204

等量線　82

ドーハ開発アジェンダ　181

特殊要素モデル　111，113

独占　191

独占的競争　212

特化　10，12

　——の利益　38

特恵関税協定　171，173，181

取引需要　256

な　行

内国民待遇　172

内生変数　101

ナッシュ均衡　179

2国モデル　54

日米貿易摩擦　149

日本銀行　255

は　行

パレート最適　173

反応曲線　197

比較優位　14，19，23

比較劣位　27

非関税障壁　131, 147

非熟練労働　109

歪み　130, 143

非貿易財　254

氷塊型輸送費　216

評価額　133

フィッシャー方程式　258

付加価値貿易データ　1

不完全競争　190

物価水準　111, 248

普通預金　255

部分均衡分析　131

分権的経済体制　32

閉鎖経済均衡　42, 47

ヘクシャー（Hecksher, Eli F.）　74

ヘクシャー・オリーン定理　72, 91

ヘクシャー・オリーン・モデル　72, 74

偏導関数　115

貿易コスト・費用　6, 202, 223

貿易・サービス収支　231

貿易三角形　50

貿易収支　1, 50, 228

貿易自由化　106, 171

貿易創出効果　171

貿易転換効果　171

貿易による勝者と敗者　16

貿易パターン　53

貿易利益　19

保護貿易　106, 153

ま 行

マークアップ　214

マーケット・パワー　146

マーシャル・ラーナー条件　248, 270

マクロ経済　234

マネーストック・マネーサプライ　249, 255

無差別の原則　172

メリッツ・モデル　211, 212

や 行

輸出供給曲線　139

輸出財　14

輸出自主規制　130, 149

輸出税　130, 203

輸出補助金　190, 203

輸出割当　130, 150

輸送費用　216

輸入関税　106, 131

輸入コスト　6

輸入財　15

輸入需要曲線　139

輸入障壁　130, 131

輸入の価格弾力性　269

輸入ライセンス　148

輸入割当　130, 147

要求払預金　255

要素価格均等化定理　72, 99

要素価格比率　75

要素雇用点　83

要素集約度　75

——の逆転　77

要素投入係数　78

要素投入比率　73

予算線　43

余剰　133

ら　行

リカード（Ricardo, David）　20

リカード・モデル　19, 21

利潤関数　192

利子率　76, 239, 256

　実質——　256

リスク・ヘッジ　264

利得　175

　——行列　176

リプチンスキー定理　72, 88

レオンチェフ型　69

労働集約的　77

労働生産性　25

労働制約　27

労働投入係数　19, 21

労働豊富　92

——国　92

ロビー活動　111, 128

欧　字

EU（European Union）　171

FDI　210

FTA　171

GATS　172

GATT　172

　——交渉ラウンド　172

GATT/WTO 体制　172

GDP　1, 234

　——恒等式　234

J カーブ効果　271

M&A　220

M_1　255

PPF　28

PPP　249

TPP（Trans-Pacific Partnership）　171

USMCA（United States-Mexico-Canada
　Agreement）　171

World Bank　1

WTO（World Trade Organization）　151,
　171

著者紹介

古沢　泰治（ふるさわ　たいじ）

1963 年	広島県生まれ
1987 年	一橋大学経済学部卒業
1989 年	一橋大学大学院経済学研究科修士課程修了（修士号取得）
1994 年	ウィスコンシン大学マディソン校経済学部 Ph.D. 取得
1994 年-1995 年	ブランダイス大学経済学部レクチャラー
1995 年-1997 年	福島大学経済学部助教授
1997 年-2003 年	横浜国立大学経済学部助教授
2001 年-2002 年	ボストン大学客員研究員（フルブライト奨学金）
2003 年-2005 年	一橋大学大学院経済学研究科助教授
2005 年-2018 年	一橋大学大学院経済学研究科教授
2010 年-2012 年	ハーバード大学日米関係プログラム・リサーチ・フェロー（安倍フェローシップ）
2018 年	東京大学大学院経済学研究科教授（現在に至る）

主要著書・論文

『ベーシック経済学：次につながる基礎固め』（共著者：塩路悦朗），有斐閣，2012 年。

『国際貿易理論の展開』（編共著者：石川城太），文眞堂，2005 年。

"The Impacts of AI, Robots, and Globalization on Labor Markets: Analysis of a Quantitative General Equilibrium Trade Model", (with Shoki Kusaka and Yoichi Sugita), forthcoming in Lili Yan Ing and Gene Grossman (eds.), *Robots and AI: a New Economic Era*, Oxon and New York: Routledge.

"Transfer Pricing Regulation and Tax Competition", (with Jay Pil Choi and Jota Ishikawa), *Journal of International Economics*, 127, 103367, 2020.

"The Welfare Effect of Foreign Productivity and Quality Growth: A Quantitative Analysis" (with Yoichi Sugita), *The International Economy*, 20, 235-261, 2020.

"International Trade and Income Inequality" (with Hideo Konishi and Tran Lam Anh Duong), *Scandinavian Journal of Economics*, 122, 993-1026, 2020.

"A Race beyond the Bottom: The Nature of Bidding for a Firm," (with Kazumi Hori and Ian Wooton), *International Tax and Public Finance*, 22, 452-475, 2015.

"Free Trade Networks," (with Hideo Konishi), *Journal of International Economics*, 72, 310-335, 2007.

経済学叢書 Introductory
国際経済学入門

2022 年 5 月 25 日 ⓒ　　　　　　　　初 版 発 行

著　者　古沢泰治　　　　発行者　森平敏孝
　　　　　　　　　　　　印刷者　加藤文男

【発行】　　　　　　　株式会社　新世社
〒151-0051　東京都渋谷区千駄ヶ谷 1 丁目 3 番 25 号
編集☎(03)5474-8818(代)　　　　サイエンスビル

【発売】　　　　　　　株式会社　サイエンス社
〒151-0051　東京都渋谷区千駄ヶ谷 1 丁目 3 番 25 号
営業☎(03)5474-8500(代)　　　振替 00170-7-2387
FAX☎(03)5474-8900

印刷・製本　加藤文明社
《検印省略》

サイエンス社・新世社のホームページのご案内
https://www.saiensu.co.jp
ご意見・ご要望は
shin@saiensu.co.jp まで.

ISBN978-4-88384-348-0
PRINTED IN JAPAN

経済学叢書 Introductory

国際金融論入門

佐々木百合 著
A5判／208頁／本体2,000円（税抜き）

国際金融論の基礎をスムーズに理解できる入門テキスト。貿易の基礎知識や外国為替取引などのトピックから始め，具体的なイメージをもって国際金融の役割が理解できるように配慮。オープンマクロ経済学の基本的解説を中心に構成し，近年の国際金融における新たな問題も紹介した。2色刷とコンパクトな分量によって，初学者でも無理なく読み通せる書となっている。

【主要目次】

国際収支／対外決済のしくみ／外国為替市場と外国為替取引／外国為替相場の決定理論（1）／外国為替相場の決定理論（2）／国際通貨制度／オープンエコノミー・マクロエコノミクス（開放マクロ）基本モデル／変動相場制における経済政策の効果／固定相場制における経済政策の効果／外国為替相場の輸出入価格へのパススルー／通貨危機，ソブリンリスク，最適通貨圏の理論／経常収支の調整と新しいオープンマクロ経済学

発行　新世社　　　発売　サイエンス社

開発経済学入門
第2版

戸堂康之 著
A5判／320頁／本体2,600円（税抜き）

開発途上国が経済的に発展するメカニズムやそのために必要な政策について，経済学の専門的な知識がなくとも読みこなせるよう，わかりやすく解説した好評入門書の最新版。統計データをアップデートし，RCTの研究紹介を拡充して，最新の途上国経済の状況と学術研究の流れを踏まえた内容とした。経済学を専攻する学生はもちろん，途上国開発の現場で働く援助機関やNGOの実務家の方などにもおすすめの一冊。2色刷。

【主要目次】
1 経済成長論の基礎　開発途上国の経済発展／新古典派経済成長論／内生的経済成長論／貧困の罠／中所得国の罠
2 経済発展の諸要因　国際貿易・海外直接投資／産業集積／社会関係資本・社会ネットワーク／社会・経済制度／経済発展の政治経済学／農村開発／農村金融／経済協力

発行　**新世社**　　　発売　**サイエンス社**

ライブラリ経済学コア・テキスト&最先端 11

コア・テキスト
国際経済学
第2版

大川昌幸 著
A5判／320頁／本体2,650円（税抜き）

はじめて国際経済学に触れる読者を対象とした好評テキストの改訂版。各章のデータの更新や新しいトピックスの追加を行いつつ，基本となる概念やモデルの解説についても，よりわかりやすいものとした。初学者でも無理なく読み通せるよう工夫された丁寧な説明で，より高度な学習に進むための基礎を身につけることができる。2色刷。

【主要目次】
第Ⅰ部 国際貿易とその理論 世界の通商システムと日本／貿易の基本モデル（1）：部分均衡分析／貿易の基本モデル（2）：2財の貿易モデル／リカード・モデル／ヘクシャー=オリーン・モデル／不完全競争と国際貿易／完全競争と貿易政策／不完全競争と貿易政策／生産要素の国際移動／地域経済統合とその理論
第Ⅱ部 外国為替と国際マクロ経済 海外取引と国際収支／外国為替市場と外国為替レート／外国為替相場の決定理論／外国貿易と国民所得水準の決定／開放経済のマクロ経済政策

発行 新世社　　　発売 サイエンス社

ライブラリ経済学コア・テキスト&最先端 12

コア・テキスト
国際金融論
第2版

藤井英次 著
A5判／368頁／本体2,900円（税抜き）

国際金融論入門への決定版教科書として好評の書，待望の新版。2008年のリーマンショックに象徴される世界金融危機，続く2010年のギリシャ債務危機に端を発する欧州ソブリン危機，また2012年の英国LIBOR不正操作問題など，初版刊行以降，激動する国際金融市場の動向をとらえつつ，そもそも国際金融とは何なのか，その営みについて経済学は何を示唆し，何を示唆しないかを正しく理解する重要性を踏まえて改訂を行った。可能な限りデータを更新し，最新の国際収支統計の基準についても解説を行っている。2色刷。

【主要目次】
第I部　基本的視点　　基本的視点の設定／マクロ的視点の導入
第II部　貨幣と為替レート　　貨幣とマクロ経済／為替レートと外国為替市場／金利と為替レート／物価と為替レート
第III部　開放マクロ経済と政策　　為替レートと実体経済／為替レートと開放マクロ経済政策／為替政策
第IV部　発展的トピック　　国際金融を取り巻く難問／為替レートの理論と現実

発行　新世社　　　　発売　サイエンス社

国際金融論15講

佐藤綾野・中田勇人 共著
A5判／288頁／本体2,400円（税抜き）

グローバル化がすすむ今日，国境を越えるお金のやりとり，そして海外の経済を考慮した場合のマクロ経済についての知識は，ますます重要性を高めている。本書は経済学部学部生のみならず他学部の学生や社会人でも，こうした国際金融論の基礎が理解できるよう，多くの図表やコラムを援用して解説した最新の入門テキストである。読みやすい2色刷。

【主要目次】

グローバル経済と国際金融／国際収支統計と対外純資産残高／開放経済下の国民所得決定と経常収支／開放経済下の貨幣，金利，為替レート／為替レートと貿易／外国為替市場／購買力平価／金利平価／アセット・アプローチによる為替レートの決定／為替相場制度と為替介入／閉鎖経済下のマクロ経済政策：IS-LMモデル／開放経済下のマクロ経済均衡：マンデル=フレミングモデル／マンデル=フレミングモデルによる財政金融政策／為替相場制度の歴史／通貨統合とユーロ

発行 新世社 発売 サイエンス社